環境倫理

古今環境思想與自然之道

五南圖書出版公司 印行

王鑫 著

各方推介

欣然看到一本由國人撰寫的《環境倫理學》問世，作者乃是同一陣線的好戰友。在環境急劇惡化、生命備受存亡壓力的這個世代，這本書無疑是地球告急的警鐘，作者同時也指明了人類應有的態度與路徑。本書不同於一般論環境倫理之著作的地方，正如副標題所揭示的：古今環境思想與自然之道，這正是臺灣社會推動環境倫理者亟需知道，卻又欠缺者。本書優美地融合了文化與科學的兩類思惟，促使這兩類背景迥異的人有共同的語言，且可共負一軛的前景。

── 行政院農業委員會林業試驗所所長（2003-2007）、

亞熱帶生態學學會理事長／金恒鑣

在臺灣自然保育正開始風起雲湧的時代，王鑫教授協助國家公園在經營管理、保育與國際交流方面，投注畢生心力，促進棲地及地質、地形保育工作，貢獻卓著。王鑫教授出版《環境倫理》一書，探討中西方的環境思想，前瞻思考人類該如何與自然環境相處，正是各國環境學者推動以「自然解方」解決人類發展所造成環境問題的反思，是一本值得大家一起探索思考的好書，推薦給大家。

── 內政部國土管理署署長／吳欣修

臺灣環境永續發展，繫於每位國民的環境素養，王鑫教授長年投入環境教育工作，推廣環境倫理及提升全民環境素養，希望這本書可以成為啟動全民綠色思惟的一把鑰匙，使民眾學習與大自然相處，一起守護地球及維護自然資源。

── 環境部環境保護司司長／劉宗勇

感念王鑫教授任職教育部環保小組執行祕書期間，擘劃學校環境教育藍圖，有遠見地建立起政府、民間跨部門間合作默契，奠定環境教育

資源整合基礎，並培育無數種子師資，為學校環境教育挹注源源不絕能量。將延續王鑫教授環境教育學習理念，實踐建構校園永續環境。

—— 教育部資訊及科技教育司副司長／邱仁杰

江上清風與山間明月

環境倫理是一門哲學。關懷人類與自然環境間的關係，確保永續性，挑戰「完美成就」終點文化，為哲學熱愛智慧，為環境問題找答案。王鑫老師的《環境倫理》，東西方思想在此遇見，娓娓道來，像江上清風與山間明月般，完美文化詮釋。地景底蘊，代表自然科學景觀；代表著詩般心情景觀；更代表閱讀東西的人文景觀。時空聚合，思想遇見。地景經過不同科學看見，意識在生命裡轉化，思考意象，在王鑫老師的地景與心靈互為文本，繪製圖像與反思。

—— 國立臺灣師範大學地理學系教授、
社團法人中華民國國家公園學會理事長／王文誠

王鑫教授是兼具環境倫理、哲學、素養之理論家與力行實踐者。本書鑑古知今嚴謹精闢的鋪陳論述，謙謙又鏗鏗，實為學習環境教育的寶典，特此推薦。

—— 臺北市立大學地球環境暨生物資源學系
（環境教育與資源碩士班）退休副教授／王懋雯

什麼是自然？什麼是環境？它們有哪些價值？它們與人類社會之間的關係為何？當兩者之間發生價值衝突時，該如何取捨？不同文化思惟對於價值判斷產生了哪些影響？王鑫老師投身地理環境教育與自然保育工作數十載，不斷思索與追尋這些問題的答案，他將多年心得彙集成冊，指引後人邁向永續的未來。哲學家培根曾說：「有些書淺嘗即可，有些書可囫圇吞下，少數書則須細細品味。」王鑫老師的《環境倫理》一書，絕對值得大家細讀品味。

—— 國立高雄師範大學地理學系教授兼系主任／何立德

「環境倫理」是後學晚輩進入國立臺灣師範大學環境教育研究所（現更名為永續管理與環境教育研究所）最關鍵啓蒙、啓迪的思想，當時授課老師為楊冠政教授，師承楊冠政教授學習西方環境倫理，而有一個機緣，跟著王鑫老師學習東方環境倫理，猛然驚覺這才是一個整體、系統觀，後學晚輩何其有幸，親身與兩位臺灣環境倫理大師學習、請益，也開拓後學晚輩對於整體環境系統觀、世界觀，也指引後學晚輩目前在永續發展道路上，如佛洛姆談論的To Have or to Be？相信王鑫老師的重要著作，是帶領後人邁向永續發展，環境倫理是永續發展To Be的關鍵途徑。

—— 國立臺中科技大學通識教育中心副教授、
國立臺灣師範大學環境教育研究所博士／何昕家

　　環境倫理是當代人必須修習的一堂課。隨著時代環境變遷，各種人與自然的互動，災害、疾病、環境品質等等，都面臨挑戰。環境倫理的概念與推廣，都與我們如何與大自然相處息息相關，也似乎必須釐清相關的概念與實踐的方式。王鑫教授從環境的各個面向，去思考環境倫理的特性，不同文化背景與倫理議題，而非僅止於地景或環境議題的闡述。畢其生之經驗，整合相關的概念，釐清環境倫理可以依循的方向。非常值得相關領域的伙伴，一起分享。

—— 國立臺灣大學地理環境資源學系特聘教授、中華民國國家
公園學會常務監事、臺灣地質公園學會監事／林俊全

　　在環境教育的路上，王鑫老師的環境倫理典範，已將形而上之道，實踐成形而下之器，在老師春風化雨之際，落實到2011年環境教育基金管理會第一次會議中素華即彙整老師「博學、審問、慎思、篤行」之思惟，呼應著對永續發展綿延的哲思，提供了善用基金的契機；本書在老師遊歷「江上與山間」之際，歸納出「真思想」、「自然美」，讓後進讀者，在新時代中領略老師的風範。

　—— 國立臺中教育大學科教系環境教育及管理碩士班副教授／林素華

王鑫老師是我的恩師及啟蒙者。念碩一時，他剛回國不久，百忙中為我們講授國內最新的遙感探測學，利用NASA拍攝的最新各波段臺灣及大陸衛星影像，以及航攝照片當做教材，讓我們大開眼界，學到的技能在往後野外調查時受用不盡。那時他已經開始規劃國家公園的地景保育，每次考察規劃回來，也順便提及特殊地景價值及保育的概念，更是我爾後追隨做地景保育及解說工作的啟蒙者。他廣博的知識及有哲理的思想，造福無數的學生，我們永遠懷念！

—— 臺北市立大學地球環境暨生物資源學系榮譽教授、

前理學院院長／許民陽

　　自二十世紀中葉以來，環境問題嚴重影響人類健康生命財產的安全與經濟發展造成所謂「環境危機」，人類乃察覺惡化的環境嚴重威脅人類對於健康安全生存與幸福的追求，因此開始嚴肅地探索人與自然環境應當以何種態度方式與關係來相處，環境倫理學乃應運而生。然而，從人類健康安全生存與幸福快樂的需求出發以解決環境問題與危機，本質上乃是以人類為中心的環境倫理，此種以人類為中心出發研究，並解決環境問題，乃導致人們對人類中心主義的懷疑，以至於最終的否定。因此，我們有必要回顧人類在研究與解決環境問題的歷程的一些想法態度與行為，進行反思。王鑫老師所撰寫的這本《環境倫理》，透過哲學與道德思惟、傳統的自然之道、傳統的文藝百工、倫理的科學取徑、倫理的人文脈絡、未來的環境倫理等不同的面向，引領大家了解環境倫理，進而對地球環境關懷、認識乃至於環保實踐，以達成全球永續的目標。我跟隨王鑫老師從事學術研究四十多年，見到他盡其畢生的心力，為環境保育而奉獻！讓我們繼續發揚王鑫老師熱愛環境的理念，讓後代子孫擁有一個美好的淨土！

—— 王鑫教授研究助理、國立成功大學資源工程研究所博士／許玲玉

記得在王鑫老師的演講中第一次聽到亨利‧梭羅的故事，讓我迫不及待地拜讀《湖濱散記》一書，當時不懂為什麼梭羅在百年前「自然悠得」的環境裡，會搬到林中生活？！梭羅將這次經歷稱為簡樸隱居生活的嘗試，而這就是王鑫老師在《環境倫理 —— 古今環境思想與自然之道》一書中想要傳遞的精神。現代的我們固然無法回到過去的時空，抑是未來的後代也沒辦法感受今日我們所處的環境，但是「所有生命都是為變所適」，人們對環境的探尋並非僅為獲取客觀知識，更在於滋養自身的世界觀。王鑫老師在本世紀為後人立德、立功及立言，融合東西方學理、建基於自然環境哲學與道德思惟、演繹永續發展的未來，這是崇高的理念，也是後進效法的典範。

—— 國立臺南大學生態暨環境資源學系、實踐大學通識中心兼任教授、鯨旗國際環境創產有限公司執行長、真理大學生態觀光經營學系退休教授／許毅璿

認識王鑫教授的近四十年歲月中，除了永遠記得他上山下海為臺灣國家公園奔波的身影外，更敬佩他從生態地景的專業，引領臺灣土地的關懷者閱讀環境美學、咀嚼環境倫理、深思環境哲學的努力。雖然哲人日已遠，但累積他生命精髓所撰述的《環境倫理》一書，深切地傳達了他的哲思，「遊山淺見山膚澤，遊山深見山魂魄」，傾讀此書彷如重回昨日課中殿堂，令人嗟哦感愴不已！

—— 社團法人臺灣生態旅遊協會理事長／郭育任

環境跨越國界，倫理根基在文化與社會發展，環境倫理要有跨國界的視野與縱橫東西文化思惟的底蘊。王鑫老師具有西方科學研究訓練的基礎，「跪地聞花香」的深刻生活體驗，以及深厚東方文化思惟的省思。我深深敬佩王鑫老師，他是華人地區環境倫理的最佳詮釋人。

—— 國立臺灣師範大學環境教育研究所教授／張子超

環境倫理是一門易學難精、博大精深的學科，王鑫老師運用其學貫古今、融合東西的豐富學識，在本書當中，透過東西方哲學，以及自

然、人文科學等不同領域脈絡進行環境倫理更深一層的詮釋。對於相關領域的學子或者是實務工作者而言，是非常值得一讀的好書。

—— 臺北市立大學地球環境暨生物資源學系
（含環境教育與資源碩士班）教授兼系主任／張育傑

哲學是人類對其經歷世界現象而產生認知與價值的認同，而倫理是人類文化在行為上自然形成而流露出的規範。我與恩師王鑫老師同有Geo-Science的基礎養成，歷經遙測科技Remote Sensing應用的洗禮，從而求取對地球表面事物空間關係的理解，進而在人與環境互動的現象中，對「人」之所以為「人」，發生興趣。在我以中西方文化相呼應形成的全般系統理論，尋覓人類與環境互動的解決之道的養成過程中，王鑫老師鼓勵、力促我在建構了系統的知識骨架後，持續觀察、思考、付諸行動與經驗的過程中，漸填滿其血肉，以求成為一個有完整生命力的知識分子。從系統、哲學與道德、東西方文化、文學與藝術、跨學科整合，到有機的美學，巧妙地以「遊聖」徐霞客為觸發，而以現代人面對的最重要的議題，邁向人類永續發展的倫理為總結—王鑫老師以本書引導讀者深入系統性的全盤思考，這也是他留給世人最大的關懷，知識與智慧的禮物。

—— 臺灣綠色旅遊協會、臺灣文化創意學會理事長、
臺灣徐霞客研究會祕書長／陶翼煌

環境教育的核心是檢視個人與其所屬社會和（自然）環境之間的道德關係與相互對待原則。然而，歐美文化與中華文化對自然環境的看法互有異同。王鑫教授不但熟知並融會東西方的自然哲思，更在本書中詳盡介紹東西哲思的特性與環境倫理融入環境教育的方向。我在大學時聽王鑫教授講授人地關係而深受啟蒙，後來亦投身於國家公園保育及環境教育的研究教學工作，致力於重建人與自然的關係。我極力推薦本書作為理解環境倫理的起點，讀者定能在閱讀中尋思和體會王鑫教授對人及環境的深切關懷。

—— 國立臺灣師範大學環境教育研究所副教授／曾鈺琪

價值論包括倫理和美學兩範疇，卻是現代哲學較少被公共關注的部分。康德雖以哲學著稱，他卻熟悉數學、物理，提出星雲假說，而其教導最多的科目是地理學，並於1795年出版《論永久和平》一書，提出世界聯邦構想。康德透過地理學來認識世界，透過哲學來把握此一認識的基礎，後者即包括倫理和美學。王鑫老師重返康德探索之路，不只是為了完成老師自身作為地理專業的身分認同，更為了後學鞏固基礎，開闢視野。此一開拓、遠征之途才開始；我們從這裡跟隨老師一起出發。

　　　　　　　　　　　　—— 中國文化大學地理學系助理教授／雷鴻飛

　　面對現今資源枯竭、全球暖化的時代，環境倫理已成為人們必須關注的重要議題。而王鑫教授集一生經歷大成所出之此書，透過東方自然之道與西方科學取徑的比較，彙整出一套貫穿古今的永續發展之道，絕對會讓讀者有如沐春風、滿載而歸的滿足感。王鑫教授不只是臺灣地理學界的重要代表人物，在環境教育領域更是年高德劭，曾任中華民國環境教育學會第三屆和第四屆的理事長，每當我們這些後生晚輩有何研究創新或政策推動上的瓶頸，總能從跟王老師的請教中，有所解惑得到鼓舞。很榮幸現能將王老師的智慧，透過本書分享給您。

　　　　　　　　　　　　—— 中華民國環境教育學會理事長、臺北市立大學地球環境暨
　　　　　　　　　　　　　　生物資源學系（環境教育與資源碩士班）副教授／劉思岑

　　環境倫理是現代社會耳熟能詳的名詞，也是關心人類與環境間倫理關係的環境哲學。《環境倫理——古今環境思想與自然之道》集結了王鑫老師地質學、地理學的學術背景，自然保育思惟、環境教育理論與實踐，以及大量閱讀書籍、文章彙整而得。本書融合了東西方科學與哲學理論、環境思想及環境道德的演變，同時論述了環境倫理與環境教育，以及倫理的人文脈絡與未來的環境倫理。是王鑫教授治學以來，博古通今綜整東西文化、科學的重要鉅著，值得我們用心、細細閱讀。

　　　　　　　　　　　　—— 國立東華大學自然資源與環境學系教授、
　　　　　　　　　　　　　　臺灣地質公園學會理事長／劉瑩三

「環境倫理」是探討人與環境互動關係、價值觀與行為規範之哲學基礎，也是世人都應學習的倫理課。千百年來因環境變遷、環境問題、不同的文化與世界觀，人類對大自然有著多樣的思想與慣習，東西方文化也孕育不同的環境哲學。王鑫教授以其數十年推動自然保育、地景研究及環境教育之科學治學功力與社會關懷，綜覽群籍、評析古今中外環境思想與自然之道，為環境倫理提供了系統性與脈絡化的書寫，並為世人指引永續未來的倫理觀，發人深省。尤其感佩的是，王老師於退休後仍撥空至臺師大環教所開授「環境倫理」課，傳授古今科學人文融通智慧及自然之道，匯集於書。有幸聆聽，恩師風采躍然紙上。值得拜讀，特此推薦。

——國立臺灣師範大學環境教育研究所退休教授／蔡慧敏

推薦序一

環境倫理──古今環境思想與自然之道

「哲人日已遠，典型在夙昔」，王鑫教授從地質科學的基礎，一路走到自然環境保育，再從環境倫理反思人與自然的互動關係，讓資源保育兼容更多的人文關懷與永續思維。

和王鑫教授的緣分可追溯至一九七○年代，當時我國正處於自然保育思想萌芽階段，王教授甫自美國哥倫比亞大學回國任教，除了以地質、地形為研究專業外，並引入生態保護與地景保育觀念，積極推動保護區與國家公園劃設，從全面性的地景調查、人才培育、知識推廣到制度規範建立，以前瞻視野協助相關政府部門擘劃推動藍圖，為臺灣自然保育奠基良好且扎實的發展基礎。

王教授也是我國地質公園的重要推手，從1997年引入聯合國教科文組織（UNESCO）的地質公園概念，以地景保育景點作為核心，進而串成線、構成面，並以地景保育、環境教育、生態旅遊及社區參與為準則，導入由下而上、以社區為基礎的保護機制，時至今日，仍為我國地質公園發展的重要綱領。

除此之外，王鑫教授更是積極投入自然保育與環境教育的推廣，強調人與自然的和諧互動，本書即藉由畢生學術與實務經驗，反思自然保育的思維和環境行為之間的關係，探究東、西方環境思想與其道德價值之演進，並以自然科學、史學、地理學及社會科學等不同理論觀點來分析環境思惟的成因，進而推論出自然保育與環境永續的可能性。

本書承先啓後，繼往開來，不僅是王鑫教授深厚學養的精華，更可見其對自然人文的關懷與對環境倫理之期待，期盼透過本書出版，讓其思想與遠見流芳百世。

農業部林業及自然保育署署長

 謹識

2023年10月

《環境倫理》帶給大家心靈思考上的感動

家父王鑫教授早年自美國哥倫比亞大學學成歸國之後，不久即投入了探勘調查玉山及太魯閣國家公園的工作，為臺灣成立國家公園的重要推手之一。民國70年他撰寫了《臺灣的地形景觀》一書，獲頒行政院新聞局著作「金鼎獎」，這本書也是第一本科學普及知識書籍，提供給社會大眾認識臺灣的地形地貌。之後他也撰寫了包括太魯閣、玉山、墾丁、東海岸…等書籍解說各地的地質、地貌，建立了旅遊地學的基礎。後來他也在警察廣播電臺主持「自然的奧祕」節目，講述臺灣的特殊地貌，利用說故事與欣賞的角度將地貌學的知識傳遞推廣。另外他也擔任了公共電視節目「大地的脈搏」主持人，把臺灣地質地貌與地理的壯麗美景透過影像讓社會大眾了解與認識，「大地的脈搏」節目更獲得民國79年「金鐘獎最佳社會文化教育節目獎」。

家父也積極參與國內外各類公共事務，關注諸如：國家公園、國家風景區、永續發展、國土規劃、環境教育、自然保育等議題。對於臺灣推動地景保育，包括國內諸多自然保護區指定，建立臺灣地景保育策略與地質、地形景觀調查評鑑等工作；以及推動成立地質公園，協助地方制定永續發展策略規劃等貢獻卓著。並推動臺灣接軌國際保育趨勢與經驗借鑒，對外宣傳國內自然保育的相關成績給全世界。

此外，家父曾擔任教育部環境保護小組執行祕書，推動環境教育法的立法與環境教育制度普及化的工作；辦理環境教育的宣導推廣、座談、展覽、研習營；並推出兒童生態營隊、環境教育課程等，透過戶外教學與旅遊的方式推廣環境教育的觀念，擴大環境教育的影響範圍。更在學校教育中融入環境教學課程，倡導自然資源保育。

家父一生熱愛臺灣的自然環境，對於地理科學普及教育的推廣，包

括曾在暢銷的漢聲小百科叢書中擔任地質科學篇撰文解說相關地質與地理知識，大地地理雜誌的專欄作者，遠足出版社出版的《臺灣特殊地景》等叢書，或是國內各國家公園與國家風景區的解說叢書中，都看得到他用心要把臺灣的自然美傳遞給大眾；他致力推廣自然保育與環境教育觀念，讓大眾一起領略自然環境世界的無限美好。

　　近年來家父也提倡環境美學，在廣域的人文與多元思考上發展，撰寫了諸多對於傳統哲學中「意境自然」的自然環境思想與關於如何賞景、讀景的探討專文，例如《天地旅人：38堂遊山玩水必修課》、《陽明讀景》等書，希望大眾能透過心靈知覺與身體感官去親身感受大自然帶給我們的正能量。《環境倫理》這本書能帶給大家心靈思考上的感動，讓我們為了美好的環境共同努力。

中國科技大學建築系助理教授

王曉鴻 謹識

2023年5月15日

自序

倫理學是什麼？倫理學（英語：ethics）也稱為道德哲學或道德學，是針對人類道德生活，進行系統性思考和研究的學科；在此，「道德」也被定義為一群人，或是一種文化，所認可的所有行為準則。倫理學試圖從理論層面，建構一種指導行為的法則體系，並且對其進行嚴格的評判。因此，在西方批判哲學中，倫理學也是哲學的一種主要分支學科，涉及到思辨。也就是需要分辨正確行為與錯誤行為。因此，傳統以來人類社會在威權的指導概念和督導之下，人類應該怎樣過正常的生活，這是倫理學在探討的。因此，「倫理」對應的英文用詞「ethics」，來自於希臘文「ethos」，這也可以翻譯為「習俗」或「道德」，或是可以翻譯為「信念」。

那麼，什麼是正確或是錯誤的呢？什麼是聰明或是愚蠢的呢？研究這些問題的學問，在西方統稱為「ethica」。因此，在哲學中，探討價值的學問，都稱為價值論，主要是要探討的是倫理學的價值，以及美學的價值。因此，本書中的《環境倫理──古今環境思想與自然之道》，開宗明義需要探討的是倫理學的四種研究領域，包括了：

1. 後設倫理學研究倫理概念的理論意義與本質。

2. 規範倫理學評判各種不同的道德觀，並且對於正確或錯誤行為給予道德準則建議。

3. 應用倫理學將倫理理論應用於特定案例，當我們遇到道德問題時，應該如何處理這些問題。

4. 描述倫理學研討社會族群所持有的倫理觀，這包括風氣、習俗、禮儀、法規、對於善與惡的見解、對於各種實際行為的響應等。

所以，面對了環境所發生的問題，如何以倫理學系統性地思考和研究，關於道德觀念方面的問題，像是善與惡、對與錯（right and wrong）、美德與惡行（vice），以及「正義與罪行」一類的概念，都是本書所要探討的內涵。

《環境倫理──古今環境思想與自然之道》這一本書，是筆者多年來，在國立臺灣大學地理學系、中國文化大學地學研究所擔任教席，經過了地理學和地質學洗禮之後的環境教育論述作品。筆者在英國劍橋大學地理學系進行訪問之後，不斷地思考如何融合東西方學理，並且進行自然保育，以及國家公園與世界遺產保護的思惟、行動，以及國際合作的探討的過程。當筆者在五十歲壯年之後，擔任了教育部環境保護小組執行祕書，推動了全國環境教育，筆者更深入了探討景觀研究、生態旅遊，以及環境保護等價值層面和應用層面的問題。當然，在中國科學院地理與資源科學研究所，以及南京大學大地及海洋地質學系訪學之時，也透過了大陸學者更深入分析了中國文化的深厚內涵。退休之後，筆者在國立臺灣師範大學環境教育研究所擔任「環境倫理學」兼任教席多年，從2012年（一○一學年度）開始教授「環境倫理學」，直到2022年（一一二學年度），教授了十年，共計二十個學期，後來因為身體的關係，筆者在2022年7月辭掉了教職，認真思考開始整理，並且想要出版筆者多年來的教學心得。

在此感謝歷任環境教育研究所所長楊冠政、汪靜明、蔡慧敏、周儒、王順美、張子超、葉欣誠、方偉達等教授的支持。尤其方偉達教授協助推動和連繫五南圖書出版公司，進行全書《環境倫理──古今環境思想與自然之道》原稿出版，感謝五南圖書出版公司董事長楊榮川先生的厚愛、黃惠娟副總編輯，以及五南圖書出版公司精心之編纂、整理，經過多人努力，由衷地感謝。

此外，本書承蒙各級中央部會的長官，以及中華民國環境教育學會、中華民國國家公園學會、中國地理學會，以及國際自然保育聯盟（IUCN）保護區委員會諸位先進的鼓勵與愛護。在寫作過程當中，也感謝國立臺灣師範大學地理學系、臺北市立大學、國立臺中教育大學、國立高雄師範大學地理學系、科學教育與環境教育研究所、國立東華大學自然資源與環境學系、中國文化大學地理系、地學研究所、國立彰化師範大學地理學系等諸位教授和師生的指正，終能成書，在此申謝。

本書《環境倫理──古今環境思想與自然之道》是筆者大量閱讀的

心得彙整，集中呈現了許多前人的智慧，包括了在國立臺灣師範大學環境教育研究所創所所長、前理學院院長、教育部高等教育司司長楊冠政先生的《環境倫理概論》（上、下冊）的閱讀心得的回饋（楊冠政，2011）。本書傳述的目的，是希望與熱愛自然、有心致力自然保育的朋友，一道取經於古今中外先賢，並共享中華傳統思想的閃爍光芒。本書中引用資料頗多，為求說明體系完整，未加以簡化，雖然盡可能說明出處，但是由於原典系出多門。因此，雖然筆者盡量引用，難免還是有時在原典出處交代不清，誠懇請求學者專家的諒解。

　　自然保育的思惟和環境行為，以及兩者之間的互動關係，一直是保育學者關懷的重要課題。中華歷史發展的史地與環境背景塑造了傳統文化；此外，從東西方文化相互衝擊和影響，也是筆者進行學習，認為將是未來的世代，所需要面對的挑戰。環境，是我們出生、成長，以及凋零期間，所形成的和傳承的場域因子，承先啓後，繼往開來，是這一本書寫作的初衷。

　　我們無時無刻不受到環境和血緣的影響。我們的長相、話語，以及文字，都是承載中華文化的種子，不論是好的，或是不好的，都是一種文化的繼承和創造。

　　因此，從東西方文化的角度來看，哪些是符合當今時代的要求？哪些是我們應當珍惜的文化？哪些是有前瞻性的構想？這些都要靠我們親身來品嘗和選擇。1984年9月24日，作家柏楊（1920-2008）在美國愛荷華大學演講〈醜陋的中國人〉，強烈批判中國人的「髒、亂、吵」、「窩裡鬥」，以及「不能團結」等，歸結到「中國傳統文化醜陋」，是來自於中國人不知上進的時代，不是今天的你和我。《醜陋的中國人》是作家柏楊的著作，以在各種公開場合演講的講稿集，結集而成（柏楊，1985）；年輕世代可能已經不知道這一本書。我們需要清楚的知道這個時代，大家必須從認識自己的來龍去脈，發掘自己的思惟和行為準則，才能擁有自己的存在價值和特色。

　　推動自然保育的工作，在層次上來說，也必須著眼建構今人的自然環境哲學，也就是自然保育的思惟和行為準則。本書《環境倫理——古

今環境思想與自然之道》，是筆者四十多年來辦理自然保育研究，整理大量先賢文獻作品，再詮釋成書，書中涵括了筆者在國立臺灣師範大學環境教育研究所教授的講義整理，以及過去和長子王曉鴻教授、助理許玲玉博士共同發表的作品整理增刪結集。全書以七章依據符號學和詮釋學，以及皮耶·布迪厄（Pierre Bourdieu, 1930-2002）的「場域學說」與「慣習理論」，進行分析，包括了第一章〈緒論〉，探討了東西方的系統觀的論述取向，論述了「自然之道」的西方科學理論架構（Bourdieu & Wacquant, 2019）。在第二章〈哲學與道德思惟〉之中，依據環境教育研究所的文本，探討了東方（主要是中國）環境思想，在以西方環境思想，簡要分析了道德與價值，以及環境道德的演進。當然，這一本書是希望藉由自然之道，說明了古代學說的精華，因此，第三章〈傳統的自然之道〉，從中華環境倫理溯源、論述了傳統中國的宇宙觀、古代的天人觀，並且簡要說明筆者近年來「形象思惟」、「意境說」，以及「氣的研究」研究的心得。當然，傳統中國文化的自然文學、古代的自然繪畫，以及園林環境的自然思惟，也是全書的重點；筆者放在第四章〈傳統的文藝和園林〉這一章中。第五章筆者用很大的篇幅，回過頭來思索〈思惟的科學取徑〉。包括了筆者在國立臺灣師範大學環境教育研究所教授的內容，這一部分結合了近年來大腦科學、生命科學等自然科學內涵，筆者又論述了史學、地理學與社會學的分析取徑，也就是希望從不同的觀點，說明了環境思惟和意識的成因，以及環境素養和行為的內涵，這一部分可以參照第六章〈傳播和美學的人文脈絡〉進行說明。筆者以環境傳播、環境美學、環境地景，以及環境哲學，涵構在環境倫理的豐富內容之中。第七章〈邁向永續發展的倫理觀〉，是針對未來學生的展望。筆者希望以環境倫理的未來觀、環境教學的思惟，生態旅遊與環境倫理之間的論理，進行演繹；當然，面對了永續發展的世紀，筆者希望炎黃世系後代子孫更為美好，以邁向永續發展的未來新紀元。

王鑫 謹識

2022年10月

CONTENTS
目　錄

第一章
緒論

　　人地關係的思考、論辯，一直是學術界的共同關懷，更是核心課題。

學習焦點

　　本章緒論是《環境倫理 ── 古今環境思想與自然之道》開宗明義的章節，探討了《環境倫理》一書在探討系統觀的論述取向。本章依據在地學、現象學，以及空間學說等理論為基礎，說明了東西方文化的差異，試圖以布迪厄跨越科學的觀點，闡釋了研究者和研究對象之間的對立（主客二元論）的分析原則。本章論述了環境科學，也是社會場的一部分。因此，環境倫理的實踐，是你、我（也就是行動者）為了改善生活條件，了解自然現象，甚至為了追尋永恆價值，而建構的信念系統。本章包括自然研究的科學場的論述，以及依據社會科學理論的分析，探討了東西方環境倫理的文化和研究取徑的異同。

第一節　系統觀的論述取向

　　文化具有整體性和歷史性。廣義的文化包括政治、社會、經濟、藝術、民俗等各方面，可以把文化看作成套的思惟與行為系統（余英時，2003），而文化的核心則由一套傳統觀念，尤其是價值系統所構成。以今日的系統論來看（林和譯，1991；齊若蘭譯，2003；胡守仁譯，2004），文化發展是一個動態系統，存在下述物理現象：網絡、系統、組織、層級、演化、多樣性，系統的

運作符合熱力學第二定律等。

動態系統指出，無論在物理或生物的複雜系統中，最基本的元素和基本法則都非常簡單，但是當許多簡單元素同時彼此互動時，複雜性就出現。複雜事實上存在於組織之中，存在於系統元素之間，無數種可能的互動方式之中。複雜系統都帶著一些共同的特色，就是在它們變異無常的活動背後，呈現出某種捉摸不定的秩序。複雜科學正試圖去了解與掌握、控制這些複雜系統活動的原理。

混沌理論談到「不可預測性」（non-predictability）。著名的蝴蝶效應（Butterfly Effect）提到：「一隻在巴西翩翩起舞的蝴蝶，竟然在德克薩斯州引起一場龍捲風。」這並非是隱喻，而是混沌理論藉以告訴人們，不能再用傳統的眼光與簡單的因果關係，去理解這個世界了。蝴蝶效應的本質，是針對初始條件的極度敏感；任何一個微小的事物，都可能引起一場巨大的變化，簡單來講，就是「差之毫釐，失之千里」。也就是說：「簡單產生了複雜、平衡趨向斷裂、秩序內含有隨機。」然而，更令人驚訝的是，混沌理論還談到了另一個相反的面向，複雜系統居然表現出簡單、斷裂，又重新求取平衡的發展，隨機也孕育了秩序。科學家又發現，混沌並非那麼神祕不可知的，而是有內在秉承的組織，稱為：混沌邊緣的「自我組織」（self-organization）現象。它讓系統從近似混沌的狀態跳躍到另一個新興的秩序，也讓表面紊亂的系統，卻含有內在的自我調整，將擾動轉化成彈性的能力（胡守仁譯，2004）。

中國人的自然環境思想發育在「文化系統」之中，「文化系統」正是一個典型的動態複雜系統。

第二節　自然之道的科學理論架構

人地關係的思考、論辯，一直是學術界的共同關懷，更是地理學的核心課題。本書《環境倫理——古今環境思想與自然之道》，

以研究的角度，探討自然環境思想，嘗試從現代人的角度——擁有較古人更進步的科學知識——再度詮釋古代傳承的自然環境思想，並且透過哲學與道德思惟，思考倫理、宇宙觀、天人合一觀、園林環境的自然思惟。

本書不獨論及東方思惟，更涉及到西方啟蒙時代，或是啟蒙時代之前的邏輯思辯。西方啟蒙時代，以及科學革命之後，哲學的重心就轉向認識論問題。這種科學上的發展，不僅代表著一種新的認識方法，而且體現著近代世界人類的思惟方式。人類觀察自然環境的態度，完全不同了，新的思惟、新的方法、新的工具等，改變了人地互動的關係。人類利用和改變自然環境的能力大增，大地的面貌大規模的改變了。從很多方面來說，環境汙染了、土地退化了。科技發展的負面效應越來越嚴重。是科技錯了，走向歧路；還是伴隨科技發展而來的自由、民主制度，以及人地關係的共創發展，出現盲點了？自然環境思想的演變和科技發展、政經社會的演變，都有著緊密的因果關係。掌握自然環境思想的演變有助於發展環境管理科技和選擇政經社會制度。

本書《環境倫理——古今環境思想與自然之道》採用的論述理論，依據西方科學原理，論述東方環境哲學思潮，闡釋的理論，包括了環境行為理論、場域論、哲學詮釋學，以及思惟地理學的理論等，簡述於本書的第一章，以為導論。

一、環境行為理論

依據Gold（1980）的個體空間認知與行為典範（如圖1-1），群體和文化因子會影響認知過程的感知（perception）和學習，當然也就影響了人類的空間基模（Spatial Schemata），以及人類在空間中的行為。因此只要你具有行動的能力和知道怎麼做的方法，而且意圖和情境具備，形象的感知就很直接的影響你的行為（Hines, 1985; 1986）。

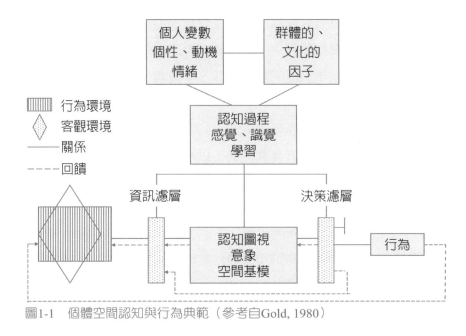

圖1-1 個體空間認知與行為典範（參考自Gold, 1980）

　　Hines et al.（1986/1987）、Hungerford & Peyton（1977），以及Hungerford & Volk（1990）試圖依據環境行為相關變項之間的相互關係，以及它們對環境行為的影響，建立環境行為模式，為的是能對環境行為的形成和改變，進行了合理的解釋。Hines et al.（1986）的模式示意如圖1-2：

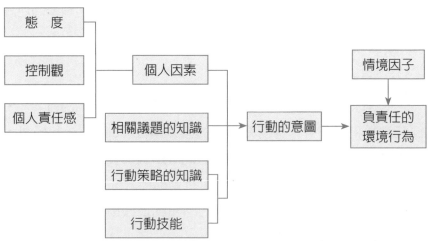

圖1-2 Hines的環境行為模式（參考自：Hines et al.（1986/87），以及Hungerford & Volk（1990）

在環境行為模式中，Hines et al.（1986/87）、Hungerford & Volk（1990）又認為產生負責任的環境行為的主要因素，是個人具有採取行動的意圖，而這個意圖又受到幾項因素的影響，包括個人因素、對相關議題的知識、行動策略的知識以及行動技能等。個人因素又包括態度、控制觀（locus of control）以及個人責任感。

綜合來看，個人因素和文化因素，都不是短期學習可以改變的。對於相關議題、行動策略，以及行動技能的知識等，則可藉由各種教學管道如閱讀、上課、研討會等獲得。由於態度、控制觀（內控觀和外控觀）的信念，以及個人責任感等，屬於個人因素和文化因素，因此也就連結到東西方文化價值觀的形成。以傳統而論，中國的農本社會制度和傳統科舉任官制度，對於塑造傳統價值觀起了重要作用。本書中的第三章〈傳統的自然之道〉、第四章〈傳統的文藝和園林〉，以及第六章〈傳播和美學的人文脈絡〉等章節，即是探討這類的影響。

第三節　符號學和詮釋學

一、溝通理論

談到環境教育中的符號，並且論述如何進行詮釋，總是脫離不了基本的教育理論。從認知論述到了行為，總是需要談到教育。教育發生在教與學之間，兩者間的互動，即是溝通的範疇。因此，教育就是一種溝通。溝通的題材是概念，概念則是溝通前主體思惟的內容。如果說，溝通的媒介主要是語言、文字、圖像。學習的人（也就是溝通的接受者），能否理解傳來的語言或文字（主體思惟的概念），就屬於受體詮釋的範疇了。換句話說，當受體接受到傳來的概念之後，怎麼想（思惟），這就是受體的問題了。如果單靠語言或文字的溝通，會錯意似乎是常有的事。這是什麼道理呢？

張漢良（2010）在《符號學與詮釋學》書中指出，溝通模式

（communication models）和溝通理論，是討論符號學、語言學，以及哲學詮釋學等的架構。思惟理論、符號學、語言學、哲學詮釋學等，都適用在人和人之間傳遞訊息的過程之中。因此，人與其他生物、機械、電腦之間傳遞指令的過程，也近似前述的溝通模式和溝通理論。本節採用簡單的傳遞者－資訊－接受者模式（Sender-Message-Receiver Model; SMR Model），需要有傳遞者（sender）、接受者（receiver），以及資訊（message）進行討論的架構，如圖1-3：

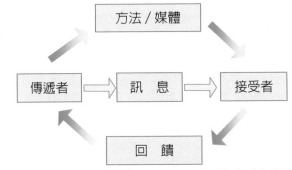

圖1-3　傳遞者－資訊－接受者（SMR Model）模式（參考資料：張漢良（2010）《符號學與詮釋學》）

　　傳遞者（sender）包括教師、解說員、神父、牧師、詮釋；訊息（message）指語言、文字、圖畫、字碼等，含有某種意義，將傳遞給接受者；接受者即傳遞訊息的對象。在這些單元中，訊息流動的理論，包括思惟理論、符號學、語言學、哲學詮釋學等。

　　人類思惟依賴語言進行，思惟的主要內容則是概念。語言只不過是人類用來表示概念的符號。因此，思惟、符號、語言、概念等，組成了密切相關的一組辭彙。人類也使用身體語言（眼色、手勢等），傳遞（溝通、傳意）訊息，但是應用的範圍不廣；使用文字等符號來傳遞訊息（概念），則是另外的一種重要方式。語言和文字等符號傳遞的訊息就是他的思惟內容，也就是概念。人又

如何進行思惟呢？思惟與思惟模式（發生在傳遞過程之前），說明如後。

二、思惟

　　你怎麼想事情，用心還是用腦？古人以為人是用心想，今日已經明白，是用腦在想。《詞源》上說，「思惟就是思索、思考的意思」。「思惟科學認為，思惟是人接受資訊、儲存資訊、加工資訊，以及輸出資訊的活動過程，而且是概括地反映客觀現實的過程，這就是思惟本質的資訊論觀點」。大腦科學方面的研究，歸納出人腦如何處理資訊的流程（如圖1-4）：

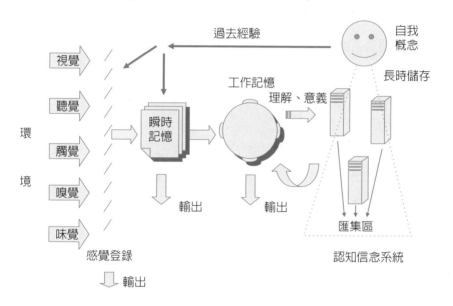

表述人腦如何處理外界環境資訊的資訊加工模型圖

圖1-4　人腦處理環境資訊的模型（參考資料：腦科學與教育應用研究中心譯，2005。腦的學習與記憶。北京師範大學認知神經科學與學習國家重點實驗室，中國輕工業出版社；Sprenger, M. 1999. Learning & Memory, The Brain in Action. Assn for Supervision & Curriculum）

　　今日研究思惟的學者，指出七種重要的思惟方式，即靈感思惟、邏輯思惟、發散思惟、系統思惟、辯證思惟、形象思惟、逆

向思惟等。這些現代研究成果，是不存在於傳統世界的。因此，傳統的思惟，只是如孔子說的：「學而不思則罔，思而不學則殆」《論語為政篇》。《中庸》又有：「博學之、審問之、慎思之、明辨之、篤行之」的學習方法。可見儒家思想，是要求學習的時候要多多思考。但是漢武帝設五經博士之後帶來的考用制度，卻扼殺了中國人多面向思考的能力。隋唐科舉制度的內容延伸至明清的八股文，更是徹底不要人類思考。

張大松主編（2008）的《科學思惟方法論導論》一書，列出了下列的方法：解題思惟、求異思惟、形象思惟、直覺思惟，比較、類比與隱喻思惟，溯因思惟、歸納思惟、演繹思惟、數理思惟、次協調思惟、系統思惟、辯證思惟、理論建構思惟、理論檢驗思惟、理論評價思惟等。這些詞也都不存在於古代中國的世界。春秋戰國時代，墨家和名家的邏輯思惟，一閃即逝，影響不大。易經帶動的辯證思惟，倒是留存下來，影響深遠，詳如本書第二章〈哲學與道德思惟〉。

一般而言，思惟包括概念活動、知識的表徵（representation）與獲得、推理、問題解決、決策、言語活動等。其中的概念和言語、語言等定義，說明如後。

三、概念

概念本身在現實物理世界中是不存在的，存在的是概念代表的對象（所指，亦即該事物的實體），對象又組成了真實的世界。

概念有簡單的、有複雜的，它們之間可能各自獨立、沒有邏輯關係。但是在排列、比較和系統化處理的時候，就必須顧慮到之間的邏輯關係，包括概念的內涵、概念的外延，以及從屬關係、並列關係、邏輯斜線關係等。透過概念的「限定」、「合取」、「析取」和「聯取」，即可將簡單概念組成複雜概念（馮志偉，2008）。

語言和文字是抽象的，語言傳達的是思惟的事和物的概念。由於語言和文字是簡單的符號，常常無法充分表達完整的概念，或是涵括所有的複雜概念，因此語言和文字常常是不足以表達思惟（心意）的。

四、語言、符號

語言是一種符號。符號學（一切記號系統的科學）的創始人羅蘭巴特（Roland Barthes, 1915-1980年）（李幼蒸譯，2008），也是結構主義運動主要代表者之一。他指出符號學的基本內容（按照結構語言學），可以劃分為：

1. 語言和言語。
2. 所指和能指。
3. 系統和組合段。
4. 直指和涵指。

本書中，只探討符號學中與語言學相關的部分。語言學的前輩大師索緒爾已經提出「能指與所指」（signifier and signified）的議題。

學者們通常區分語言和言語，言語指說話的行為，不一定符合社會規範。例如幼兒學說話的初期，他說的話是一組音的組合，是大人聽不懂的言語，但確實有意義。如果言語符合了當地的社會規範，有了一定的結構，就成為語言。

語言是抽象的，是人類用來指稱某件事物的符號工具，它「能指」某件事物（所指）。不同族群（或地方）的人，隨意地創造他們自己的語言，來指示他們心中的事物，因此各族群（或地方）的人使用各自不同的語言（我們稱呼的西瓜，英國人稱watermelon）。

語言（有結構的）是一種多樣化的社會制度，是一種集體性的契約，只要人們想進行語言交流，就必須完全受其支配。這個社

會的產物如果不經學習是無法掌握它的。因此，語言承載了文化意義。舉例來說，古代文字重象形，無形之中建構了古人習慣於形象思惟的文化傳統，詳如第三章〈傳統的自然之道〉。

五、詮釋：理解與解釋（understand and interpret）

詮釋學探討「理解」、「領悟」、「認知」的理論與方法，課題如：

「我們如何理解語言？」

「你怎麼能懂他說的意思？」

在傳統詮釋學的觀念之中，理解就是從思想上、心理上和時代環境上「設身處地」體驗，並且恢復作者的「原義」，理解和解釋，都回到文本作者的本意。

哲學詮釋學者加達默爾反對這樣的觀點。他認為理解不可能離開現在的視界，去看待過去。在時間的移轉過程之中，人們都能個別的領悟周遭發生的事物變化，包括大自然的、人間事務的，以及政治、社會、經濟的改變。因為每個人的生長環境和經歷不同、發展出的認知能力、偏好也不同，對這些變化的領悟，也大多不同。當然，不同時代、不同地方的人，也會有不同的領悟。因為領悟不同，便形成思惟和行為，展現了不同的多元化社會。不同的人擁有的自然環境思想，是不會相同的（因此，如果能有脈絡出現，就不錯了。只是這個脈絡也難跳出演化的規則；偶而出現突變也是可能的），詳如第六章〈傳播和美學的人文脈絡〉。

詮釋學是本書在研究和寫作之中，時時注意的理論。本書務求在理解和解釋從古至今探索自然環境思想文獻的時候，能站穩立場；務求本書所進行的詮釋，是屬恰當的。其實，自然科學新思惟中的複雜性科學，包括一般系統論、控制論、資訊論、混沌理論、耗散結構理論、協同學理論等，對人文學科的研究，也都有著深刻

的影響（常寧生譯，2005；張漢良，2010）。今人在詮釋古代文獻的時候，這些新的思惟，都已經預存在詮釋者的腦海裡了。

　　以上本章所討論的理論，都很適合用在分析古今中外自然環境思想的文化傳統和文化創新思惟。國人有哪些習性？有哪些西方所稱的文化資本？這些都可以從探討國人的傳統價值觀，以及從古代科舉考試制度、典章、書畫、園林、甚至地景觀念的影響，尋得一絲脈絡。

第四節　布迪厄的場域學說與慣習

　　從上述所論的環境思惟和環境行為，都發生在一個既存的時空背景之中，因此探討國人的自然思想，必須考慮自然思想發生的時空環境。

一、場域論

　　法國社會學者布迪厄（Bourdieu, 1930-2002）提出「場域」學說的概念，說明一切社會現象都跳不出「場域」這個具有時空環境意涵的背景。「場域」像是重力場、電磁場，一般無所不在，無形中影響著社會發展。文化、習慣、政治、經濟等形成「場域」的組成部分。

　　布迪厄社會學中的三個基本概念是「習性」（habitus）、「資本」（capital），以及「場」（field）。布迪厄認為：「社會生活應被看作是結構、性情（disposition，或稟性），以及行為，共同構成的交互作用。透過這一交互作用，生產出對於行為，具有持久影響的定向性。這些定向性反過來構成了社會結構，又引導人類的思惟和行為。因此，他說人的即興創作過程，也是由文化上的定向性、個人軌跡，以及社會交互作用遊戲能力所構成的」（陶東風譯，2006；高宣揚，2004）。

　　布迪厄認為場域（field）組成的社會空間，如同市場體系一

樣，進行著多樣化的資本競爭與交換；人類活動的目標，即在累積和獨佔各種資本，以維護或提升自己在場域中的地位（權力）。他說的資本，可以劃分成四大類：經濟資本、文化資本、社會資本，以及象徵資本（symbolic capital）。在某種情形下，文化資本可以轉換成經濟資本，並且以教育文憑（註：證書、執照）的形式獲得認同。布迪厄的資本概念包括了對自己的未來和對他人（註：兒女、學生、民眾）的未來施加控制的能力，因而，他說的資本是一種權力形式（陶東風譯。2006）。

　　布迪厄認為：在我們生長的「文化場域」中，每個人的日常思惟與行為不見得是純粹理性思考的結果，而是來自於隨興（即興創作）的過程。這種被構成的、即興創作的能力，就是布迪厄所謂的「習性」。他認為「習性」來自結構性的文化背景和半自主性的創造。高宣揚（2004）將habitus譯成存在心態，認為是指當時當地規定著某人某物之為某人某物的那種「存在的樣態」。人類以其文化創造了社會，但社會也同時成為人類的生存和創造活動的基本客觀條件，反過來制約著人類的創造活動，成為人類的生存及其創造活動的前提和出發點。布迪厄說的這種「習性」，不就是環境思惟和行為背後的主要控制因素嗎？

二、跨越科學與其研究對象之間的對立

　　布迪厄試圖跨越科學與其研究對象之間的對立（主客二元論），他把科學看作是社會場的一部分，把科學家看作社會場的產物。他認為科學場並不擁有不同於其他場的特權；科學領域是社會微觀的世界（Bourdieu & Wacquant, 2019）；它也是你我（行動者）為了改善自己的地位、擴取權力，而建構的。由於包括自然研究的科學場，在古代社會中無足輕重，因此在國內沒有發展出相關的權力場，因此也阻礙了自然研究、自然科學等在傳統社會的發展。

孟馳北（2006）有相近似的論述，他認為實在的歷史和文字記錄的歷史之間，相差實在是太大了。《史記》、《二十五史》，以及《資治通鑑》等片段的記載，框住了後代國人對於治國經驗及史學觀的視角，它們並不能把握國人實在歷史的真實性（這指出了讀史、理解史的有限性；這也是哲學詮釋學的啟示）。

　　構成實在歷史的是人、物、精神和社會文化環境。「人」占了主導地位，人的行為以及背後的心理（思惟）活動，才是解釋歷史的關鍵。孟馳北（2006）認為生命的本質是繼續生存，為了活下去，他必須從外部世界，擄取他需要的東西（糧食、財物、土地、權力等），擄取就是佔有。古代人類靠撿拾、打獵、強劫，後來靠著戰爭進行攫取。一部人類歷史，就是佔有的歷史。因此他的著作名為《佔有論──歷史新視角》。他又提出「共同佔有」的觀念，指出：「人要佔有某些外物，有時候就必須合群。」合群佔有也就逐步形成了人的本性，也就是人的社會行為。佔有的動力最初是求生存的欲望，隨著文明物質和文化的演進，人要的越來越多。中國古代的學者已經說出「人生來有物質欲望與精神欲望」（荀子及後朱熹的明清學者）。人文主義學者馬斯洛更指出：「人的基本需求，包括活下去的生存需求，以及高階的安全感、歸屬感（擁有欲及權力欲）、愛美、愛知識、愛奉獻等」。當人的生存，從依賴生物本能，轉為依賴意識活動的時候，人的佔有就和心理緊密連繫起來了。心理經驗重複多次，就內化形成了思惟和行為的範式（習性、基模），人的全部心理反射和心理元素，就是對應自然和社會的「習性」。

　　布迪厄的「場域」和「習性」概念在探討國人自然思想形成的過程之中，是一種很好的架構。孟馳北（2006）的「佔有論」，有些類似探討「權力欲」對人類的思惟和行為的影響，如果結合中國古代的考試制度和任官制度來看，那就更生動了。它們都影響了文化發展，當然也就影響了中國人自然科學的發展；或者更確切的

說，是阻礙了自然科學的發展。

小結

　　本書《環境倫理——古今環境思想與自然之道》，包括了七章論述。在本書〈緒論〉中，論述系統觀的論述取向、自然之道的科學理論架構，依據西方符號學和詮釋學，以及布迪厄的場域學說（Bourdieu & Wacquant, 2019）與慣習，說明了環境教育的哲學之道。一般教育學者所說的教育哲學，包括永恆主義、精粹主義、進步主義、建構主義等。永恆主義和精粹主義是東西方亙古以來主要的教育哲學，主要是強調上帝的話、先聖先賢的話、祖先的話、大人的話、老師的話、爸媽的話，這些都是大道理，要洗耳恭聽、要立正站好聆聽。

　　永恆主義和精粹主義下的教學，是否合乎當代的需求，就需要經過再行評估、經過再詮釋，如此才能找到符合現代的題材、內容和教法。因此，本書是探討環境倫理「再詮釋」。依據哲學詮釋學精神，再詮釋「永恆主義」和「精粹主義」的教學方法，是必須的。這樣的教育哲學，應當可以和進步主義、建構主義等新發展的教育哲學，相互輝映，建立更好的教學模組，如圖1-5。本書參採《環境教育——中國人自然環境思想之研究研究成果報告》（精簡版），去蕪存菁，進行大幅度的修訂。感謝行政院國家科學委員會、中國文化大學在本書撰寫期間的協助。本書以今日的角度，重新詮釋古代中國人的自然環境思想，摘取有助於訂定今日永續發展的環境倫理和哲學的智慧，正是本書撰寫的目的。

圖1-5　本書依據中國人的自然思想分析取向示意圖（王鑫、劉禹詩、劉昌武、許玲玉，2011）

關鍵字詞

性情（disposition）	能指與所指（signifier and signified）
不可預測性（non-predictability）	理解與解釋（understand and
蝴蝶效應（butterfly effect）	interpret）
自我組織（self-organization）	習性（habitus）
感知（perception）	資本（capital）
空間基模（spatial schemata）	場（field）
表徵（representation）	象徵資本（symbolic capital）

第二章
哲學與道德思惟

環境教育是品格教育，是分辨善、惡、正、邪的教育

學習焦點

　　本章嘗試使用分析哲學（analytic philosophy）以及哲學詮釋學（philosophical hermeneutics）的取徑，討論了中華傳統思想，以及西方哲學中的一些概念，並指出可以建構成環境倫理源頭的哲學與道德思惟。本章從中華傳統思想核心概念中的「道」、「物」、「性」、「欲」、「德」、「義」等為論述主體，了解倫理觀念，存在於道的觀念之中。在分析哲學的觀點之中，也論述了西方環境思想，以及基於西方現實主義之下，對於環境倫理、中國古代的道德價值觀，以及公民社會的論述。本章以哲學與道德思惟的觀點，讓我們面對環境的道德抉擇之時，有能力理解「為什麼要去做」；或是「為什麼不去做」的信念，進而在環境保護之中進行努力，以強化環境倫理在道德抉擇之時，擁有強烈的動機、價值觀、責任感，以及對於永續發展觀點，進行最終抉擇的人生目的。

第一節　東方環境思想

　　在東方學說之中，以老子的道家和孔子的儒家為主。老子的道家學說，這是一種超脫現實的天道學說，天道是在探討人類出現之前，已經存在的理念世界，這些虛無縹緲的概念，更接近中華環境

倫理的源頭；道家喜歡探索精神層面的觀念，也就是理性的自然之道，例如討論「恆先」、「域」、「氣」等概念（王鑫、劉禹詩、劉昌武、許玲玉，2011；王鑫、許玲玉、王曉鴻，2017）。

戰國時代興起的黃老之學，雖然尊崇老子的道學，但是到了漢朝，罷黜百家，獨尊儒術。道家和儒家的道，都擴及了天人之際，也就是橫跨自然與人文；但是在比例上，顯著不同。道家重在求真；而儒家重在求善。孔子的儒家學說發揚光大，主張肯定人生價值與社會和諧的人道學說。緣此，儒家重視人道，推崇的概念屬於社會性，思想的重要內容隨著人、時、地、物而有所改變，因此需要「修道之謂教」。儒家的人道，不喜談超過自然界的形而上的知識。因此，子不語怪力亂神。但是，確實主張人的主體性價值，致力修心養性。在孔子代表的儒家，後來轉型成為偏重政治的應用層面，也就融入了法家的思想。這在馬王堆出土的《黃帝四經》之中，有明顯的印證。

儒家和道家都很推崇易經。在《易經‧繫辭》之中：「探賾索隱，鉤深致遠，以定天下之吉凶」。所謂的探賾索隱，是指中國古代學者要探求深奧隱妙的事理。所以，以傳統哲學與道德思惟進行論證，首先需要討論下列幾本重要的經書，包括了道家的精華，以《馬王堆漢墓帛書》論述為主；其次，我們需要熟讀中國哲學中儒家文化內容，這些書籍已經受到學界的關注，學者應該在群書博覽的探賾索隱之中，探求到深奧隱妙的事理，同時取得了相當豐碩的研究成果，以形成環境倫理意涵中的哲學與道德思惟。

傳統以來，道家與儒家經典，包括了《道原》、《恆先》、《性自命出》、《中庸》、《先秦情性說》、《禮節》等章節，講述了中華環境倫理（王鑫、劉禹詩、劉昌武、許玲玉，2011；王鑫、許玲玉、王曉鴻，2017）。所以，我們要先讀到《道原》，了解到世界的成形；再讀《恆先》；之後讀到《太一生水》，再讀《性自命出》；最後讀到《中庸》等經典，從道論述至天道，也就

是以自然之道，論述至人道的儒家學說，才是一種連貫的方式。

一、《道原》摘要：《馬王堆漢墓帛書》

老子曰：「有物混成，先天地生，惟象無形，窈窈冥冥，寂寥淡漠，不聞其聲，吾強為之名，字之曰道。」在老子的觀念之中，有一種混沌複雜的東西，比天地還早出現。這一種觀念，比西方「大霹靂」的概念更早。如果說，道是一種無聲無形的獨自存在，精深微妙、渺茫恍惚，卻是一種從來不曾改變的概念，運行不停，可說是天下的根源。所以，在老子的看法之中，道者，有著虛無、平易、清靜、柔弱、純粹素樸的樣態，此五者，道之形象也。

《道原》又說：「人生而靜，天之性也」；這個意思是說，人類從母胎出生之後，就像是一張白紙，純潔沒有汙染，而且一無所知。如果說，人生本來沉靜，這是人類的先天稟性。如果受到外界事物的影響，而生成出來不同的感受，這也是天生的一種本能。

所以說，從老子的觀點進行闡釋，人類的先天稟性在安定之中，不過能夠本能地感知外在之物，也就是可以感知環境。這裡是說，人類感知環境之後，此時靈性安靜沒有欲望，不為外物所動。但是年齡既長，慢慢發展出對於外界的欲望。如果對於外界的物質有了欲望之後，便會有喜怒哀樂的情感產生。不能自我反性，則良知遭到物質的泯沒，又不能早日醒悟，則沈溺在物欲，也無法自拔。《道原》又說：「故聖人不以事滑天，不以欲亂情，不謀而當，不言而信，不慮而得，不為而成。」以上這些觀點，從道家以無事、無欲、不謀、清靜、無慮、不為等六項，這都是處事的基本要件，深受無為論的影響。

老子又說，不要要太多的情緒。這很符合社會情緒學習（Social Emotional Learning，亦稱SEL、社交情緒學習）的觀點（Elias, 2003; Miller, 2022）。這是指培養自我覺察、自我管理、社會覺察、人際技巧，以進行負責任的決策等相關認知的技巧。所

以《道原》又說：「夫喜怒者，道之邪也；憂悲者，德之失也；好憎者，心之過也；嗜欲者，生之累也。」這也是說，不要有喜、怒、哀、樂、憎恨、欲望多的情緒反應，因為這是說明是非善惡的來源，都是因為暴喜、悲傷，憎恨，或是暴怒等種種情緒而來。

在人與人的相處面上來說，老子認為：「夫水所以能成其至德者，以其卓約潤滑也。」，所以說，這是一種海納百川的信念，能容天下事，做什麼事情，都要有潤滑的觀念。這不是滑頭，而是學習水的精神。陳鼓應說：「道原」，就是對「道」的本體和功用進行探源（陳鼓應，2006；2016；2019）。所以，以恆常的定理來說，「恆」就是「道」，這是我們說的本體與作用的根本特性。在最初一切皆無的渺茫時代，宇宙天地還處於混同混沌的狀態，也許這是西方科學界所說的大霹靂還沒有開始的年代，老子就已經思惟宇宙的產生的樣貌（Huang and Fang, 2013）。在他的概念之中，天地、萬物不過只是本體的作用物而已；因此，鳥魚走獸，因而各自得道，所以鳥能飛，魚能遊；而獸能跑。《老子》在第四十二章，所說：「道生一，一生二，二生三，三生萬物。」這一種「作用」是開天闢地中的大霹靂的「有」（Huang and Fang, 2013）；如果以道家的本體論來說，則還是一種空空不也的「無」的觀念。

帛書《老子》又說：「萬物負陰而抱陽，沖氣以為和。」所以，以物理的原理來說，陰陽二氣的交合而產生萬物（Huang and Fang, 2013），這就是一種「道」的作用。但是萬事萬物需要和諧，所以「和」是一種「道」的作用。萬物得到「道」，則能夠達成一種「和諧」（harmony），從和諧中，進行交流，得到一種「中和」，則能夠生成萬物。因此，「和」是指生命體內在的一種和諧觀點，萬物因為「和」，才能有生。

因此，「道」也是涵融本根特性的本體之道。所有的萬「物」，皆取生於這一種「道」理，也聽命於「道」。這是東方環境倫理之中，最難理解的一部分。曾任職行政院環境保護署的

黃光輝、方偉達等人進行中國典籍西譯刊登國際SSCI期刊的動作（Huang and Fang, 2013），有興趣的朋友，可以深入參考。

二、《戰國楚竹書》《恆先》（上海博物館藏戰國楚竹書）

　　第二本，我想介紹的書，是《恆先》。這是一篇重要的道家佚籍。其中，重要哲學概念有：恆、或、氣、有、性、復、自生和名、事、作、爲等。《戰國楚竹書》《恆先》第一章說明「恆先無有」的特性爲「質、靜、虛」。這也是抽象的觀念，從「恆先無有」到「始」、「往」的變，爲「有」世界的產生過程，這和佛家所說的成住壞空中的成住，有異曲同工之妙。但是，道家講永恆，佛家講無恆。這是很大的差異。

　　《恆先》講到「恆」與「生」的觀念。此外，還有論述到「或」（空間）、「氣」（循環、能量）的概念。第二章論述氣生以前的道性問題。以及天地萬物都是由「氣」進行生成而產生的概念。

　　在第三章中，本書提出了「氣生物求」的觀念。什麼是「物求」呢，所謂的「物求」，是「自求其所是，以成其所欲」。也就是說，人類的欲望，都是自求而來的。這種「自求」的觀念，肯定了「物」在生化流行中的積極作用；對於「物」的主體性的確立來說，非常具有關鍵的作用。在這一種氣化流行的思想裡面，個體的命運，取決於自身的所欲所求。我們看到這一種物的原理，也就是「自訂倫理」，也和康德《判斷力批判》所說的「第三批判」，有異曲同工之妙（康德原著、鄧曉芒譯，2004）。康德的「三大批判」著作，包括了《純粹理性批判》、《實踐理性批判》、以及《判斷力批判》。《判斷力批判》分爲「審美判斷力批判」和「目的判斷力批判」，「第三批判」連結前述兩種批判，完成純粹理性的全部批判的必要性和意義。道家和康德的「第三批判」，都是屬

於《判斷力批判》。如果我們把「目的判斷力批判」進行剖析。顯然的，這既不是屬於聽天由命，也不是屬於隨波逐流的命運觀。

《恆先》第四章論述天地、萬物是如何生化出來，善惡是如何產生的問題。在「恆氣之生，不獨，有與」的宇宙大化作用之下，天地、萬物隨其所求所欲，而遂性產生，更是得生得成。首先，天地分別由清氣、濁氣，產生出來；其次，天地產生出來以後，氣進一步伸展、顯現，湧生萬物。這也是我們所說的環境中的一切現象。當這一種現象，展現在天地之中。《恆先》竹簡還透過追問萬物的差異性根源，而認識到「性」，是規定和區別萬物的一種關鍵性概念。因此，天地、萬物雖然同「根」同源（也就是一種「恆氣」），但是其「性」，卻是各自相異。正因爲「性」各自相異，所以萬物才能夠各自生其所欲，而這個世界也才可能昭明顯著，而且多姿多彩，具備了生物多樣性的價值。

所以，自然演化過程中的產物，其本身無所謂善與不善、治與不治的區別。從人道而言，我們經常會區別善惡，思考到善與不善、治與不治的分別。而「善」正是以「治」爲基礎，「治」又正是從效果上來進行理解的。

從效果論上來說，人不是聖人，當然會背離此一「生物成物」的流行作用，當然會產生出「亂」與「不善」的問題。

第五章論述「天道」或是「天行」，以及「復」的觀念。「天道，恆一不已、反復不已」。所以，成爲人，就應該效法天道、天行。違反了「天道」，所有的思慮，都是非法的。在本章，道分而爲天道與人道；天道包括自然之道的環境倫理，這是這一章的環境倫理的要旨。

《恆先》第六章，追問「事」的根源和本源，這是從本然世界自然地生作出來的。從「或」到「有」（量子穿隧效應），從「有」到「性」（character），「事」的本原不斷地確立起來，顯明出來；而「事」，就是在人類的實踐活動中，應當用來表達此「性」

的。因此，所有的「事」，不應當是違反本性的人類作為，而應當是遵循其本性的事物，以本身的自作自為，才不會違反天道。

　　《恆先》第七章的論述主題為「事」，在內容上是進行第六章的推演論證。所謂「事」，包括自作自為（與物性遂同）、性同守恆（反對人為的矯揉造作，強加扶掖），以及名不廢事（這是說，名譽與事實二者之間，必須相合相當）三方面的內容。

三、儒家《性自命出》（郭店楚墓竹簡）

　　在說完了道家「道生一，一生二，二生三，三生萬物」，這些環境組成的萬物觀（Huang and Fang, 2013）。接下來，談到儒家原有文獻，對道的說法，完全不同（王鑫、許玲玉、王曉鴻，2018）；直到儒家《性自命出》，在郭店楚墓竹簡挖掘出來之後，對於環境倫理的說法，竟然和道家有異曲同工之妙。郭店楚墓竹簡《性自命出》是一部儒家的典籍。這一部典籍在發覺之後，道家典籍有兩篇，分別為《老子》、《太一生水》；其他包括了儒家典籍，分別為《緇衣》、《五行》、《性自命出》等篇章。除了《老子》、《五行》在長沙馬王堆出土的帛書可以看到之外，其他都是先秦佚籍。

　　《性自命出》的觀點，談到了性命相通。也就是命自天降，所謂的性（human nature），都是由天生的稟賦而來，所以說《性自命出》。在此，天生的性，包括了情緒、心性、氣場，這些都是受到了心性，也就是一種「無定志」的作用，可以說，人類需要修心，才能養性。這是和道家不同的地方。儒家強調修心。因為，情緒的抒發，會影響他人，這是人類開始拓展人際關係，需要調和和節制，因此，儒家強調，需要運用詩書禮樂，也就是儒家運用人道等倫理關係，建構人與人之間的關係。《性自命出》所說的「情之發」，影響到了環境，出現人與環境的關係，也就是需要人類、需要環境倫理教育的時候了。

丁原植（2002）認為，《性自命出》是楚簡儒家性情說的起源。所以，以「性」為人類本有之自然本質，以「情」作為這種本質顯發的情狀，並構成性情的論述，這就是儒家在人道建構的始源。也就是說，《性自命出》明確的辨析「人道始於情」、「禮制始於情」，人文的價值是對於情感的處置，而不是直接接續「性」的本然。也就是說，不能率性而為，完全順著自然去做。因此，在人類的本質中，《性自命出》提出以「心」為操持定義的人義探討。人類之所以不同於萬物之「性」者，在於人類有其真心，以及其所具定象的職志。如果我們確立以「心術」與「用心」為文化中依據建構的根基，人文的教化，需要透過這種根基的運作，針對人道意義的深入認知之中，逐步展現開來。

在這些儒家和道家經典的思惟之中，人類的本性感物，這是一種對於環境的感知，而進行動作，擁有了氣場，然後生了情感，有了七情六欲。所有的倫理，是因應「情」的展現而建構。因此，「情」的發抒，影響到他人的時候，需要我們進行節制，更需要倫理規範。因此，儒家的禮樂因之而生。因此，我們需要研究「情」是何物，也就是研究儒家「天─命─性」，這是研究「心」，並且要研究「情」，需要了解什麼是「感物而動」（氣），以及研究「情」（七情六欲）之發，才能真正了解什麼是「心物／欲」之間的關係，也就是研究人道（倫理），以及義理、禮樂之間的關係。

在此，我們談到了東方環境思想，主要是以老子的道家和孔子的儒家為主的思想。當然，在印度佛教東傳之前，這些都是主導東方環境思想的典範。但是，到了佛教東傳之後，從西藏到中土，佛教的空性，結合了老子的道家學說，以超脫現實的空道，結合天道和人道，形成了東方特殊的諸法皆空的自然之道。例如結合了「恆先」、「域」、「氣」等概念，強化了「虛、空、淨、無」的觀念。

第二節　西方環境思想

在第一節中，我們談到了東方的環境思想，這些環境思想影響了倫理學系統。西方的環境思想，主要以神學的觀點，討論關於道德觀念方面的問題，像是善與惡、罪與罰、對與錯（right and wrong）、美德與惡行（vice），以及正義與罪行一類的概念。如果在蘇格拉底之前，西方環境思想是在探討世界的起源和構成，也就是思惟什麼是本體論。因此，西方的環境思想，擁有下列的特色，包括了自然哲學和自然科學。

一、自然哲學形成環境思想

自然哲學一詞先於自然科學（也就是經驗科學）。希臘哲學家定義環境，爲生活在宇宙中的生物的組合，但是忽略了人類製造的東西。到了蘇格拉底之後，所有的對於自然界的思惟，從軸心時代的思想，類似於從天上宇宙天神，轉向人間凡塵；甚至由自然觀點，轉向關懷社會，關心人類世界。自然哲學的環境研究，在透過任何需要的方式，進而探索宇宙，並且了解宇宙。所以，古代西方的環境思想，主要是由希臘學者運用想法，預設了現實產生的變化。雖然這些環境的變化，看起來相當明顯，但是也有一些哲學家，否定了環境會變化的概念，例如古希臘哲學家柏拉圖的前輩巴門尼德，以及後來的希臘哲學家恩皮里庫斯。

等到古希臘哲學家亞里斯多德提到了：「吾愛吾師，吾更愛真理」。柏拉圖和亞里斯多德持續發揚蘇格拉底倫理學的觀點。自亞里斯多德提出目的論、完善論（善與幸福），以及德性論以來，到了十九世紀，西方環境思想大多是以自然哲學（natural philosophy）爲基礎研究的環境思想。自然哲學與現代科學的其他先驅自然歷史不同，因爲自然哲學涉及對自然的推理和解釋，以及伽利略之後形成的定量推理；但是，自然歷史本質上，是以定性和描述性來討論人類所看到的環境。

二、經驗科學形成環境思想

西方科學早於東方科學。後來西方所談的環境思想，都是由經驗科學而來。在歷史上，經驗科學是從哲學思惟而來。但是更具體地說，經驗科學也是從自然哲學發展而來的。在十四世紀和十五世紀，自然哲學是哲學的眾多分支之一，但不是一個專門的研究領域。但是，經驗科學形塑了科學，以及科學家這兩個詞的現代涵義。十九世紀之前，所謂的「科學」是「知識」或「研究」的同義詞。當實驗科學和科學方法，成為了觀察環境之外的研究分支之時，實踐的經驗科學，獲得了現代意義。

從十九世紀中葉開始，科學家對於環境中的物理學和化學，都進行了貢獻。1687年牛頓（Isaac Newton）的著作，標題翻譯為《自然哲學的數學原理》，開展了自然系統的研究。到了十九世紀，開爾文勛爵（Lord Kelvin），以及格思理泰特（Peter Guthrie Tait）在1867年撰寫的一篇名為《自然哲學論文》的論文，也協助定義了許多現代物理學。

上述對於環境思想的覺醒，不是來自於形而上的自然哲學，而是包括了亞里斯多德以降，對於植物學、動物學、人類學，甚至是化學，以及我們現在所說的物理學，深入的研究。以及進行對於大自然探究的環境學說；因此，這些環境思想的論述，可以說是亞里斯多德以來，西方對於科學探究的發軔時期。亞里斯多德最早提出形式邏輯的三要素——概念、判斷和推理，總結了兩種基本的思惟方式——歸納法和演繹法，並創立了演繹推理的三段論——大前提、小前提和結論。亞里斯多德相信，一切演繹的推論如果加以嚴格地敘述都是三段論式的。現代西方的自然科學與人文哲學研究都證實了是以三段論為基礎，而衍生出來的各種領域學科，而邏輯學成為了西方思惟方式的一大特徵。

西方思惟傳統注重分析和實證，在論證和推演中認識事物的本

質和規律，以邏輯和理性探索自然規律，認為只有認識自然才能把握自然，因而強調天人對立，區分自我與外物。

也就是說，在十九世紀，環境思想形成了現代科學。在環境科學之中，也出現了不同的學科，例如天文學、生物學，以及物理學。牛頓（Isaac Newton）的著作《自然哲學的數學原理》，當然反映了十七世紀環境思想。這一種思想，是從斯多噶派，或是奧古斯丁、阿奎那發展成宗教意涵的反叛。在希臘哲人柏拉圖最早的已知對話之中，區分了「產生」物理結果，以及「不產生」物理結果的科學知識體系。當然，前述的自然哲學，被歸類為哲學的理論分支；而不是實踐分支（例如倫理學）。希臘哲人指導藝術，並且想辦法汲取自然哲學知識，依據科學理念，推測可能會產生實際的結果，但是以上都屬於了附屬的科學（例如建築學或醫學），這些都已經超越了自然哲學的範疇。

因此，經驗科學最後形成的主要分支，包括研究環境的天文學和宇宙學，也就是針對於自然界的研究。此外，也有學者研究人體的病因學，研究病發的原因；甚至進行統計機率的社會科學研究；在物質研究方面，研究運動和變化關係，甚至於時空哲學（philosophy of space and time）。

第三節　中國人價值觀的形成

從第二節西方論述的環境思想，這是一種「價值觀」的抉擇。「價值觀」是人類處理事物時，判斷對錯並做選擇、取捨的標準，這是一種深藏內心的準則，也是你我面臨抉擇時的依據。「價值觀」影響個人的觀察、情緒和行為。也會左右人的知覺；和價值觀相關的概念另有態度、信念和意識型態。態度指對人、事物所抱持的正反面評價，它反映了個體對人、事、物的感受。價值觀明顯影響個人的態度。「信念」指一個人堅信某種觀點的正確性，並

據以決定自己行動的傾向，這是一個人在長期的實踐活動中，根據自己經過深思熟慮的認知所決定的方向和目標。信念強調的不是正確性，而是情感的傾向性和意志的堅定性，它是一種綜合的精神狀態。信念具有穩定性，形成後難以改變，即使以後產生疑惑，情感上強烈的認同也會在相當程度上支持既定的信念。價值觀也是信念的基礎。擴大來說，也塑造了每個人的意識型態。

如前所述，價值觀主導人對事的思惟和行為。布迪厄的慣習說主張：文化及社會場域下形成的習性是日常隨興行為的支配因子之一。價值觀是在生長場域裡受文化因素和群體因素影響而形成的。本研究第一章已經介紹相關的理論。本節將討論中國人價值觀形成的背景。顯然的，在數千年來的文化和社經背景下，脈絡是清晰的。

㈠家庭教育

一般老百姓的庶民文化（通俗文化）和士大夫文化（代表精緻文化）可以從文藝作品、民俗、諺語、口令、歌謠、相聲、戲曲、節慶、圖騰、年畫、對聯、迷信等中挖掘。這些是表象，真正用來教育子女的常是各種祖先留下來的智慧結晶—「文物」。他們共同塑造了中國人的價值觀。例如《禮運大同篇》中的思想即可以代表中國人的希望，雖然離落實有距離：

> 大道之行也，天下為公，選賢與能，講信修睦。故人不獨親其親，不獨子其子，使老有所終，壯有所用，幼有所長，矜、寡、孤、獨、廢疾者皆有所養，男有分，女有歸。貨惡其棄於地也，不必藏於己；力惡其不出於身也，不必為己。是故謀閉而不興，盜竊亂賊而不作，故外戶而不閉，是謂大同。

除了家族、宗族、生活環境等對身心成長的塑造之外，古代中國人自幼必讀的三字經、千字文、弟子規、幼學瓊林、增廣賢文、朱子治家格言、曾文正公家書、壇經等，都從文字和語言（常用成語）中塑造了我們的價值觀。這些舊時廣泛流行的民間著作，形象地指出古代中國人為人處世的行為準則以及睿智的哲學思想。在開始十載寒窗之前，這些經典是文化傳承的主要媒介。

摘錄《三字經》的片段如下：

人之初。性本善。性相近。習相遠。苟不教。性乃遷。教之道。貴以專。昔孟母。擇鄰處。子不學。斷機杼。竇燕山。有義方。教五子。名俱揚。養不教。父之過。教不嚴。師之惰。子不學。非所宜。幼不學。老何為。玉不琢。不成器。人不學。不知義。為人子。方少時。親師友。習禮儀。香九齡。能溫席。孝於親。所當執。融四歲。能讓梨。弟於長。宜先知。首孝弟。次見聞。知某數。識某文。一而十。十而百。百而千。千而萬。三才者。天地人。三光者。日月星。三綱者。君臣義。父子親。夫婦順。……曰士農。曰工商。此四民。國之良。曰仁義。禮智信。此五常。不容紊。……犬守夜。雞司晨。苟不學。曷為人。蠶吐絲。蜂釀蜜。人不學。不如物。幼而學。壯而行。上致君。下澤民。揚名聲。顯父母。光於前。裕於後。人遺子。金滿籯。我教子。惟一經。勤有功。戲無益。戒之哉。宜勉力。……

《弟子規總敘》摘錄如下：弟子規，聖人訓，首孝弟，次謹信，汎愛眾，而親仁，有餘力，則學文。

《幼學瓊林》是明清時代的一部兒童啟蒙讀物。全書內容包括天文、地輿、歲時、朝廷、文臣、武職；祖孫父子、兄弟、夫婦、

叔侄、師生、朋友賓主、婚姻、婦女、外戚、老幼壽誕、身體、衣服；人事、飲食、宮室、器用、珍寶等。貧富、疾病死喪；文事、科第、製作、技藝、訟獄、釋道鬼神、鳥獸、花木等。範圍廣及天文地理、人情世故、婚姻家庭、生老病死、衣食住行、製作技藝、鳥獸花木、神話傳說等等過去人類日常生活中常用的知識和詞彙。從前有如下的說法：「讀了《增廣》會說話，讀了《幼學》走天下」。書中對許多成語的作了介紹，也交待了許多中國古代的典章制度、風俗禮儀。書中還有許多警句、格言，到現在還仍然傳誦不絕，是中國明清以來廣泛流傳的啟蒙讀物。

另外一本影響力顯著的古訓書是《增廣賢文》又名《昔時賢文》、《古今賢文》，是一部古訓集、民間諺語集。內容匯集了做人處事的各類諺語。推測出現在明萬曆年間，後來經過明、清兩代不斷增補，才成現狀，稱《增廣昔時賢文》，通稱《增廣賢文》。《增廣賢文》名句摘錄如下：知己知彼，將心比心。酒逢知己飲，詩向會人吟。相識滿天下，知心能幾人。相逢好似初相識，到老終無怨恨心。一字值千金。逢人且說三分話，未可全拋一片心。有意栽花花不發，無心插柳柳成陰。畫虎畫皮難畫骨，知人知面不知心。路遙知馬力，事久見人心。長江後浪推前浪，世上新人趕舊人。近水樓臺先得月，向陽花木早逢春。大家都是命，半點不由人。一年之計在於春，一日之計在於寅，一家之計在於和，一生之計在於勤。守口如瓶，防意如城。寧可人負我，切莫我負人。遠水難救近火，遠親不如近鄰。酒中不語真君子，財上分明大丈夫。同君一席話，勝讀十年書。救人一命，勝造七級浮屠。城門失火，殃及池魚。在家由父，出家從夫。寧可信其有，不可信其無。差之毫釐，失之千里。若登高必自卑，若涉遠必自邇。三思而行，再思可矣。好事不出門，惡事傳千里。君子固窮，小人窮斯濫也。貧窮自在，富貴多憂。人無遠慮，必有近憂。是非只為多開口，煩惱皆因強出頭。忍得一時之氣，免得百日之憂。近來學得烏龜法，得縮

頭時且縮頭。今朝有酒今朝醉，明日愁來明日憂。三杯通大道，一醉解千愁。人善被人欺，馬善被人騎。人無橫財不富，馬無野草不肥。善惡到頭終有報，只爭來早與來遲。送君千里，終須一別。十年窗下無人問，一舉成名天下知。酒債尋常行處有，人生七十古來稀。養兒待老，積穀防飢。一言既出，駟馬難追。少壯不努力，老大徒悲傷。螳螂捕蟬，豈知黃雀在後。光陰似箭，日月如梭。天時不如地利，地利不如人和。世上萬般皆下品，思量唯有讀書高。明知山有虎，莫向虎山行。忠言逆耳利於行，良藥苦口利於病。順天者存，逆天者亡。人為財死，鳥為食亡。閒時不燒香，急時抱佛腳。

　　從這些名句中，可以見到中華文化傳統對你我思惟和行為的影響確實是處處皆在的。也顯示「語言」正是傳承文化、價值觀等的載體。

　　長大後，讀書應考是士大夫人家孩子固定的成長過程。由於受到任官制度的影響，四書、五經成為固定的教科書，展開了歷經兩千年的科舉惡夢。中國發展出的應考族，人人熟讀四書五經，明白大學之道包括「明明德、親民、止於至善」三大綱領，「止、定、靜、安、慮、得」六個修養程序，以及「格物、致知、誠意、正心、修身、齊家、治國、平天下」八個實踐條目。中庸第一章就說：「喜怒哀樂之未發，謂之中；發而皆中節，謂之和」。又說：「中也者，天下之大本也；和也者，天下之達道也。致中和，天地位焉，萬物育焉」。如此這般，「致中和」就成為中國人最高的行為準則之一。2011年，湖南省永州市辦理「海峽兩岸陽明山旅遊合作與發展論壇」的時候，同時慶祝當地陽明山「和」字展覽館開幕，展示品的核心即是「和」字。可見「致中和」的影響力。

　　曾國藩《曾文正公家書》中有關治學、修身、齊家三個部分的篇章中強調「學」乃是立身行事之本。他認為讀書之道，貴在有志、有識、有恆，且必須「多讀書」，方能戒除驕傲懶惰氣習、蕩

佚驕矜毛病、急躁情緒等缺失。修身方面，曾國藩十分注重「克己之學」，講求「清」和「廉」，一再教育子弟從生活儉樸處著手，涵養清廉美德。齊家方面曾國藩認為家道興旺全靠培養優秀子弟，而培養優秀子弟有賴於嚴謹的家教功夫，包括和、勤、儉、謙，對家庭教育極為看重。總之，曾國藩在這些家書中闡述了讀書之道、克己之學、家庭教育之重要，今日依然深具警惕作用！「家和萬事興」中的「和」也是取自中庸。在家庭致中和，則可以見到：「公婆的微笑，是子孫的太陽；兒女的音聲，是父母的音樂；妻子的愛語，是丈夫的和風；丈夫的臂膀，是全家的依靠。」

20字修身法
忠、恕、廉、明、德、正、義、信、忍、公、
博、孝、仁、慈、覺、節、儉、真、禮、和

(二)中國的考試及任官制度

馮友蘭指出：「中國皇朝的政府，透過考試制度來保證官方意識形態的統治。參加國家考試的人，寫文章都必須根據儒家經典的官版章句和注釋。……唐太宗……欽定經典的官版章句和正義。……元仁宗於1313年發布命令，以四書為國家考試的主課，以朱注為官方解釋。」（馮友蘭著、涂又光譯，2010）。

塑造中國人價值觀的因素中，無疑的，影響最深遠的就是考試任官科舉制度了，不僅塑造了中國人的價值觀，更奠定了士的地位。即使今日，「考試」也仍然佔據了你我人生的大部分，它的影響顯然是跨世代的。在儒家學說被漢武帝定為五經博士任官必備的專業知識之後，即為中國人樹立了道德取向的生命意義與價值。從此，中國人的生活重心專注到個人的立志、修養，以及經營三綱五常、四維八德之上。秦以前的巫、客卿、儒士等靠個人修養而近

天，科舉興起後，考試、舉士成為固定的「人往上爬」管道。由於考試內容以詩賦、五經為主，衍生出中國官僚體系和知識分子狹窄的求知範疇，兩者伴隨著權力結構，養成大多數中國人的習性。中國人的習性也就孕育在這樣子的傳統文化場域裡（參考第一章布迪厄的場域論）（Bourdieu & Wacquant, 2019；陶東風譯，2006；高宣揚，2004）。

從中國歷史文獻的記載中，可以反省中國古代考試制度（任官制度）對中國人心性的塑造。依據環境行為研究的成果，環境認知和環境行為密切相關，群體與文化環境能影響每個人的認知作用，並進而影響因認知而形成的心理意象以及基本行為模式（見第一章）。中國文化塑造的中國人自當有他們自己對環境的思惟和行為模式。

「考試環境」意指因為考試這件活動而造成的影響人類行為的社會環境。因為絕大多數的人關切「考試」，因此「考試環境」還真是首屈一指的重要社會環境。從小到大、到老，考試、考績、評鑑……各種形式的考試糾纏你我一生，嚴重影響你我的思惟和行為。

三皇五帝時代，堯帝就已經以父義、母慈、兄友、弟恭、子孝等「五典」（或稱「五孝」）及百官事務測試舜，認可後傳位給舜。舜以類似的方式，讓位給禹。禹以後開始了世襲制，「領導」不必被考了。周公制禮作樂，以禮規範人的行為，社會上開始有了共同的考核人的標準，不過還沒有形式化的考試制度。孔子「述而不作」，傳承的是周公制定的禮樂，因此儒家學說帶有濃厚的周禮。秦代開啟以吏為師的制度，考試重在試官任職。秦以後至隋唐，在科舉考試制度建立之前，盛行過察舉制。「元光元年（西元前134年），漢武帝又令郡國舉孝廉，策賢良，而董仲舒以賢良對策。漢武帝連問三策，董仲舒亦連答三章，其中心議題即是天人關係問題，史稱《天人三策》（或《賢良對策》）」。那時候的考試

重實用，看你對國家大事有什麼好的對策。

漢武帝重用董仲舒和公孫弘，罷黜百家、獨尊儒術之後，置五經、設太學（西元前124年）。當時每年一次的太學生考試內容側重儒家經典，成績合格的人就授予相應的官職。這種制度的缺點是窄化了學習範圍，經學裡的繁瑣章句，束縛了知識分子的頭腦。把畢生心血專注在經書上，當然不會養成思惟、批判和創新的能力，但是卻創造了一個行之兩千年的考試環境，壞了後來的中國人。

考試一詞首見於董仲舒的《春秋繁露‧考功名》，書中說到「考試之法，合其爵祿，並其秩，積其日，陳其實，計功量罪，以多除少，以名定實，先內弟之」。當時的「考」，即詢問之意，可以引申為查核；「試」即試用的意思。直到近代，「考試」兩字才演變為對個體掌握知識、技能情況和效果的檢驗、評定和測度的一種方法。

漢代以後的科舉制度概述如下：

魏晉南北朝時期改行九品中正制又稱九品官人法。主要內容是在各州郡選擇「賢有識見」的官員任「中正」，中正以簿世（譜牒家世）、行狀（才幹、道德）、鄉品（中正鑑定）為標準查訪評定州郡人士，將他們分成上上、上中、上下、中上、中中、中下、下上、下中、下下九等……最後轉呈……作為吏部授官的依據。至264年，以忠恪匪躬、孝敬盡禮、友於兄弟、潔身勞謙、信義可復、學以為己等六條準則作舉薦標準。到了西晉得時候，實際上官員都從世家大族中選定，造成「上品無寒門，下品無世族」的情況。中正制只重家世，不問賢愚，整個魏晉南北朝時期都以此制選官，久之造成社會風氣浮靡，世族弟子終日清談，不問國事。世族為維持門第血統，婚姻必擇門當戶對。到了隋代，隨著門閥制度的衰落和科舉制的興起，九品中正制終被廢除。

隋唐創立分科考試的取人、選人制度，但是統治者採用這種考試制度是從維護自己的統治出發的。宋太祖統一天下後，重文輕

武，興辦科舉，以考試方式晉用天下英才。宋代科舉考試內容中，儒學所占比重較大。唐代以詩賦取士，宋代以經學取士。宋代重文輕武，科舉獨尊理學。元代廢科舉八十年，導致市民文藝興起，小說、戲曲大盛。其後，奉儒家文化爲正統，程朱理學一躍而爲官學，以朱熹的「四書章句集注」爲開科取士的標準。明代政治上專制獨裁。以理學爲科舉考試唯一內容。但大興文字獄，控制思想。

因此，古代的「考試」是爲了任官，而知識分子是爲了當官而讀書應試。魏晉時代，推出的「九品中正制」，全靠推舉。由於弊端叢生，導致隋唐時期開創以考試爲核心的科舉考試制度。宋元時期，科舉考試制度試行已久，但矛盾突出；明清時期，更盛行八股文，路子越窄、越偏，於是引起強烈的批判，終於在1906年的晚清時代廢了科舉考試制度。但「學而優則仕」、「萬般皆下品，唯有讀書高」的古訓卻已根深柢固，深入人心。孫中山先生建立文官考試制度、設獨立的考試院掌考試權。但是考試制度傳承的社會文化環境卻沒有絲毫改變，依然常在我心，反映在今日的考試場域。

從隋唐到宋代，應科舉考試已經成爲知識分子的唯一出路，唯有金榜題名時，方能鹹魚翻身、光宗耀祖。在《儒林外史》、《聊齋誌異》中，對於考試制度的弊端都有生動的描述。明代著名科學家宋應星在所撰的《天工開物》序中說自己的書是：「丐大業文人棄擲案頭，此書與功名進取毫不相關也！」。明代醫藥學家李時珍在三次鄉試舉人都落第後，轉投醫藥學，花費三十年心血撰成《本草綱目》，可是，獻書給朝廷的時候，一點兒也不受重視。

古代讀書、應試、做官連繫起來，導致科舉考試控制學習，也造成死讀書、背教條、務抄襲的死胡同。科舉考試制度激發了兩千年來知識分子讀書的欲望，但是卻是爲了追求金榜題名、當官、進入權力場而讀。死記硬背《四書》、《五經》、揣摩八股文章，對觀察、實驗、證明這些現代系統性的科學方法絲毫沒有碰觸到。當然也看不見朱熹《四書集注》中，大學、中庸裡提示的研究方法：

即「知止而後能定，定而後能靜，靜而後能安，安而後能慮，慮而後能得。物有本末，事有終始，知所先後，則近道矣。」、「博學、審問、慎思、明辨、篤行」、「格物、致知、誠意、正心、修身、齊家、治國、平天下」等。

這種「考試環境」不僅耽擱了中國的科學發展，也拋棄了春秋戰國時代奠基的中國式研究方法。

(三)士大夫情結

中國古代「考試」在專制政治典章制度之下，長期實行的後果是培養的知識分子成為滿足官僚體系裡的奴才、庸才。大清帝國的官員在皇帝面前不就是自稱奴才嗎？跪在地下，把頭壓的低低的。到底犯了什麼錯！這可是十載寒窗苦讀、吃「過橋麵線」的苦讀最佳成果、最高榮耀呢！古代政治體制的官場之外，也就是在權力場之外，四書五經的知識是沒有價值的，因為沒有其他給俸祿的雇主。元初廢科舉，咱們的同行不就是都失業了嗎！

中國古代的知識分子看不起商人，說「車船店腳牙，無罪也該殺」。因為他們都不事生產，是服務業、剝削分子。當時的小農經濟社會只尊重務農的和讀書當官的。老百姓尊重讀書人是因為他們能和做官的打交道，而且可能當官。中國古代的知識分子在當時的政治體制下，一般是唯恐唯慌、戰戰兢兢，自覺地位卑微，因此都不敢談自尊。卑微感也強化了他們思想上的奴才性。一旦離開權力場（官場），他的知識就是零價值，他就是「百無一用是書生」。中國知識分子在儒家思想的主導下，講求修身。修身是管理自己，要淡化「我」的存在，以天下為己任，先天下之憂而憂。儒家修身養性的結果是忘卻自我的私，塑造道德的我。宋代理學家就提出「存天理，去人欲」的主張，否認人的生物性欲望（不是孔子的思想）。所以，中國知識分子在不同的場合常有兩副面孔，道德的我和本來的我，也就習慣於言行不一，常鬧人格分裂症。道德成為一

種掩飾、成為一種偽裝，常被人批評是「假道學」。這不就是「文勝質則史」（虛偽）嗎？

中國古代的知識分子把生存的希望全部寄託在登科－金榜題名，除此之外，似乎別無出路。兩千年下來，形成了官本位的文化。陶淵明不為五斗米折腰的故事暗示當小官的無奈和不幸。只有歸田園方能返自然，過自由自在的生活。陶淵明掛冠返鄉之後，換得的是「悠然見南山」和「欲辯已忘言」。遠離權力場之後，他的卑微感就消失了，尊嚴回來了。由於當官或不當官有如坐升降機，忽上忽下。因此，一般知識分子內心對權力場是又愛又怕，但是趨之若鶩、嚮往總是難免的。

中國古代知識分子求知識的出發點是為了登科、進權力場、當官，因此沒有對客觀事件求真的動機。他學的是既成的知識（四書五經）而已。因為求知識的出發點不同，正如現代「混沌學說」所說的，世世代代傳承下來，就發展出求和、求善、不求真的「和」稀泥態度。中國知識分子的另一項缺點是沒有信仰，特別是對真理缺乏信仰（沒有出過像蘇格拉底、亞里斯多德一般的先賢）。只要是官方肯定的，他們就接受。中國思想發展的歷史中，只有肯定，沒有否定。中國知識分子沒有說「不」的勇氣和習慣。正像某些學者提出的，中國知識分子缺乏懷疑的態度，求學的態度是不科學的，學術視野是狹窄的，研究方法是封閉的。中國廣大的農民群眾是軟弱的，非常功利，只見小利。中國知識分子中許多來自農村，生活刻苦耐勞，但卻只關心個人的功利，只知自掃門前雪。中國知識分子累積的知識不少，但是缺乏推理能力，欠缺理性、欠缺引申和演繹的能力。由於也沒有探索精神、沒有懷疑的態度，因此只是死記硬背，背到滾瓜爛熟，卻是食古不化。學習的過程中，不用腦筋、不善思惟。處世辦事靠沒有證明過的經驗。擺在那裡的傳統、祖訓，就是準則；不需要用理性判斷。聽話、一切照書本上說的做，就不會錯。理性的特點是對什麼都要問為什麼？這在中國社會

是十分討人厭的行為。懷疑是被看成有病的！政治上的大一統、父權心態等消除的正是思想上的多元。中國古代的考試都以四書五經為主要內容，因此前述的批評一直適用到廢科舉。近百年來，我們跳出這些框框了嗎？

(四)農本社會

中國封建社會的耕讀傳統可見於中國世界文化遺產地的宏村、西遞等徽州民居大廳的對聯，舉例如下：

「世事讓三分天寬地闊，心田存一點子種孫耕。」（西遞·履福堂）

「幾百年人家無非積善，第一等好事只是讀書。」（西遞·履福堂）

「古今來多少世家，無非積德；天地間第一人品，還是讀書。」

「讀書即未成名，究竟人高品雅；修德不期獲報，自然夢穩心安。」

「為善最佳，讀書更樂。」

「貳字箴言惟勤惟儉，兩條正路曰讀曰耕。」

「孝弟傳家根本，詩書經世文章。」

「欲高門第須為善，要好兒孫必讀書。」

「傳家無別法非耕即讀，裕後有良國惟勤與儉。」

「善為玉寶一生用，心作良田百世耕。」

「敦孝弟此樂何極，嚼詩書其味無窮。」

「詩書執禮，孝弟力田。」

從「社稷」兩個字，就可以看出中國的農本性質。古代就把農定為本，工商為末。說真的，中國人的傳統文化裡是看不起商人的，從「耕讀傳家」到「無商不奸」就知道古代中國人鄙視商人，說他們短視近利。

環境倫理——古今環境思想與自然之道

孟馳北（2006）分析農耕文化與游牧文化的差異，認為主要在於農耕文化富惰性心理元素（安啦，追求穩定，內求），而游牧文化富活性心理元素（進取）（孟馳北，2006）。他直接指明了東西文化差異的源頭，以及因而發展成漸行漸遠的文明；一個向左轉、一個向右轉，終於差之千里。

　　農耕文化下的中國文化特色之一是小農經濟的社會。當時的社會只尊重務農的和讀書當官的，把農定為本，工商為末。建立在這種小農業與家庭手工業結合的自然經濟結構之上的專制政治是強固有力的，典章制度完備嚴密。農耕文化下產生的知識分子的最大特點就是他的農民意識。在農業社會，主導的角色是農民，農業勞動都是大家一起來，不能彰顯個人。因此中國知識分子講求修身，要淡化我的存在，儒家修身養性的結果是忘卻自我的私，塑造道德的我。中國知識分子只關心個人的安全係數，因此出現各掃門前雪的行為。

　　農民是軟弱的，非常功利，只見小利。農民只看到人的渺小，老「天」決定一切。只要風調雨順，就能有好收成。他的農業生產和大自然春夏秋冬四時交替密切相連，他的耕作過程也和四時運轉相應，他體會到有一隻看不見的手在不停的操作著，不能由人、不能違抗。這個「天」或「道」最初是來自農民對自然規律的體驗和感受，人的行為只能順著這個規律—「道」。儒家把這個道引申到人際關係，形成倫理的道。「道不同，不相為謀」，儒家似乎也不講求溝通，想法不同，就各走各的路。天道是抽象的，人道則有具體的內容，它的核心就是三綱五常。從天道又引引申出「氣」、「心」、「性」等概念。人道就是調理好人際關係，知識分子的精力都被引導到這條道上。這個道當然包括天道，天道就落實在人道上，人道就是構建符號當時統治者利益的人際關係。自漢武帝獨尊儒術以來的兩千多年歷史中，知識分子的智慧都用在構築人際關係上。中國庶民街頭巷尾的談話議題總離不開人際關係，三姑六婆

也是唸道東家長、西家短。「人言可畏」，中國人是不懂什麼是隱私權的。這種風氣，不幸的，是知識分子帶動的。漢代末期的「清談」之風，以及魏晉品人的風氣傳下來了。

中國的農民習慣孤立的、默默的、勤勞的、節儉的在土地上耕作、勞動，過簡單的生活。這是儒家塑造的美德形象，農民只相信人間的神－天子和官，不相信虛無縹緲的天上的神。牧民崇拜英雄、神，因此宗教的力量大。農民崇拜權力（官）、聖賢，因此官的力量大（官本位）。中國的學校（書院）是為權力場培養接班人。儒家「仁」的教化，軟化了中國人的心身。

西方人講公平、和平等，古代中國人卻習慣於不平等：君臣、父子、夫婦等三綱五常是不可以懷疑的。名教不只有如蛛網般的身分關係，更用「禮」來規範人的身分關係。「禮」即典章制度，《禮記》記載的就是社會秩序、親疏、尊卑、長幼等傳統倫理道德的規範。《禮記》集中記載了周代貴族的生活狀況和禮樂文化傳統。《禮記》、《周禮》、《儀禮》合稱「三禮」。《周禮》主要是對周代官制和政治制度的記錄，《儀禮》主要記載了冠、婚、喪、祭、飲、射、燕、聘、覲等禮儀的具體儀式。《禮記》不僅有對各種禮儀規範的記載，還全面解釋了各種禮儀行為的價值和意義，是對禮的內在精神的表述和弘揚。和諧、致中和、和為貴等抹殺了競爭意識，放棄了是非黑白，因此出現「鄉愿」一詞。也難怪五四運動時期出現「禮教吃人」的說法。權力場上的等級制度更加重了人與人間不平等的觀念，人人都想做人上人，想出人頭地，這樣的觀念掌控了知識分子。

農業社會教化人安分守己，中國儒家提倡知天命、知足，這些宿命論遏制人的創造力，也磨損了人的抗爭本性。

中國農村社會的基層生產單位就是家。在家庭中，容易確定自己的地位。孟子把人倫關係概括為五種：父子、君臣、夫妻、長幼、朋友。《白虎通・三綱六紀》中的六紀指諸父、兄弟、族

人、諸舅、師長、朋友，並教人依三綱五常做人做事。中國人擁有以家庭利益為目標的傳統，儒家也把倫理道德的重點放在家上，修身、齊家、治國、平天下。身體髮膚受之父母……父母在不遠遊……等，在三字經、弟子規中都一再重複。《論語・學而》更說：「其為人也孝弟，而好犯上者鮮矣，不好犯上而好作亂者，未之有也」。儒家把孝弟定為家庭道德的起點，而落點卻在國家皇帝身上。

農業社會的人倫關係中，社會體系是家長制和官僚制的結合。家本的擴大反映在儒家、道家、法家……以及商家、漁家等名詞上。家實行家長制，在家庭內沒有自由。家的觀念放大成國，國是最大的家，國家也沒有想到要給人民自由，人民也沒有要求過自由。集體主義下，沒有國哪有家，為了國家是應當可以犧牲小我的。因此說，國破家亡。家是私有的圈圈，中國社會是一個由家共同組成的一個縱橫交錯的家的網絡，家的道德建設和國家的道德建設掛起鉤來。農業社會是壓抑個人的，中國人一向強調集體主義，沒有給個人主義的發展留下多少空間，因此在國家前面，個人是絕對的渺小、不可見的。個人的自由，當然也就不用提了。

農家本來就沒有與他人之間的競爭意識，因此農業社會排斥競爭。儒家學說就是與他人之間無競爭環境中的思想學說。中國人有嚴重的封閉性和保守心態，喜歡照本宣科、因循、錦上添花……，中國人不喜歡創新、沒有否定性思惟，農業社會壓抑個人、強調集體主義……。漢代以來，統治階級總是踐踏老百姓的。

中國又是一個自然災害頻仍的國家，饑荒威脅常存，因此省吃節用、捨不得、吝嗇等伴隨而來，留後路的思惟習慣也就成為生存智慧。

㈤社會百態：外國人眼中的古代中國人

長期發展的傳統耕讀社會，由於經濟較不發達，專制政權又

集中了財富，因此大多數人民長期貧窮，地位低下。在許多描寫中國人言行的書中，指出中國人的某些特色，例如何天爵（Chestern Holcombe）在1895年付梓的《The Real Chinaman》（《中國人本色》，由張程、唐琳娜譯，2010）和Arthur Henderson Smith（1845-1932年）在1894年付梓的《Chinese Characteristics》（《中國人的氣質》，由張夢陽、王麗娟譯，2010）。Chestern Holcombe是1869-1885年間居住在中國的外交官；Arthur Henderson Smith是1985-1932年間在華傳教及救災資歷二十五年的外籍人士。他們的著作影響了魯迅，也似乎帶出了魯迅大量描寫中國人的文學作品（魯迅作品如《阿Q正傳》）。

其他討論中國人的文學作品如魯迅的《吾土吾民》（魯迅，2007；由團結出版社印行）；樓宇烈的《中國的品格》（樓宇烈，2007；由當代中國出版社印行）；易中天的《閒話中國人》（易中天，2007a；由馥林文化印行）；還有林語堂的《吾國吾民》（林語堂，2005；由臺灣遠景出版社印行）；以及柏楊的《醜陋的中國人》等（柏楊，1985；由臺灣林白出版社印行），都描述了社會百姓的眾生相。

《中國人本色》作者撰寫本書的年代是在滿清末年（1895以前），因此書中所述有一定的時代背景，但可作為審視舊社會中國人特性的參考。書中主要章節包括中國的政府、語言文字、家庭生活、社會生活、宗教、迷信、辮子的故事、司法制度、官與民、教育與文學、禮儀風俗、商人與商計、貧困階層、財政體系等（張程、唐琳娜譯，2010）。《中國人的氣質》指出「中國人的特色」包括下列項目：面子、節儉、勤勞、禮節、缺乏時間關念、忽視精確、誤解的才能、欺瞞的才能、柔順的頑固性、智力混沌、麻木不仁、輕視外國人、缺乏公共精神、守舊、不講究舒適和方便、生命力、忍耐與堅韌、知足常樂、孝心、仁慈、缺乏同情心、社會臺風、連坐受罰互相牽連、互相猜疑、缺乏信心、多神論（泛

神論、無神論）等（張夢陽、王麗娟譯，2010）。《中國人的氣質》的〈序〉中指出魯迅曾經研究過中國人的國民性，他的雜文，如〈阿Q正傳〉、〈狂人日記〉、〈孔乙己〉等，寫中國人的精神世界，深刻的指出很多中國人內在的東西，包括要面子與不要臉、因循保守、太難改變、不見棺材不掉淚、鄉愿（砍掉腦袋也不過是碗大的疤─〈阿Q正傳〉）、互相欺瞞、不敢正視各方面、怯懦、巧滑、懶惰、不求甚解、模模糊糊、隨波逐流、安貧樂道、知足常樂、浪費時間、提倡忍受（心字頭上一把刀）、猜忌連坐、繁文縟節、好大喜功等。他臨終即希望譯出《中國人的氣質》這本書，期望中國人能結束「安於自欺並以欺人」的陋習。

張海花與夫婿澳大利亞人Geoff Bake著《像中國人一樣思考》一書（張海花、Geoff Baker，2010）。書中反思中國人的思惟方式、情感方式、表達方式是什麼？中國人如何說、如何聽、如何想、如何做？他們找出來中國式思惟的五項基本元素，包括語言決定思想、陰陽之法的對立統一、中國人的相互關聯性、中庸─黃金法則、面子比生命本身更重要等。該書分章探討當代中國、中國式領導之道、職場之道、中國式溝通、中國式關係分析、大事與小事、處理衝突與矛盾、本地化和知識產權等。他們也強調語言是文化產物，其中保留了許多歷史、價值與傳統，如形象思惟，看整體、憑直覺、用心思考不求證，儒佛道思想等，因此語言是有決定思想的功能。中庸之道中含有中國人擅長的辯證法，講究雙贏；注重相互關聯性更使中國人糾纏不清，生活情境複雜不已。面子比生命本身重要引出兒女要讀名校的問題，虛榮、虛偽兼備。他們還指出中國人習於隨波逐流、中國式的自由民主是垂直的而非水平的模式、服從領導、逆來順受、讓時間解決問題、門路和關係至關重要等問題。該書設定的主要讀者群是有意和中國人做生意、從事商務活動的外國人，以及做中、西文化比較的讀者。該書第一作者在中國大陸（北京大學）大學畢業後，旅居澳大利亞二十多年，先生可

能是澳商；他們著作本書的目的是引導外商能更順利的和中國人做生意。該書也清楚的指出中國傳統文化對現代中國人的影響。另一本2010年出版的《潛規則》更血淋淋的剖析了官場傳承下來的惡習，多少和《厚黑學》異曲同工（吳思，2010）。他們指出：中國式領導風格是「自上而下交待清楚；老板從不犯錯誤、事無巨細親力親爲、官大學問大；基於「需要知道」基礎上的溝通；下屬不可以比上級知道的多；等級制度是關鍵；君臣倫理是忠（大單位）、父子倫理是孝（小單位）；一把手是黨委書記。職場之道是：不要犯錯誤、謹小愼微、無論怎樣都要服從命令、千萬別站錯隊、說得越多越糟糕、多做多錯、怕麻煩、不求有功、但求無過、尊重資歷、敬老、愛面子、缺乏獨立思考能力、缺乏自信、缺乏領導力、隱藏自己等。中國式溝通是：逢人只講三分話，不可全拋一片心、含蓄之美、要面子、繞圈圈拐彎抹角、不明確表示態度、講官話、講空話和客套話、不著邊際、先喝杯茶、打太極、隱藏企圖、客氣話、模稜兩可、沉默是金、言多必失、內斂文化、喜怒不形於色、不傷人的面、報喜不報憂、一切盡在不言中、身體語言、雞同鴨講、當面談、看表面、狗眼看人低等（吳思，2010；張海花、Geoff Baker，2010）。

柏楊在《醜陋的中國人》書中批評中國人的話語如—欠教養，吵雜髒亂，窩裡鬥，死不認錯以及自傲又自卑，缺乏獨立思考能力；更恐懼獨立思考能力，不問是非，喜歡一窩蜂發飆。他說了重話：非得將這個充斥了醬缸蛆，以豬八戒的五齒耙亂築的中華民族，徹底改頭換面不可（柏楊，1985）。

客觀的說，延續數千年的文化，有好的一面，有壞的一面。他們都是我們無奈的傳統，應該勇於面對的事實。但是也都時時提醒我們要反省，不要被傳統的醜陋面籠罩。務必時時勤拂拭，勿使惹塵埃。

第四節　道德與價值

　　從東方環境思想到西方環境思想進行分析，東方環境思想著重於學派，從道家到儒家，不拘於一人，不拘於一派，很少以人為主；但是西方環境思想，以希臘羅馬，到基督以降，都是以自然哲學和自然科學的「主張者」為依歸。我們很少看到西方環境思想強調顛撲不破的環境真理。因為是科學，在科學革命的典範轉移之下，總有長江後浪推前浪的思潮改變，因為西方崇尚的是科學。尤其是亞里斯多德派，強調了經驗科學，展開了科學革命一波接一波的思想改變。

　　但是，環境教育強調了道德哲學與價值論，也就是價值學說。傳統的道德，是以人格、德性、至善為中心。本節探討下面的問題。

一、如何看待道德？

　　英國科學家培根曾經提出了四類假象，他認為包括了種族假象、洞穴假象、市場假象、劇場假象。種族假象，是一種與生俱來的有限的感官帶來的誤導；洞穴假象，則是個人經驗及學習的有限的智能帶來的誤導。市場假象，是一種人際交往語言帶來的影響，也就是人云亦云所帶來的誤導。劇場假象，則是個人習得的教條與哲學，所帶來的誤導。荀子在《解蔽篇》提出了他的觀點，他認為：「什麼東西會造成蒙蔽？」「愛好會造成蒙蔽，憎惡也會造成蒙蔽；只看到開始會造成蒙蔽，只看到終了也會造成蒙蔽；只看到遠處會造成蒙蔽，只看到近處也會造成蒙蔽；知識廣博會造成蒙蔽，知識淺陋也會造成蒙蔽；只了解古代會造成蒙蔽，只知道現在也會造成蒙蔽。大凡事物有不同的對立面的，無不會交互造成蒙蔽，這是思想方法上一個普遍的禍害啊。」不論是東方哲學或是西方哲學，對於道德，都有精闢的見解。

　　以中國哲學來說，儒家強調了仁、義、性本向善的學說；道

家強調了道法自然，論述了人類之所以不自由，是因為遭到外在事物所牽累。墨家以功利主義，強調了道德判斷標準。法家以趨利避害，趨樂避苦，進行銳意改革的政治改革。這些學說直到漢朝之後，漢武帝聽了董仲舒的話，罷黜百家，獨尊儒術。儒家思想的道德觀，隨即在朝廷中受到重視。但是隨著佛教東傳，到了魏晉南北朝之後，儒家、佛家，以及道家進行了融合。傳統中國思想之中，讀書人除了要遵循道德哲學之外，仍需要身體力行，期許知識和行動，都能夠融合為一。

然而，人類不是聖人。從東方思惟，希望人類受到教育之後，超凡入聖。或是成仙成佛，達到道德的終極目標。但是，人類有七情六欲，例如人類有食欲、情欲、愛欲、性欲、五官之欲。這些都是意識的作用，馬斯洛談到人類有種種的需求，例如是「生理」、「安全」、「歸屬感和愛」、「社會需求」。馬斯洛的道德觀，是以「尊重」、「自我實現」和「超越」，希望達到人類的自我超越。基本需求也是一種欲望，這都是「本我」的一部分。這些欲望，是天生的、個人性的。人類的個人價值，經常是針對個人喜歡的事物而言，判斷的標準也常常是以個人偏好來進行決定，所以，人類個人的道德標準，也不等同於社會價值下的道德標準。

所以說，人之所以為人，是因為人類進入社會之後，需要學會節制，創造共好；因此需要中庸所說的，強調「修道以為教」。這就是說，道德需要教化，將道德修明、推廣，便是一種教化。朱熹認為說：「修，品節之也。性道雖同，而氣稟或異，故不能無過不及之差。」如果每一個人的個性都有差異，經過的教育過程，也不同，其實這就是需要進行更深入心理和哲學的反思了。下面康德所提的〈第二批判〉，也是在界定什麼是道德。

二、康德的〈第二批判〉

啟蒙時代著名普魯士王國哲學家康德，是談論道德的高

手。1788年，他出版了《批判實踐理性》（Critique of Practical Reason），試圖處理有關道德的人性課題問題。這些就是說，如何鑑別東西方哲學之中，最難界定的善惡問題。因爲這些問題，是公說公有理，婆說婆有理。都是界定不準的觀念。他在〈第二批判〉中，談到下面的主題。第二批判，正是在先驗自由的基礎上，論證了實踐自由。

實踐自由，就是人類作爲理性存在物，透過道德律令，爲自己立法。所以，實踐自由就是人類對於自身的道德自律。康德認爲，道德就是超越感性世界，以確保自由的存在，同時他的主張，也劃下自然和自由兩者之間的鴻溝。當然，人類的自由，不是在於侵犯他人的自由。當然，康德談到了至善，這是一個由德行，也就是理性，以及幸福，也就是感性，共同構成的無條件的總合。兩者之間是一種因果關係。

實踐理性，是以至善爲目的；幸福（感性）屬於現象世界，德行（理性）屬於本體世界。當康德論述道德，無法以科學進行證明，只好引出宗教（上帝）來確保兩者之間的連繫。康德哲學特別注重於道德實踐，講求道德主體的自律。康德自律甚嚴。甚至有一個封號是「住在哥尼斯堡的中國人」。「哥尼斯堡的中國人」是尼采對於康德的稱呼。美國哲學家庫恩所寫的《康德傳》的序言標題，就是〈哥尼斯堡的中國人〉，不僅介紹了康德，也介紹了尼采爲什麼這樣稱呼康德的緣由。

康德超越了儒家的道德觀點嗎？

康德自律甚嚴，身體力行，符合了儒家的修養心性的觀點。在傳統東方思想中，道德觀念是天賦的；義務也是天賦的。但是，人類的意志是自由的。所以從康德純粹的哲學進行分析，他是從先天原則出發，說明其學說。他運用了邏輯學，當然這是一種純然形式的推論；他也運用了形而上學，如果人類道德可以被限制在一定的

知性對象上，這就叫做形而上學的分析方法。我認為，雙重的「形而上學」，也就是以「自然的形而上學」，甚至還有加上了「道德的形而上學」進行剖析。因為，從康德觀點來說，物理學有自己的經驗性部分，也有一種理性；倫理學也是一樣，經驗性部分叫做實用人類學，理性的部分叫做道德學。所以，道德法則必須先天地只在純粹理性的概念之中去尋找，也就是要排除人類自身的經驗。

康德認為，純粹的思維是一種意志，這無須任何經驗性的動因，完全是從先天原則出發。因此，人類可以稱之為純粹意志。在道德形而上學，應該是以純粹的思維，或是意志出發，這也叫說先驗哲學。

康德認為，一般而言的人類思維，這是考察一般的意欲，以及在這種普遍的意義上，屬於人類做出來的一切行動和條件。如果是說，人類本身的意志，是為了自己立法，人類的判別是非的能力，這都是與生俱來的觀點。也就是說，真正的道德行為，是純粹基於義務而做的行為。所以，康德強調，人類本身基於善的意志，僅僅是因為意欲為善，就自身而言，這即是善的觀點，沒有什麼目的性，也就是「無所為而為」。

此外，善的意志也構成了配享幸福不可或缺的條件，這都不是個人的偏好；而是與生俱來的自然而然行善的自由。所以康德也談到了義務的概念，包括善的意志的概念。這都是出自義務的行動，具有道德價值，這是一種實踐的愛，在於這一種行為，都是需要進行人類決策之時，所應該遵循的準則。

所以，義務就是出自對法則的敬重。這也是一種行為必經的必然性。在此，義務是一種就自身而言善的行為，這一種義務的價值，超乎一切東西意志的條件。

也就是說，一種行為，是否符合道德規範，並不取決於行為的後果，康德認為，需要取決於採取這一種行為時的動機；他認為只有當我們遵守道德法則時我們才是真正的自由。這是康德談論了義務論，當然他也述及了其他觀點，也就是德行論和功利論。康德的觀點，結合了西方義務論的觀點，同時強調了心性。這和孟子思想相互呼應。因為孟子以善言性，曾經指出仁、義、禮、智，正是性善的源頭，他指出以四端心講求「心性」，這都不單只是行為的外在表現，也不只是談到人類內在的修養，還深入到人類的性情發端

的地方，孟子的思惟，可以呼應了康德的論述。孟子認為，人類的價值意識，是人類內在的自覺，也不必向外追求，這是人人本有的善心善念，所以孟子也說：「萬物皆備於我，反身而成，善莫大焉。」

三、人類的價值

進入到二十一世紀，科技突飛猛進。心理學家從意識、潛意識、深層集體意識，如何看待康德所說的先驗？如何看待道德？我們思惟了從演化生物學（含有遺傳學）如何看待先驗？如何看待道德？例如從社會行為發展的角度來看，我們可以檢視物種也有道德嗎？例如螞蟻、蜜蜂、猴子……是否也有自身的道德。此外，經歷了二十世紀存在主義的波瀾壯闊，存在主義如何看道德？以下，我要論述人類的價值。

中國傳統哲學中，討論了善的觀念。現代倫理學主流，則以行為規則、正當、正義為倫理思考的中心。西方哲學中，從康德以來的哲學家，將這種合理性的義務論倫理學，推向關注了現代性。在德國傳統中，自然哲學的道德觀，一直持續到十八世紀和十九世紀，試圖在拒絕經院傳統之後，希望取代亞里斯多德形而上學，以及西方宗教教條的形而上學，可以實現自然與精神的思辨統一，實踐康德的理性主義。

德國哲學界一些最偉大的人物，都和這場思辨道德和價值的運動有關，包括了歌德、黑格爾，以及謝林。自然哲學與浪漫主義是一種將自然世界視為一種巨大有機體的觀點，這和洛克等人的哲學方法剛好相反，科學家擁護了一種更為機械觀的世界哲學，將世界視為一部巨大的機器。

因此，笛卡兒的心物二元論形而上學的系統，剛好是描述了兩種實體：物質和心靈。根據西方的體系，一切「物質」，都是決定

論的、自然的——因此屬於自然哲學——而一切「心理」都是意志的、非自然的，不屬於自然哲學的範疇。當然，這一種論述，陷入了二元對立的窘境。

在此，我們談論價值。什麼是價值。價值值多少錢？

在哲學上說的價值，是指某一個事物能具備「值得人們追求的」，或是「受到人們珍重的」，或是「有用的」那一種性質。如果我談到什麼是有用的，什麼是沒有的，就會陷入二元對立的悖論。是不是值得花錢買的東西，就有價值。

西方價值論尋求解決「什麼是價值」？廣義的價值論論述的對象，包括各種形式的價值，例如「道德價值」、「審美價值」，甚至「認知價值」。在這一種意義之下，價值論包括了倫理學與美學。狹義的價值論，是關心的是何為「內在的價值」，或是「終極性的價值」？此一種價值的自身，即具備價值，而不是因為這一種東西的「工具價值」，而擁有價值。

「價值論」（axiology; theory of values），意指企圖去分析、澄清、評價「價值」，以決定價值在人類生活上的意義，以及其在認識論上的地位的理論。因此，價值論有三種派別，亦即：

1. 價值的客觀性理論：主張真實世界中存在著客觀、不變的價值；例如善、正確、真理、美感等；而且在生活之中，就可以發現對應上述價值的事物性質。

2. 價值的相對性理論：主張沒有也不可能有適用於任何時代下，人類生活的普遍或客觀價值；所以價值僅僅是相對於當時社會或文化下所產生的人類偏好。

3. 價值的主觀性理論：主張諸如善、正確、真理、美感等價值，並不存在於事實世界之中；因此，所謂善、正確、真理、美感等，只是人類對於事物的感受、態度、或是解釋（王弘五譯，1973）。

四、「價值」與「價值判斷」

從以上「價值」（value）的論述來看，價值不但是哲學家有興趣討論的課題，也是一種很難釐清的題目。價值代表個人認為重要的某些事物，不同學派都依據他們的需要，提出不同的定義。哲學家強調價值形成過程，而非價值本身。人類經過選擇、珍視和行動等明智過程，而獲得什麼是價值。

(一) 價值判斷

人類從經驗中，學習到成長所需要的價值，從經驗中獲得行為的指南。這些生活指南，也可以稱為價值。如果「價值」的本意是可貴、可珍惜、令人喜愛、值得重視，而且對於人類具有維護、保護作用的意義，廣義來說的價值，擁有美好、有用、真實、善良、美麗、寶貴、重要、有意義等內涵。因此，學者將價值活動，區分為以下幾個領域，包括了：道德、宗教、藝術、科學、經濟（物質）、政治、法律和習俗，這一種分類，包括了人類一切在世的活動，同時就是理性認知（在現實生活感知世界的問題），以及評價（也就是要適應生活的各種規範）的活動。因此，從文學、藝術、自然美景，以及文化資產等，人類除了在涵泳之中，擁有了美感價值經驗之外，也依其思想內容、創作，以及鑑賞形式的不同，而產生出不同的道德、功利、認知，以及信仰等方面的價值。

因此，價值具備了多種形式，例如經濟價值、審美價值、倫理價值、知識價值，甚至還包括了道德價值、實用價值、生命價值、宗教價值等。當然也有運用實用主義的觀點，區分成使用價值與交換價值；或是以目的性的內在價值（Intrinsic value），或是工具價值（Instrumental value）進行鑑定。所以，本章歸納價值的種類或是形式，包括了經濟價值、審美價值、倫理價值、知識價值、道德價值、實用價值、生命價值、美感價值、宗教價值、使用價值、交

換價值、目的（內在）價值、工具價值，以及永恆的價值。永恆的價值包括了生命、眞實、善良，以及美好，這些都是中華傳統經典中的四維八德等道德價值。

價值判斷，指引我們在有限的生命中，對於各種事物進行取捨。由於價值是從個人經驗中產生，可以預料地，不同的經驗，將產生不同的價值。換句話說，價值判斷的依據，各有標準，也都各有座標體系。而且價值的發展，隨著個人經驗的演變而趨向成熟，並始終作爲人類行爲的指南。當某些事情被視爲合理的、值得的時候，就變成我們的價值。

價值形成的標準

價值形成的標準有七種，分別是：

選擇　1.自由地選擇。
　　　2.從不同途徑中做選擇。
　　　3.對各種不同途徑的結果都深思熟慮後才做選擇。
珍視　4.重視和珍惜所做的選擇。
　　　5.公開地表示自己的選擇。
行動　6.根據自己的選擇採取行動。
　　　7.重複施行。

（歐用生、林瑞欽等譯，1990）

(二)價值指標

麥農（Alexius Meinong, 1853-1921年）早期曾認爲價值實在是一種情緒性的主觀作用。他說：「一種對象，只要能提供使人產生一種價值感觸的有效基礎，便具有價值」。埃倫費斯（Christian von Ehrenfels, 1850-1932年）並不認爲在快樂中能找到價值的基礎；相反的，要找就得在本我的欲望，或是企求領域中去找。我們所欲求或垂涎的東西，都是有價值的；而且，它們之所以有價值，就是因爲我們欲求，並且垂涎它們。培理（Ralph Barton Perry,

1876-1957年）則認為無論何種興趣，都是可以賦予任何對象的價值。

　　所以，某些與價值有關的行為，能指示價值的方向，稱為價值指標，包括1.目標或目的、2.抱負、3.態度、4.興趣、5.情感、6.信念、7.活動；8.憂慮、困難、阻礙等。從觀察人類上述的行為中，可以了解某人的價值觀（黃藿譯，1984；2002）。必須強調的是，價值乃是個人經驗的產物，而不只是真、假的問題。影響價值觀的因素，包括1.欲望的滿足與否、2.新資訊的輸入（獲得新知）、3.參考團體的規範、4.其他獨特的經驗等。

　　價值只在某種特定的情境（situation）中才存在，並具意義。價值是一種完形性質（Gestalt property），是一種整合而來的衍生性質。價值的層級總是依情境而定。謝勒（Max Scheler, 1759-1805年）談論愛，注重愛的優先秩序，他認為人的最高境界在於盡自己所能，來像上帝對世界萬物的愛那樣來愛事物。謝勒曾經主張：「誰把握了一個人的愛的秩序，誰就了解了這個人」。愛的秩序反映的就是周遭的價值結構，是一種選擇的機制，用平常的話來說，也就是價值體系。「愛的秩序是一種上帝秩序」。所以說，愛的秩序，是人類本性的一部分。謝勒說的愛的優先秩序，也就是一種價值的層級。從愉快價值（感官性的）；到了生命感受價值，這是物質世界的生住異滅（生、老、病、死）；進階到精神、物質判別的價值（愛與恨、偏好、美與醜）；甚至到了宗教價值。

　　從以上的分析來說，價值到底是主觀的，還是客觀的？如果我們人類，任何採取其中的立場，進行價值理論的辯證，也就是力圖否定另一面的立場，造成上述對立概念之間的衝突與不相容。上述兩種立場的對立，加上自然科學的強勢影響，以及科學研究至上，甚至擺脫了價值考量的心態，導致現代人普遍重視物質事實，忽略了精神價值，造成了價值觀分歧、矛盾、複雜、混亂等現象。

　　總體來說，個人價值與社會價值，這是不同層級的問題，個人

價值因為人類的經驗不同，而形成不同的價值，因此這必然有相當的差異；社會價值有賴於理性溝通之後，建立的價值，才能具備有代表性和有效性的社會集體價值，這是一種很大，而且需要解決的難題，有些社會價值的問題可以解決；但是，有些集體價值衝突的問題，很難解決。哈伯瑪斯提出建構社會價值，以進行「溝通行動理論」建構。

五、建構社會價值：哈伯瑪斯的「溝通行動理論」

哈伯瑪斯的「溝通行動理論」，包括理性理論、溝通行動理論、社會合理化的辯證、現代性理論等，而核心主題是探討理性問題。哈伯瑪斯連結了客觀世界與社會世界，認為有效的溝通具備可理解性、真實性、正當性、真誠性；而且需以主體具有溝通能力為先決條件。哈伯瑪斯提出溝通理性，是為了將理論與實踐的連結，落實到生活世界，來加以探討。他說的溝通理性，也就是真理愈辯愈明，是一種辯論倫理學。因為，西方世界自古即重視對話式教學、修辭學，以及雄辯術等，這是東方在倫理學的探討之中，不具備的條件。他提倡的「溝通行動理論」是教我們在溝通學習中形成認同，是一種經驗學習。沒有同儕的互動，哪有溝通呢？哈伯瑪斯認為對理性的討論宜從目的性與合理化的系統轉而為溝通原則的論辯。在溝通的過程中，人們習得了以理性的方式，進行討論問題。

建構主義的學習理論認為，世界是客觀存在的，但是對於世界的理解和賦予意義，都是由學習者自己決定的。我們是以自己的經驗為基礎，來建構現實，或說是藉以解釋現實。由於我們的經驗，以及對於經驗的信念不同，我們對於外在世界的理解，也就各不相同。透過理性的溝通，我們才能建構共同接受的社會價值。

第五節　環境價值的演進

　　本章第五節，依據價值觀點，談到環境道德的演進，從人類的個人觀點，衍生到了社會價值觀點。

　　所謂的自然環境，是指西方自然學科所界定的自然界所組成，包括大氣、水、岩石土壤及生物等，包括非人爲建築物以外的環境，以及天然更新的環境。

　　如果從經濟學的角度來看，環境兼具物質和非物質的價值，也兼具了市場和非市場的價值，甚至包括了存量和流量的意義。因爲金錢、股票，以及黃金存摺，可以換成金錢，屬於象徵性的符號價值。以上都不是實物，但是可以流通；自然環境資源，可以兌換成爲金錢，但是卻擁有存在的實物，也不可以隨意流通。

　　前者所表達的自然環境資源，稱爲流量，後者存在的實物，稱爲是一種存量。當今社會只看見象徵性的價值，也就是流通的金錢、股票等；卻視若無睹，掩藏了實存的自然資源存量。因此，流量遠大於存量，這也就是泡沫經濟的現象！政府的赤字預算，也是流量遠大於存量的現象，表面的繁華建築在未來子孫的債務之上；也不知道誰要來償還？

　　所以，談到環境道德，當代環境倫理學家羅斯頓（Rolston, 1988）指出，過去的倫理學主要探討人類與社會的相處之道，很少碰觸人類與自然、人類與環境的議題。這個說法是正確的。因此，人類面對科技文明和民主，也就是民權高漲的時代困境時，因應環境議題，就顯得捉襟見肘，無力極了。他也指出自然有下列的環境應有的價值（王瑞香譯，1994；楊通進譯，2000），並且進行了詳盡的論述：

1. 生命支撐價值：包括幸福、滿意；生態價值；生態系功能；生態系服務；人類是生物演化的尖端；人類世等概念。
2. 經濟價值：包括擁有、使用、資源、資本等概念。

3. 休閒價值：包括欣賞、健康、愛默生的自然觀、荒野、旅遊、創造等概念。

4. 科學價值：包括智慧、真、自然史等概念。

5. 審美價值：包括美學、生態美等概念。

6. 歷史價值：包括文明史、生物學史、地球歷史、自然博物館等概念。

7. 文化象徵價值：包括符號、玫瑰、竹、形象思維等概念。

8. 塑造性格的價值：包括盧梭的《愛彌兒》的自然主義、愛默生的自然中談教育、戶外教育、荒野、農村、海德格爾的存在主義、精神健康、治療價值等概念。

9. 多樣性與統一性價值：包括多樣、豐富、差別、連繫、進化論與生態系學說、複雜現象、互補現象等概念。

10. 穩定性與自發性價值：包括互補現象、複雜現象、上帝意志、完美地景等概念。

11. 辯證的：包括矛盾鬥爭的價值；互為因果等概念。

12. 生命價值：包括生生之大德、基因多樣性、資訊、智慧、記憶等概念。

13. 宗教價值：包括敬畏、謙卑、愛、教堂的功能等概念。

　　從當代環境倫理學家羅斯頓整理之後的觀點，我們知道，每個人認定的價值都不同，也會有不同的價值觀。價值觀明顯影響個人的態度，態度也直接影響了行為。所以，過去的道德哲學，是在處理個人的道德；但是，現在的道德哲學，是在處理社會，是在處理環境的問題；這些問題，是由於每個人對於環境的價值觀點不同，所導致不同的結果。

　　因此，我們在處理環境道德問題時，不應該只有一種思考方式，也不能只有一種判準的方式。環境倫理哲學在於對於充滿著困惑的二十一世紀人類，需要進行對於困惑環境的重新進行關係的整理，同時，需要進行理性的辯證，以群體共同約定的價值，為個人

和群體的福祉而進行生態系統服務功能的辨別，以觸摸到人類面對環境變遷，所帶來的困境，進行最有「思想溫度」的反思和回應。

小結

　　本章思考了價值觀的形成路徑，分析了東方和西方對於環境哲學、道德思惟，以及價值觀念之間的探索。現代思惟心理學的主要流派中，格式塔學派認為心理現象，不能分解還原成基本的元素，而應該在把握總體的前提之下，加以分析和研究。因此也說明了形象思惟有其長處。西方學者認為，環境的道德來自於直覺，是人類對於環境的一種感受。但是在東方，抽象的環境思惟，納入了天地萬物抽象的生成關係，以及納入了天人合一的道德規範。在天人合一的關係之中，儒家將這一種同理心，納入了群己關係，也有益於物種、個體，以及社會的生存發展。所以，從東方道家、儒家，以及佛家的觀點來說，道德的普世性面向，一直深化人心。但是東西方學者都認為，道德需要透過教育、教化，以及風俗民情，進行浸潤，以改善社會人心。但是，在現實社會之中，人類的倫理道德，以及對於善惡的定義，也會隨著社會變遷，進行蛻變。因此，西方自理性主義之後，笛卡兒認為，道德規範人類行為的能力，但也受到時代演變和社會環境所影響，因此從環境價值的演進觀點來說，西方人強調自由主義，但是因為在環境中生存，都是一種基於對於現實的資源限制，更應該透過公共機制，建立新的環境公民社會，除了要發展出對於環境的道德感和責任心之外，並且保有個人獨立思想的自由。這是在新冠疫情之後，個人自由受阻，每個人更應該要說清楚，講明白，贊同某項環境道德的條件，藉以取得大家的共識。

分析哲學（analytic philosophy）

價值論（axiology; theory of values）

性（character; human nature）

批判實踐理性（Critique of Practical Reason）

完形性質（Gestalt property）

內在價值（intrinsic value）

工具價值（instrumental value）

自然哲學（natural philosophy）

哲學詮釋學（philosophical hermeneutics）

時空哲學（philosophy of space and time）

情境（situation）

社會情緒學習（Social Emotional Learning）

第三章
傳統的自然之道

　　天地有正氣，雜然賦流形。下則為河嶽，上則為日星。
於人曰浩然，沛乎塞蒼冥。

學習焦點

　　本章探討傳統的道家與儒家經典，例如《道原》、《恆
先》、《性自命出》、《中庸》等原典，探討了天道（自然之
道）至人道（儒家學說）之間的關係。本章思考倫理是因應
「情」的展現而需要；因此，「情」的發抒影響他人的時候，需
要節制，需要倫理規範，因此，儒家的禮樂因之而生。本章透過
了中華環境倫理溯源，經由古代的宇宙觀、天人觀，闡述形象思
惟與意境之說，同步探討歷代基於科學思考和環境倫理之間的關
係，除了思考氣的原理，同時也闡述了形而上的「天、命、性、
情、理、道」等議題。如果說「性」即是「理」，這是人性論的
核心命題，這裡的「性」指人生而為人，且與他人普遍相同的屬
性或特徵，即指人類天生所稟具的自然本性。

第一節　中華環境倫理溯源

　　倫理道德是來自於「說道」。道，也就是道理。「說道」，需
要從天地生成的宇宙觀開始談起，什麼是道，也就是什麼是宇宙的
本體，什麼是物質、能量，以及資訊？什麼是道理，什麼是規則？
在中華傳統的自然之道的說法之中，有道家、有儒家的說法。本章
第一節，依據《從中華環境倫理溯源：傳統思想中的一些概念》，

並且佐以《環境教育——中國人自然環境思想之研究研究成果報告》（精簡版），進行增刪整理（王鑫、劉禹詩、劉昌武、許玲玉，2011；王鑫、許玲玉、王曉鴻，2017）。

一、道家的天道關係

道家的「道」，總的來說，是以「萬物得之以生，百事得之以成」的形而上的觀點進行論述，因為道，從此有了天下萬物。道家的說法，非常的抽象。

老子《道德經》有下述內容：

> 有物混成，先天地生。寂兮寥兮，獨立不改，周行而不殆，可以為天下母。
>
> 吾不知其名，字之曰道，強為之名曰大。大曰逝，逝曰遠，遠曰反。
>
> 道可道，非常道。名可名，非常名。無名天地之始；有名萬物之母。
>
> 道生一，一生二，二生三，三生萬物。
>
> 上善若水。水善利萬物而不爭，處眾人之所惡，故幾於道。

依據道家的說法，在這個生成的階段，人類和萬物之間，並沒有人為的高低等級差別；甚至可以說，也沒有倫理之間的關係。當「物」出現之後，才有物物相關的倫理這回事。《莊子外篇·天地》也說：「物成生理，各有儀則，謂之性」。也就是說，「性即是理」，於是「理」決定了人有人性，狗有狗性，草有草性，石有石性的概念。

陳鼓應解釋《道原》（出自《馬王堆漢墓帛書》）說：「天地、萬物不過是本體（道家的「道」）的作用物而已」（陳鼓應，

2019）。

　　鳥魚獸因各自得道，故鳥能飛，魚能游，獸能跑。世間萬物皆靠「道」以生成，百事都靠「道」以成功。於是有了「道生一，一生二，二生三，三生萬物」，以及「萬物得之以生，百事得之以成」的論述。

二、儒家的人道思惟

　　儒家最早出土的文獻，事實上已經經過刪節，對於「道」的說法，原來和道家截然不同。首先，如《論語‧公冶長第五》的記載，子貢曰：「夫子之文章，可得而聞也。夫子之言性與天道，不可得而聞也」。孔子主張人道，少說天道；言性方面只說到：「性相近，習相遠」。又說：「參乎！吾道一以貫之」。曾子詮釋說：「夫子之道忠恕而已」。基本上不談論天道，也好像不談論物種來由和天地之始。在這裡，「性」是指天生時候的本性，「道」是指盡己和待人的原則。《大學》開宗明義則說：「大學之道，在明明德，在親民，在止於至善。知止而後有定，定而後能靜，靜而後能安，安而後能慮，慮而後能得。物有本末，事有終始，知所先後，則近道矣」。

　　但是，這些有關於天道和人道之間複雜關係的敘述，都刪節了。到了郭店楚墓竹簡《性自命出》發掘出土之後，一切都打破了。《性自命出》說：「凡人，雖有性，心亡（無）定志，待物（外物，環境事物）而後作（發生），待悅而後行，待習（學習、練習）而後定。喜怒哀悲之氣，性也。及其見（表現）於外，則物取之也。性（人的本性、氣之聚散）自命出，命自天降。道（人道的根源）始於情，情（實情、真情）生於性。始者近情（人道之始，真情流露），終者近義。知情（真情、實情）者能出之，知義（倫理）者能入之（詩書禮樂，禮節等調節之）（丁原植，2002）。

這是說，天生的性（包括情、心、氣），是經由心（人的心，無定志），才能表現出來，也就是受到心的統籌（心統性情，因此需要修心，可以養性）。情之發（表現），也影響了他人（出現人際關係），因此需要節制，也就是需要詩書禮樂（儒家的人道）等人際倫理進行處理；情之發，也影響到人和環境的論述（出現人與環境的關係），因此需要環境倫理進行統籌關係。

詩書禮樂，是學習而得的學問，因此需要環境教育的陶冶。也就是說，儒家的「道」是基於在「性」與「情」之後的關係界定之後，才出現的。因為「性」和「情」的表現，影響到社會他人，因此需要道來進行節制。

此外，孟子所說的性本善（指向善），也是指稱需要順著天生的人性來發展。為了防止人倫思辨產生了偏差，從仁義、禮智、廉恥等，進行「教育」，就成為必須的「修道」之術了。

因此，儒家說的「道」，主要是萬物之中「人」的「道」，即做人、做事的道路；很少論及「人」與其他「物」之間的「道」。人道的聚焦點在兩個人以上的社會關係，甚至「仁」這個造字，也是存在於兩個人以上的世界；這是僅單挑出人類來論說人與人間相處的道理，原本不及於動物、植物、礦物等其它的自然之物。《中庸》說：「天命之謂性，率性之謂道（人道），修道之謂教」。「人」的「道」，隨著時、地、事而改變，因此需要持續學習和進修的。

三、郭店楚墓竹簡《性自命出》到韓愈的《原道》

郭店楚簡《語叢一》指出，古代中國，天被視為萬物的源泉與衍生相關原理和規律的根源。「凡物由亡（無）生，有天有命，有物有名，天生鯀（倫）、人生卯（文）。有命有度（序）有名，而後有鯀。……有天有命，有地有形，有物有容，又稱有名。」

其中，「天生緜、人生卯。」裘錫圭以爲「緜」當解作「倫」，意爲「倫序」（荊門市博物館，1998）。這樣說來就應該是「倫序」，是由天所生。此間，應該是「倫」和「化」之間的關係，因此，這裏所指的「化」，應該解釋爲文明，是取人文化成的意思。在這個系統之中，「道」指的是「人道」，包括人倫綱常，這是立身行道之本。「禮」不只是「人道」的實質，同時也包括了「道」和「倫」的自然之「理」（梅道芬，2014）。《禮記·中庸》也說：「今天下車同軌，書同文，行同倫」。孔穎達認爲：「倫，道也，言人所行之行皆同道理。」因此，「化」除了指文明之外，還指的是風俗、風氣。陳慧、廖明春、李銳（2014）認爲，天生出道理，人生出風俗。

《原道》是儒家在唐朝式微之後，由中唐復古運動的代表人物韓愈，提出儒家的道統之說，認爲「堯以是傳之舜，舜以是傳之禹，禹以是傳之湯，湯以是傳之文武周公，文武周公傳之孔子，孔子傳之孟軻。軻之死不得其傳焉」。所以，《原道》一開始就指出「博愛之謂仁，行而宜之之謂義；由是而之焉之謂道，足乎己無待於外之謂德。仁與義爲定名，道與德爲虛位」。《原道》全文重心是反對佛教老莊，希望發揮儒家正統思想。韓愈認爲唯有孔孟之道，是「爲天下國家、無所處而不當」的治世良方；韓愈又認爲，老子「去仁與義」，以及佛教「滅其天常」，都是和封建倫理綱常相互違背，應當堅決禁絕（《韓昌黎集》·雜著部）。韓愈所說的「道統」，以仁義爲「道」的內容，對於先秦古籍中所闡釋的道，已經有了時代性的重新詮釋，指出依於仁、義的行爲，才是正道。

綜合來說，儒家的「道」，是以人際關係爲主要對象，偏向社會性考量之下，如何做人；道家的「道」，則以天下萬物爲對象，也就是以廣義的整體自然爲對象，主張要超越人的價值標準，進行人類自我心性的依歸。因此，老子在《道德經》中主張，人法地，地法天，天法道，道法自然。顧敏認爲，中國儒釋道與儒法墨的融

合於一，建構了一套人本意識，也就是人類生命共同體的意思，建立「人類意識」，需要有一套新時代的倫理（顧敏，2022）。

第二節　中國古代的宇宙觀

　　世界各民族幾乎都有關於天地形成的神話或傳說，中國很早便有盤古「開天闢地」的傳說。漢代《淮南子》的註記中，定義宇宙為：「四方上下曰宇，往古來今曰宙，以喻天地。」歷代對宇宙的論說中，古代宇宙觀，主要由三種組成，包括了：蓋天說、渾天說、宣夜說。

一、中國古代的宇宙觀

　　蓋天說是出現於殷末周初，主要是認為天在上，地在下，上天為一個半球形的大罩子；蓋天說有「天圓地方」的說法，說天如「車蓋」（半球形），地如棋盤（正方形）。

　　東漢的天文學家張衡，針對渾天說進行論述，他在《渾天儀注》中指出天是一個圓球，而不是蓋天說中的半圓；張衡比喻天地像個雞蛋，天是蛋殼，地是蛋黃；地球在天之中，類似於蛋黃在雞蛋的內部。渾天說的「渾」是圓的意思，張衡認為天是圓球狀的。他製作了渾天儀，能解釋日、月、星辰的運行，是當時相當難得的科學成就，可惜沒有提出物理學的解釋。

　　宣夜說則認為，宇宙是一種無限寬廣的四度空間。宣夜說受到道家思想影響，可追溯至莊子的《逍遙遊》，宣夜說想像宇宙是一種無垠的空間，所有的天體，都飄浮在虛空之中，受到「氣」的推動而運行。

《晉書·天文志》的蓋天說、渾天說、宣夜說
《晉書·天文志》載：「古言天者有三家，一曰蓋天，二曰宣夜，三曰渾天。漢靈帝時，蔡邕于朔方上書，言「宣夜之學，絕

無師法。《周髀》術數具存，考驗天狀，多所違失。惟渾天近得其情，今史官候臺所用銅儀則其法也。立八尺圓體而具天地之形，以正黃道，占察發斂，以行日月，以步五緯，精微深妙，百代不易之道也。官有其器而無本書，前志亦闕。」

二、星占學、星象學、曆法學

《易‧系辭上》說：「天垂象，見吉凶」。明代學者顧炎武的《日知錄》中更說：「三代以上，人人皆知天文」。古代天文、星占學家本是上古巫的遺裔。星占學的要義在通天。江曉原（2004）在《天學真原》一書中，指出古代天文學與政治的密切關係，觀天象是為了求天意，也是因為懼天譴。《易》也說：「觀乎天文，以察時變」。古代中國人的宇宙是天人合一的，孔子也說他知天命。今人觀天象為探索自然；古人觀天象為上知天意、為了掌握天所垂示之象以了解吉凶。在古代中國，天文─星占學正是透過這些活動和思想影響政治。使用「占星術」的人認為「天上星辰的位置及運動會主宰人們命運」（葉郎、費振剛、王天有，2007）。

《漢書‧藝文志‧數術類‧天文》說：「天文者，序二十八宿，步五星日月，以記吉凶之象，聖王所以參政也。」古代中國人勤於觀天，是為了預占軍國大事的吉凶。觀天是要由此上知天意，以便及時改過遷善，趨吉避凶。

中國古代即將宇宙天體的次序結構與封建等級的社會制度相對應。《爾雅‧釋天》說：「北極謂之北辰。」郭璞注說：「北極，天之中，以正四時。」古人長期觀察北斗星，發現北斗七星帶著眾星環繞北斗星旋轉，因而據以確立天官體系，並且反應到古代帝王的天命中央極權制度，合法化帝王的統治權力。以漢武良祠石刻為例，象徵天帝的星座，位於北極星附近，位置不動，周圍為皇族、將相，臣民則拱皇帝而行，北斗七星成為天帝的座車。天官體系

中，將星空分爲四區、四象，即左青龍、右白虎，南朱雀（鳥）、北玄武（龜蛇）。

　　古代中國存在星官、星經、星圖等。占星家發現太陽、月亮以及各個行星的位置都分布在一個帶狀的區域內，一般相信這是因爲這些天體在一個盤狀結構之中形成，並且繞行太陽。古人特別注意這個區域，稱它爲「黃道」。在不同月分，太陽位於不同的天區（也就是星座），因而定出黃道十二宮。

星座：「星官」或「星宿」

　　中國古代的天官，以地球爲中心，位於無限遠的假想空心球殼稱爲天球。地球南、北兩極向外延伸與天球相交的點分別稱爲「北天極」與「南天極」；地球赤道向外延伸投影在天球上，成爲「天球赤道」。爲了方便表示星球位置，將天球分成若干區域，稱爲星座。中國古代稱星座爲「星官」或「星宿」。中國的星宿是依月亮的運行定出來的。古代中國人將全天分爲三垣、二十八宿以及軒轅、五車、北斗等天區。「三垣」是環繞北極及接近天頂的區域，分紫微（北極周圍，也稱中垣）、太微（上垣）、天市（下垣）三區，各有東西兩藩（上垣）、如牆垣狀圍繞。前述「四象」也稱四獸或四維，乃東西南北四方之星象。「二十八宿」則爲沿著黃道、赤道的星象。

三、曆法下的天人關係

　　中華文明歷來崇尚天人合一、道法自然，追求人類與自然和諧共生。因此，中華宇宙觀中蘊涵的天地萬物的道理。《謹天誡》說：「王者當仰視天文，俯察地理，觀日月消息，候星辰躔次，接山川變動，參人民謠俗，以考休咎。若見災異，則退而責躬，恐懼修德以應之。有不可救者，則蓄儲備以待之。故宗社享無疆之福。伏望陛下省災異之來，驗休祥之應，謹奉上天之戒，以傀撰當世之務。」

中國古代曆法是爲星占學服務的，星占學又只以軍國大事爲預言對象。勤觀天象，以知天意，是古代政治上的要務。這一點正是古代中國人留下如此豐富完備天象記錄的主要原因。

古代中國人是深信天人合一和天人感應的，在這樣的宇宙觀之下，人的生活很自然地被認爲必須與自然界（也就是天）的變化相配合。而自然界的變化正是由曆法來反映。曆法研究太陽及地球、月亮、金、木、水、火、土等這七個天體的運動規律。《漢書‧藝文志》說，曆法就是探知「兇厄之患，吉隆之喜」的法術，是「聖人知命之術」、「聖王所以參政也」。

曆法由皇家天文機構官員掌握，曆書也由同一機構編製，但是卻要頒行天下。此外，中國古代的曆書中還附有大量風俗、吉凶、宜忌等內容，稱爲「具注曆」。曆書中大量吉凶、宜忌之說和迷信曆註，正是講求個人禍福的方術，使得皇曆成爲算命占卜等方術之士重要的工具書。古代曆書與占卜的關係密不可分。

黃（皇）曆至今仍然是臺灣地區民眾，普遍參考的日常生活行事手冊，其影響力處處可見，只是改稱爲「國民曆」。

《大唐開元占經》

《大唐開元占經》是中國古代的一部天文學名著，作者瞿曇悉達祖籍印度，祖先由印度遷居中國。成書時間約在718~726年之間，保存了唐以前大量的天文書、曆法資料和緯書，還介紹了十六種曆法有關紀年、章率等基本數據。《開元占經》全書共一二十二卷，其中前二卷集錄中國古代天文學家關於宇宙理論的論述。《開元占經》是一部以星占術爲主的書，歷代封建統治者都把它視爲高度的機密，所以本書在唐、宋時代就極少流傳。宋以後即無記載，當已失傳。直到明神宗萬曆四十四年（1616），安徽歙縣程明善，因給古佛像布施裝金，在佛腹中發現了一部抄本。

四、「氣源思想」的宇宙觀

依據中國古代的宇宙觀進行論述，這是有別於現代物理學意義上的宇宙，可以歸納為福建省長樂市老子研究會會長李建德所稱的「同源性、同構性、同歸性、同律性、同一性」的「氣源思想」。

「氣的觀念」起源很早，根據《國語・周語》記載：幽王二年（西元前780年），伯陽父講地震的原因，是由於「夫天地之氣，不失其序。若過其序，民亂之也。陽伏而不能出，陰迫而不能蒸，於是有地震。」伯陽父以陰陽的變化，來解釋地震，這種見解基本上是唯物的。但是他又從地震的現象來預言「周將亡矣」，把自然變化與人事治亂連繫起來，仍然表現了一種唯心思想。

陰陽是氣，但氣不僅是陰陽，而且包括其他天象。《左傳》昭西元年記載醫和的話：「天有六氣，降生五味，發為五色，征為五聲、淫為六疾。六氣曰陰陽、風雨、晦明也」。在《管子・內業》篇中更進一步說明：「凡物之精，比則為生。下生五穀，上列為星；流於天地之間，謂之鬼神；藏於胸中，謂之聖人，是故名氣。」

孟子說：「吾知言，吾善養吾浩然之氣」，他的氣是指士氣、勇氣的氣；浩然之氣，就是充分發展的人性，也就是莫之能沛的正氣。他說：「其為氣也，至大至剛，以直養而無害，則塞於天地之間。其為氣也，配義與道；無是，綏也。」可見他是非常重視氣的調養。這裡說的氣，也正是文天祥《正氣歌》中所說的氣。

《莊子・至樂》篇說道：「察其始而本無生，非徒無生也。而本無形，非徒無形也，而本無氣。雜乎芒芴之間，變而有氣，氣變而有形，形變而有生。今又變而之死，是相與為春秋多夏四時行也。」氣是先於形的，可說是形的基礎。

《孟子・公孫丑上》說：「氣，體之充也。」《管子・心術下》也說：「氣者，身之充也。」因此他們認為氣是構成身體的，

充滿了身體各部分。

《莊子・知北遊》篇：「人之生，氣之聚也。聚則爲生，散則爲死」，莊子認爲人的身體即是由氣凝聚而成的。《荀子・王制》篇又說道：「水火有氣而無生，草木有生而無知，禽獸有知而無義。人有氣有生有知亦且有義，故最爲天下貴也。」

總體來說，中國古代先賢認爲「氣」是物質的，但卻是無形的。這個概念統攝了中國人的思想脈絡。許愼《說文》說：「氣，雲氣也。」氣有兩個特徵，氣是客觀存在的，是可以離開人的意識，而獨立存在的現象；其次，氣是沒有固定形體的。如果以中國哲學和古希臘哲學比較，氣也就是一切客觀存在的，無定形的現象。

「氣」的宇宙觀古代文獻

漢代以前，論及「氣」的古代早期文獻，包括《禮記・月令》、《荀子・天論》、屈原《天問》、《管子・四時篇》、《呂氏春秋・十二紀》、劉歆《淮南子・天文訓》、《史記・律書》、《列子・天瑞》、《易緯・乾鑿度》、王符（約85-162年）撰寫的《潛夫論・本訓》、張衡（約78-159年）撰寫的《靈憲》、《易・系辭》、《說文》等。

「乾鑿度曰：文王因陰陽定消息，立乾坤統天地，夫有形者生於無形，則乾坤安從生？故曰有太易、有太初、有太始、有太素，太易者未見氣，太初者氣之始，太始者形之始，太素者質之始，氣形質具而未相離，故曰渾淪，言萬物相渾淪而未相離，視之不見、聽之不聞、循之不得、故曰易也，易無形埒也。」

這裡所說的：「氣、形、質具而未離，故曰渾淪」，似乎正好符合今日宇宙生成學說「大爆炸」理論的初始狀況。一般認爲《易緯・乾鑿度》中的「渾淪」，就是老子的「道」；《易・系辭》中的「太極」。又說，「太初之氣名曰」；所以大（太）一，又名「太極」。「大一者，謂天地未分混沌之元氣也。」

「乾鑿度曰：易者易也，變易也，不易也，管三成德，為道苞

籥，易者以言其德也，通情無門，藏神無內也。……變易也者其氣也。天地不變不能通氣。」

依據中華文化的宇宙觀，最原始的階段叫做「太易」，此際一無所有；然後階段名為「太初」，此際始有「氣」生；再次名為「太始」，此際「形」生；再次名為「太素」，此際「質」生；此為從「無極」、「混沌」而至「開天闢地」的宇宙生成發展論見於《列子‧天瑞》。

王符（約85-162年）在《潛夫論‧本訓》篇中說：「上古之世，太素之時，元氣窈冥，未有形兆，萬精合并，混而為一，莫制莫御。若斯久之，翻然自化，清濁分別，變成陰陽。陰陽有體，實生兩儀，天地壹鬱，萬物化淳，和氣生人，以統理之。是故天本諸陽，地本諸陰，人本中和。三才異務，相待而成，各循其道，和氣乃臻，機衡乃平。」

因此，天地形成之前，稱作混沌，之後出現「氣」，然後分為陰陽，即天地。

劉歆在《淮南子‧天文訓》中說道：「宇宙生元氣」；《晉書‧天文志‧論天》提出「氣」具有超距的作用。宣夜說認為，「氣」是天體運動的動力：「日月眾星，自然浮生虛空之中，其行其止，皆需氣焉。」因此，「氣」貫穿今日的宇宙萬物，形容的是宇宙生命力，大自然的運動力。《淮南子‧天文訓》中說宇宙生元氣，在古人看來，千千萬萬的事物，都是元氣運動變化的結果。

第三節　中國古代的天人觀

依據第一節〈中華環境倫理溯源〉，討論到第二節的氣，本節接續探討〈中國古代的天人觀〉。在中國古代，「自然」一詞並不具有「自然界」的意思，而是指萬物，或是人類自己原來的狀態。自然界的概念，通常用天地萬物來表示。

中國人的「天人合一」思想，是透過成語、諺語等語言傳播的。「老天有眼」這句成語反映中國古人認為「老天」是公正的，祂有眼，能見世間不平，而且能還給世人公平的對待。後世創造出的「包青天」、「天官賜福」、「天意難違」等，也是一般中國人

對於「天」的期盼，把「天」作義理天、主宰天解釋。「上天」像是神話、傳說一般，是先民精神上的寄託，也代表了中國人「天人合一」思想的一脈。這種想法在歷史的流轉中並非唯一，「天人不相預」、「天人交相勝」的思想也曾經出現。

不幸的，這個心靈寄託也被統治階級所壟斷，皇帝自稱為「天子」，依天意掌管天下之事，有權主宰百姓的身家性命。天子掌握了一批士大夫作為中介，合法化他的權力地位；相對地，也分享了一點點宰制的權力。這個過程轉化成為後來的科舉制度，套牢了後世的知識分子，形塑了中國社會的士大夫階級。

西漢董仲舒在《天人三策》中向漢武帝提出「天人感應」的論述，主張「上天（帝）」是有意志、有感覺的，能夠對人間的現實政治，做出及時而且積極的反應（譴告），「天」有賞善罰惡的多重功能。禮、樂都是配合圖騰、神靈崇拜而發展的儀式，是象徵天人和諧、統一的符號。因此，拜神是祈求自然秩序與社會生活秩序，以及超自然存在（鬼神）的和諧相處，時、空、色等透過太陽的四季運行而統一混同起來，產生了天人合一的思想。這個思想伴隨著兩千多年來的中國歷史、文化和社經發展，逐漸深入人心。

中國古代自然思惟的概念包括天人合一、天人感應、陰陽、八卦、五行、天命觀、風水觀等（任俊華、劉曉華，2004）。在「靠天吃飯」的情境下，農時、物候、觀象時與農業生產相關的「老天爺」觀念，導致古代中國人重視觀天象、順天命的情節。王權又與天接上了關係，天主宰一切事務，那麼天子自然就是全權的代理人了，於是建構了天有強烈政治意義的概念。以下說明中國自然思想中，對於天的想像觀點。

一、三代「天人合一」的自然思想

明代顧炎武《日知錄》記載「三代以上，人人皆知天文……」。根據中國人的文字記載（甲骨文、卜辭和銅器銘文），

商代（西元前十七世紀到前十一世紀）已經有了對於「帝」、「天」和「諸神」的信仰（傅佩榮，2010）。中國人同時敬拜鬼神和祖先，也因此發展出祭祀的宗教性儀式以及龜甲占卜。西周時期（西元前十一世紀到前八世紀），出現了管理獻祭事務的專職官員。當時祭拜的對象可分為天神（日、月、星、風雨、雷電）、地祇（山川、河流、社稷等）以及人鬼（包括聖人和祖先）等三大類。這些古早的敬天、畏天思想在後世傳頌的神話和傳說之中，塑造了我們對於古代中國人自然環境思想的認識。古代的中國人是由於欠缺對於自然環境的了解，因而抱持著敬天、畏天的思想。

《禮記表記》中記載：

> 夏道尊命，事鬼敬神而遠之，其民之敝，蠢而愚，喬而野，樸而不文。
>
> 殷人尊神，率民以事神，其民之敝，蕩而不靜，勝而無恥。周人尊禮尚施，事鬼敬神而遠之，其民之敝，利而巧，文而不慚，賊而蔽。

司馬遷在《史記》中，也指出三代文化思想的基本特點是從「以神為本」走向「以人為本」，從「尊命」、「尊神」走向「尊禮尚德」。在《堯書》中已經分別了自然之天、欽崇之天、人格之天等。

夏道尊（占卜）命，當時盛行巫覡文化。《詩·商頌·玄鳥》中有「天命玄鳥，降而生商」的記載，商人篤信天命，尊神事鬼，盛行祭祀文化，後世考古發掘的商銅器大多即是祭祀用的禮器。

商人的居住環境，似乎依然停留在半穴居的階段（西安半坡遺址），並且好酒且兼營農牧。在商人的宗教信仰中，帝或上帝是宇宙最高的主宰，有絕對的權威。天帝之外，自然界的大地、山、川諸神是商人崇拜的另類物件。此外，祭祖、殉喪、占卜、祈雨都

是另類的宗教性儀式。這些主導的自然思想之外，當然也有零星出現的理性人文主義思想，以及科學性的天文觀測和曆法制度。孟子即曾引述：「天作孽，猶可違；自作孽，不可活」（《商書・太甲》），說明人文思想的脈絡。

周人的「天」即殷人的「帝」，是最高的至上神。周人信天命，顯然與殷人相信天命有類似之處。但是，在西周的天人觀中，已經逐漸發展出了「天命不常」、「天命在德」，以及「敬天保民」的思想，由此形成了西周獨特的「天民合一」思想，這個天，是和小老百姓，也就是和「小民為伍」；這個思想是儒家天人合一觀的思想根源。西周統治者已經比較理性地認識到，人類行為是影響天命變化的一個重要原因，一個王朝能否長期享有天命，關鍵在於能否敬德保民。

《詩經》記載了周代民間，以及統治階級的生活文化。《風》中充滿了人民與大自然花草蟲獸交織的生活場景，一幅幅天人合一的景象，呈現在歌謠中。《雅》中，則是士大夫筆下歷史與上流社會的生活寫照。在《頌》之中，則是宗廟祭祀的樂歌。總體來說：

商代─「天」和「上帝」是宇宙的最高主宰，天子是代天行令的人。這是神權政治的基本內容。

周代─提出「德」的觀念。「德」是上天意志的體現。推行德政才能獲得人民的擁戴，如「敬天保民」、「明德慎罰」、「恩威兼施」、「寬猛相濟」等。

中國最古老的自然思想保留在圖騰、神話與傳說之中。「圖騰」的代表是龍與鳳、華表、商銅器上的獸紋等，卜卦與祭祀的遺物可見於龜甲（甲骨文）與祭祀坑出土的文物（四川廣漢三星堆），天象與寓言散見於古代文學作品中。以《山海經》為例（據推論是西周～西漢初期成書的），即記載了「盤古開天地」、「女媧補天」、「后羿射日」、「嫦娥奔月」、「牛郎織女」等膾炙人口的上古神話傳說，其中揭露了當時的天人關係。記載這些故事的

古書包括山海經、周易、尚書、詩經、禮記、左傳、國語、莊子、楚辭、淮南子、史記等，出現的人物包括神農氏、伏羲氏、燧人氏、女媧、炎帝、軒轅氏（黃帝）、蚩尤、三皇五帝（含堯、舜、禹）等（任俊華、劉曉華，2004）。

西周時代，詩經記載了人與地的關係。《風》中充滿了平民與大自然花、草、蟲、獸交織的生活場景，一幅幅天人合一的景象，呈現在歌謠中。例如《詩經·國風·召南·草蟲》的景象，昭然若揭。

> 喓喓草蟲，趯趯阜螽。未見君子，憂心忡忡；亦既見止，亦既覯止，我心則降。
> 陟彼南山，言采其蕨。未見君子，憂心惙惙；亦既見止，亦既覯止，我心則說。
> 陟彼南山，言采其薇。未見君子，我心傷悲；亦既見止，亦既覯止，我心則夷。

《詩經·大雅·文王》出現「天命無常」的文字，似乎開始注意到「天」，不是主宰一切事物的神了。

二、春秋戰國時代「天人合一」思想

西周喪失大一統的江山之後，開啟了春秋時代，雖然思想趨勢大體上繼承自西周，還沒有明確的、直接的否定了天、鬼、神的存在，但是已經肯定的將這些超自然存在，置於人的地位之下。在封建體制之下與世襲的傳統相接合的是祖先崇拜的信仰。

春秋時代，因為周王室政權崩潰，「天」意衰微、官僚失勢，民間學術活躍蓬勃，言論思想隨之自由開放。影響後世子孫的文化傳承，也大都可以從這段先秦思想之中，尋得脈絡，以下說明春秋戰國時代從道家到儒家的天人合一的學說。

(一)老莊的天人合一學說

老子對於天人合一的觀念，有明確的說法。他認為「道」在「天」之前。「有物混成，先天地生，寂兮寥兮，獨立不改，周行而不殆，可以為天下母，吾不知其名，字之曰道，強為之名曰大」（《道德經·二十五章》）。《道德經·四十章》中又說：「反者道之動，弱者道之用，天下萬物生於有，有生於無」；「道生一，一生二，二生三，三生萬物。萬物負陰而抱陽，沖氣以為和。無，名天地之始。有，名萬物之母。」他認為「渾沌即道」，「道」是宇宙本體，乃萬物之根源。「道」生於天地萬物之先，獨立長存於萬物之外，不斷循環運行，遍及天地萬物，絕不止息。當宇宙尚未形成，萬物不會存在，故稱「無」。天地初開，形成宇宙，故稱「有」。「萬物」由「有」所衍生，而「有」從「無」所衍生。天地形成之後，天為陽，地為陰。陰陽相輔相成、相生相剋，流轉不息，構成了生生不息的世界。一陰一陽建構了「道」，陰陽二氣相交，於是萬物生焉。萬物生成的次序是：「道＞天（陽）、地（陰）＞萬物」。

莊子和老子相同的地方主要在「道法自然」的觀點之上，《莊子·知北游》中有「天地有大美而不言……是故至人無為，大聖不作，觀于天地之謂也」。老莊之間的區別是，老子的學說除了「任情自然」之外，還講了「柔弱勝剛強」《老子·道德經·三十六章》。莊子的哲學中，完全拋棄了老子思想之中，講強弱的部分。

在論及道與物的關係方面，莊子和老子也有不同。《老子·二十五章》中說：「道生一，一生二，二生三，三生萬物」；也就是說，事有前後。莊子也認為道生萬物，但是他認為道無所不在，道在物中（《莊子·知北游》）。

老子認為「道」是無常的，當然天地也無常。他說：「希言自然，故飄風不終朝，驟雨不終日，孰為此者？天地。天地尚不能久，而況於人乎？」

老子又認爲「道」不可觸摸、莫可名狀，故謂：「無狀之狀，無物之泉。」只能用抽象的概念「道」來代表，也可勉強稱爲「大」。「道」是玄妙深奧的，常人難以理解和形容。如果可以用言語來描述「道」，就不是眞正的「道」了。人是自然萬物之一，因此必須遵守自然法則，也就是「人法地，地法天，天法道，道法自然。」「道」使萬物得以產生，因此老子認爲「道」是萬物的活水源頭。

莊子在《莊子·齊物論》說：「天地與我並生，萬物與我爲一。天地者，萬物之父母也。」、「天地有大美而不言，四時有明法而不議，萬物有成理而不說。」又說：「天地雖大，其化均也；萬物雖多，其治一也。」對莊子來說，天的意思就是自然，自然是「無爲無不爲」的本然境界，是可以和我，融合爲一的。

《莊子·外篇天運第十四》談到：

> 天其運乎？地其處乎？日月其爭於所乎？孰主張是？孰維綱是？孰居無事推而行是？意者其有機緘而不得已乎？意者其運轉而不能自止邪？雲者爲雨乎？雨者爲雲乎？孰隆施是？孰居無事淫樂而勸是？風起北方，一西一東，有上彷徨。孰噓吸是？孰居無事而披拂是？敢問何故？巫咸袑曰：「來，吾語女。天有六極五常，帝王順之則治，逆之則凶。九洛之事，治成德備，臨照下土，天下戴之，此謂上皇。」

在此，我試著語譯爲下列的白話文：天是運轉的嗎？地是靜止的嗎？日月是相互爭奪的位置的嗎？誰主宰和執行這些？誰爲之樹立三綱四維？誰閒著無聊，而去幹這些事情？是本身機械作用，而使日月星辰不能自己，還是自身的運轉根本無法停止下來呢？雲層是爲了下雨嗎？降雨是爲了雲層嗎？風從北方吹起，忽西忽東，在

上空回轉往來，有誰噓吸著？所以這些究竟是什麼緣故呢？巫咸詔說：「來呀，我告訴你。天有六極五常，做帝王的，順著就能治好國家，違背的，就會遭遇凶險事……」。「其餘就是說，這並沒有什麼東西在主宰呀，完全是事物依據自己的自然運動。人類只有順著這個自然之理，才能功成而德備，實現天下安治。」

《性自命出篇》：介於道家和儒家的天人合一學說

本書第二章〈哲學與道德思惟〉，也談到了郭店楚墓竹書（湖北荊門郭店一號楚墓出土的竹書）。這一本所謂的郭店竹簡產生的年代，可能早於孟子，楚簡中的第二簡《性自命出篇》有如下的文字：「性自命出，命自天降，道始於情、情生於性」。這裡出現的性、命、天、道、情、性，不僅是春秋戰國時代道、儒的核心課題，實際上也成為宋明理學，以及近代新儒學的核心課題，論說層出不窮（杜維明，1999；湯一介，2014）。簡單的說，「天」指一切存在事物自然的歷史根源。明代儒家學者卻認為：「道始於情、心統性情、情生於性、性自命出。」「性」則指人生而為人，且與他人普遍相同的屬性或特徵，這是指人類天生所稟具的自然本性。「名」是性的名稱，指所涉及事物的自然特徵，是由天命所賦予的內容。

郭店楚簡有一論述宇宙生成的佚籍，名曰《太一生水》（李零，2009；龐樸，2008），摘錄如下：

大一生水。水反輔大一，是以成天。天反輔大一，是以成地。天地〔復相輔〕也，是以成神明。神明復〔相〕輔也，是以成陰陽。陰陽復相輔也，是以成四時。四時復相輔也，是以成滄熱。滄熱復相輔也，是以成濕燥。濕燥復相輔也，成歲而止。故，歲者濕燥之所生也。濕燥者滄熱之所生也。滄熱者〔四時之所生也〕。四時者陰陽之所生〔也〕。陰陽者神明之所生也。神明者天地之所生也。天地者大一之所生也。是故，大一藏於水，行於時。周而或〔始〕，〔以記爲〕萬物母；一缺一盈，以己爲萬物經。此天之所不能殺，地之所不能釐，陰陽之所不能成。君子知此之謂〔道〕。

下，土也，而謂之地。上，氣也，而謂之天。道也其字也，（青）請（昏）問其名？以道從事者必託其名，故事成而身長；聖

人之從事也，亦託其名，故功成而身不傷。天地名字並立，故過其方，不思相〔當〕。〔天不足〕於西北，其下高以強；地不足於東南，其上〔低以弱〕。〔不足于上〕者有餘於下，不足於下者有餘於上。天道貴弱，削成者以益生者；伐於強，責於〔堅〕，〔以輔柔弱〕（文本順序有所調整，補釋簡文據塗宗流的《郭店楚簡平議》）。

依上文（譚寶剛，2004），宇宙生成過程是：太一→水→天→地→天地→神明→陰陽→四時→滄熱→濕燥→歲。也就是說，《郭店楚墓竹簡·太一生水》指出有太一生水，水輔太一生成天地萬物之說。

(二)儒家的天人合一學說

春秋時代，孔子和老子的思想分別代表新興的人文主義。孔子較少碰觸宇宙生成的主題，只是「子不語怪力亂神」；但是實際上孔子是敬天的，他說：「四時行焉，百物生焉，天何言哉。」

孔子繼承西周以來對超自然（天意）存在的態度，他說「敬鬼神而遠之」，他自己也「不語怪、力、亂、神」。孔子注重的不是超自然存在的有無問題，而是祭祀者對「天」是否具備真實的尊敬，他把重點放在人身上。孔子有意忽視鬼神的問題，而突出人的地位。孔子敬天，他只說：「天何言哉！四時行焉，百物生焉，天何言哉。」又說：「五十而知天命」、「天生德於予」、「我者，其天乎！」；「獲罪於天，無所禱也」。孔子相信天命，但注重人事，認為天是自然的主宰，天命不可抗拒。因此有：「盡人事聽天命」之說，在「天」的場域之下，留住了人的自主性。

總體來說：

1. 孔子說的天，是有意志的、有人格的神，而非自然天。

2. 天地之道，可一言而盡也。其為物不貳，則其生物不測。天地之道：「博也，厚也，高也，明也，悠也，久也。」《中庸·第二十六章》

3. 辟如四時之錯行，如日月之代明。

4. 萬物並育而不相害。道並行而不相悖。

5. 小德川流；大德敦化。此天地之所以為大也。《中庸‧第三十章》

6. 天命之為性，命，猶令也。

7. 中也者，天下之大本也；和也者，天下之達道也。致中和，天地位焉，萬物育焉。

　　孟子主張性善，《孟子‧盡心篇》說到：「盡其心者，知其性也。知其性，則知天矣。」他提出人的本性有「四端」，即「惻隱之心，仁之端也；羞惡之心，義之端也；辭讓之心，禮之端也；是非之心，智之端也。」這四端也即是仁、義、禮、智等常德。《孟子‧告子下》說：「天將降大任於斯人也，必先苦其心志」，孟子認為道德的宇宙，就是天。一個人透過充分發展他的性，就不僅知天，而且同天。

(三)墨家的天人合一學說

　　墨子的基本思想包括「兼愛、非攻、尚賢、尚同」。所謂的「尚同」，也就是上下一心為人民服務，為社會興利除弊。另一說法「尚同」為「上同」，認為天子是百官之首，而百姓聽令百官，與上而同，此乃「上同」之意。此外，還有「天志」。這是墨家的天人合一學說，要掌握自然規律。另一說法為天子代天行政，並藉由上同的觀念，推論出人民以天的意志而行事。此外，墨家談論「明鬼」，尊重前人智慧和經驗，另一說法認為墨家「說鬼」，所為並非迷信，而是希望以神鬼之說使人民警惕，不行邪惡，尊重「非命」（透過努力奮鬥掌握自己的命運）、非樂、節用、節葬。以批判、否定之意，排除了神鬼之道和沒有價值的禮樂之述。此外，墨家還有推動邏輯學，這是中國最早對於自然科學的見解，但是不受漢朝掌權者所歡迎，後來到了漢朝，墨家就衰退了。墨子也

是傑出的科學家，在力學、幾何學、代數、光學等方面，都有重大貢獻。

㈣法家的天人合一學說

荀子是儒家信徒，卻也是法家的始祖。他對於天人合一學說，和儒家的觀點不一樣。荀子寫出的《天論》，認為：「天行有常，不為堯存，不為桀亡……強本而節用，則天不能貧……養備而動時，則天不能病；修道而不貳，則天不能禍。故水旱不能使之饑渴，寒暑不能使之疾，妖怪不能使之凶」；他又說：「天地生之，聖人成之」；他認為：「天有其時，地有其財，人有其治，夫是謂之能參；」「唯聖人為不求知天」，因此人應當「制天命而用之」。

荀子認為天、地、山、川是自然的，沒有意志、沒有目的、沒有計畫。沒有執行賞善罰惡、沒有主持公道的天或上帝，也沒有山精水怪等鬼神存在。以往信仰的天災、異象與政治、人事的關聯，都不能成立。荀子身為法家之祖，揉合儒家之術，也排除了道家主張的順天觀念。

荀子「天論」的核心概念，包括天職、天功、天情、天官、天君、天養、天政；天行有常、天人之分、天地萬物得其和諧、天生而有、天地和合、遵守本道、天地都有一定的規律和法則、天地生之、聖人成之等。

荀子《天論》語譯

自然變化的規律有其常規，不會因為堯存在，也不因為桀滅亡。應用自然的規律有條理的治理，事情就會有利；應用自然的規律，卻無條理來治理，事情就會有害。加強耕織生產，以節省開銷花費，那麼上天就無法使人貧窮；注重營養，適時運動，那麼上天也無法令人生病；要修養自己的人格，而讓原則不變，那麼上天也

不能讓人遭受災禍。

　　所以水災旱害，不能使人五穀歉收，而造成人民挨餓；天氣的冷熱，不能使人生病，怪異而害人的精怪，也不能使人受害。

　　荒廢耕織生產而又浪費，那麼老天也無法令人富裕；不修身養性，而又懶惰運動，那麼上天便不能令人健康。

　　違背事物規律，而胡作非為，那麼上天就不能讓人得到善果。所以水災旱害還沒來到就發生饑荒；嚴寒酷暑還沒侵入，就發生疾病，怪異而害人的精怪還沒來到，就發生禍害。

　　這些遭遇的時際，和太平時代都是相同的，可是遭遇的災禍，卻與太平時代不同，這當然不可以抱怨上蒼，天道就是如此的。

　　所以說，明白天與人的差異，就可以說他是真正能稱為「人所以為人」了。人「不一定」要去做，而有所成就，「不一定」要去企求，而有所得到，這就是上天所賦予的職責。像是上述的情形，正因為太深奧的緣故，所以說，「知天人之分」的至人，不用自己的心力去思考它；正因為天的功用太大了，「知天人之分」的至人，不用自己的心力去做天所做的事；正因為天的功用太精微了，所以「知天人之分」的至人，也不需用自己的心力去考察了。

　　這個意思就是人盡本分，不與天爭事。天有四時變化，地有生產之能，人類則是依據天地運行來經營行事，這就是所謂的人類有「能」與天地互相配合。

　　捨棄人類所能憑藉與天地配合的事，而又盼望這些好事自己降臨，就會感到迷亂啊！

　　羅布天空的星辰，隨著時間運轉，太陽和月亮依次出現照耀世界，四季替代更迭，這些陰陽四時的變化、風雨澆灌，廣博地施予萬物，讓大地協調潤澤。天地萬物各自得到和諧生長，各自得到天的滋養來育成，我們看不見自然的行事，卻見到天的功效，這就是神。

　　都知道神化育萬物的成就，而不知道祂無形的方法，這就是所謂上天的職能。只有聖人是不求知曉天職的。上天的職責已經建立，上天的功能已經生成，此外，從天地到人類的形軀，都已經具備，而人類的精神，因為天地而生。喜好憎惡、高興生氣、悲傷愉悅都藏納於此，這就叫天生而有的情緒。

人類的耳朵眼睛、鼻子嘴巴，在身體之中各有接續的功能，而不能互相替代，這就叫天生而有的官能。

　　心為形軀的中樞主宰，用以管理五官，這就是天生而有的主宰者。

　　宇宙萬物皆非人類，但有許多可以滋養人類，這就是天生而有的交互相養。

　　順從它的秩序，稱為福分；違背它的秩序，稱為災禍，這就是天生而有的法則。

㈤戰國南方楚國的天人合一學說

　　戰國時期，屈原的《楚辭》是充滿神、巫思想的，反應了楚地的民風。《楚辭》中出現的《天問》，反映當時對大自然、天地的理解程度。總體來說，當時對大自然的了解十分有限，因此疑問多是正常的。在後來的中唐時期，柳宗元撰寫了一篇《天對》、明末王廷相撰《答天問》，嘗試以當時的知識回答屈原的《天問》。以今日的科學知識來說，他們的科學知識都是貧乏的。

　　屈原《楚辭·山鬼》：

　　　　若有人兮山之阿，被薜荔兮帶女蘿。
　　　　既含睇兮又宜笑，子慕予兮善窈窕。
　　　　乘赤豹兮從文狸，辛夷車兮結桂旗。
　　　　被石蘭兮帶杜衡，折芳馨兮遺所思。
　　　　餘處幽篁兮終不見天，路險難兮獨後來。
　　　　表獨立兮山之上，雲容容兮而在下。
　　　　杳冥冥兮羌晝晦，東風飄兮神靈雨。
　　　　留靈修兮憺忘歸，歲既晏兮孰華予？
　　　　采三秀兮於山間，石磊磊兮葛蔓蔓。
　　　　怨公子兮悵忘歸，君思我兮不得閒。

山中人兮芳杜若，飲石泉兮蔭松柏。

君思我兮然疑作。

雷塡塡兮雨冥冥，猨啾啾兮又夜鳴。

風颯颯兮木蕭蕭，思公子兮徒離憂！

屈原《楚辭・天問一》

曰遂古之初，誰傳道之？上下未形，何由考之？

冥昭瞢闇，誰能極之？馮翼惟像，何以識之？

明明闇闇，惟時何爲？陰陽三合，何本何化？

圜則九重，孰營度之？惟茲何功，孰初作之？

斡維焉系，天極焉加？八柱何當，東南何虧？

九天之際，安放安屬？隅隈多有，誰知其數？

天何所遝？十二焉分？日月安屬？列星安陳？

出自湯谷，次於蒙汜。自明及晦，所行幾里？

夜光何德，死則又育？厥利維何，而顧菟在腹？

根據史書記載，當中原文化巫教色彩明顯消退以後，在南方楚國，直至戰國時代，君臣上下仍然「信巫覡，重淫祠」（《漢書・地理志》）。楚懷王曾「隆祭禮，事鬼神」，並且企圖靠鬼神之助，以退秦師（見《漢書・郊祀志》）。民間的巫風更爲盛行。《漢書・地理志》及王逸《楚辭・章句》等，都言及楚人信巫而好祠（祀），「其祠（祀）必作歌樂，鼓舞以樂諸神」的風俗。可見，在屈原的時代，楚人還沉浸在一片充滿奇異想像和熾熱情感的神話世界之中。生活於這一文化氣氛中的屈原，不僅創作出祭神的組詩──《九歌》，和根據民間招魂詞寫作的《招魂》，而且在表述自身情感時，也大量運用神話材料，馳騁想像，上天入地，飄遊六合九州，給人以神祕的感受。甚至《離騷》這篇代表作的構架，

由「卜名」、「陳辭」、「先戒」、「神游」，到了「問卜」、「降神」，都借用了民間巫術的方式。

㈥《呂氏春秋》的天人合一學說

《呂氏春秋》成書於戰國時代西方秦國統一天下之前，對於後來秦國建立秦朝，統一天下之下的學說建立，且對於漢代政治和思想，擁有重大的影響力。就學術思想的演變而言，《呂氏春秋》開啓了秦漢之際的道家思潮，甚至推動了漢初「唯物哲學」的發展。

「蓋聞古之清世，是法天地」，是呂不韋編輯《呂氏春秋》的總綱。天地是由太一產生的，是客觀存在的。天地的規律「天道」是人類需要學習和遵從的。人也是天地產生的，「凡人物者，陰陽之化也。陰陽者，造乎天而成者也。」《呂氏春秋》將陰陽家的五行相剋思想，拿來論證天道的無私，認爲陰陽家的思想就是「天道有始」的理論基礎。

《呂氏春秋·本生篇》說：

> 天地有始。天微以成，地塞以形。天地合和，生之大經也。以寒暑日月晝夜知之，以殊形殊能異宜說之。夫物合而成，離而生。知合知成，知離知生，則天地平矣。「始生之者，天也；養成之者，人也。

《呂氏春秋·大樂篇》說：

> 太一出兩儀，兩儀出陰陽。陰陽變化，一上一下，合而成章。渾渾沌沌，離則復合，和則復離，是謂天常。天地車輪，終則復始，極則復反，莫不咸當。日月星辰，或疾或徐，日月不同，以盡其行。四時代興，或

暑或寒，或短或長。或柔或剛。萬物所出，造於太一，
化於陰陽。

《呂氏春秋・應同篇》說：

　　凡帝王者之將興也，天必先見祥乎下民。黃帝之
時，天先見大螾大螻，黃帝曰『土氣勝』，土氣勝，
故其色尚黃，其事則土。及禹之時，天先見草木秋冬
不殺，禹曰『木氣勝』，木氣勝，故其色尚青，其事則
木。及湯之時，天先見金刃生於水，湯曰『金氣勝』，
金氣勝，故其色尚白，其事則金。及文王之時，天先見
火，赤鳥銜丹書集於周社，文王曰『火氣勝』，火氣
勝，故其色尚赤，其事則火。代火者必將水，天且先見
水氣勝，水氣勝，故其色尚黑，其事則水。水氣至而不
知，數備，將徙於土。

戰國時代西方秦國《呂氏春秋》的天人合一學說，後來衍伸到
了漢朝的天人合一學說，可以說是一脈相承。

先秦時期的天人關係

　　在先秦時期，《易經》受到道家、儒家，以及陰陽家的傳播，
原本這是一本占筮的書，經過《十翼》，亦稱為《易傳》包括〈彖
傳〉、〈象傳〉、〈繫辭傳〉、〈說卦傳〉、〈序卦傳〉、〈雜卦傳〉及
〈文言傳〉等文篇的轉譯，已具備了形而上的架構。根據史書記
載，孔子作《十翼》，但是也有學者認為，《十翼》不完全出自同
一人的著作，很多篇章也有可能是先秦學者，集體創作的成果。
　　先秦時期的天人關係，受到易緯則是在這個架構上，結合數
學、曆法的成就，以時間為主軸，開闢出另一套占筮系統。《易
緯・乾鑿度》曰：

文王因陰陽定消息，立乾坤統天地，夫有形者生於無形，則
乾坤安從生？故曰有太易、有太初、有太始、有太素，太易者未見
氣，太初者氣之始，太始者形之始，太素者質之始，氣形質具而未
相離，故曰渾淪，言萬物相渾淪而未相離，視之不見、聽之不聞、
循之不得、故曰易也，易無形埒也。

從《易經》影響到道家、儒家，以及陰陽家的思想來看，先秦時
期的天人關係，包括了「天人感應」、「天人合德」、「因任自
然」，以及「天生人成」之關係型態。

1. 天人感應：這一類型可以包括詩、書中所言的德、命符應說，及
   墨子與易傳的天人關係論（見《呂氏春秋》、《淮南子》、《春
   秋繁露》）。

2. 天人合德：這一類型包括孔、孟學說，以及《中庸》的天人關係
   論（見《論語》、《孟子》、《中庸》）。

3. 因任自然：這一種類型包括老子與莊子的學說（見《道德經》、
   《莊子》）。

4. 天生人成：這一種類型，是由荀子所建立的新類型學說（見《荀
   子》）。

三、漢朝：科學萌芽和天命思想的拉鋸

　　在《呂氏春秋》中，天、陰陽、五行等概念，已經十分明確。
從上節的三代到春秋戰國時期的論述可以知道，先秦哲學中最重要
部分即天人合一之說。儒家與道家詮釋下的天人合一說有不同處。
《易經・文言》說：「夫大人者，與天地合其德，與日月合其明，
與四時合其序，與鬼神合其吉凶。先天弗違，而況於人乎，況於鬼
神乎？」《中庸》開宗明義即說：「天命之謂性，率性之謂道，修
道之謂教。道也者，不可須臾離也；可離，非道也。」老子直接論
及天人合一的說法，主要是在第二十五章的「人法地，地法天，天
法道，道法自然。」以及第十六章的「知常容，容乃公，公乃王，

王乃天，天乃道，道乃久，沒身不殆。」

老子明確指出人應該效法天地自然之道。河上公注「道法自然」爲「道法自然，無所法也」。由此可見，老子的天人合一觀，基本上是依本性自然的天道觀。這應是老子哲學最基本的價值取向。

如果說，古代中國人述及「自然」的時候，取義大多是老子哲學中的「自然」，而非今日自然科學中的「自然」。到了戰國時代西方秦國《呂氏春秋》的天人合一學說，已經形成了改變，轉變成爲了漢朝人的思惟。

(一)西漢：「奉天承運」學說

漢朝「奉天承運」學說，緣起於《淮南子》，興盛於《列子》學說，後來演變成爲《沖虛眞經》，成爲魏晉南北朝之後各朝尊崇的經典。

《淮南子》是西漢淮南王劉安和門客等仿照《呂氏春秋》集體撰寫的一部著作，這本書被認爲是西漢前期文景時代道家思想的總結。

《淮南子·天文訓》如下：

> 天墜未形，馮馮翼翼，洞洞灟灟，故曰太昭。道始于虛霩，虛霩生宇宙，宇宙生氣。氣有涯垠，清陽者薄靡而爲天，重濁者凝滯而爲地。清妙之合專易，重濁之凝竭難，故天先成而地後定。天地之襲精爲陰陽，陰陽之專精爲四時，四時之散精爲萬物。積陽之熱氣生火，火氣之精者爲日；積陰之寒氣爲水，水氣之精者爲月。日月之淫爲精者爲星辰。天受日月星辰，地受水潦塵埃。昔者共工與顓頊爭爲帝，怒而觸不周之山，天柱折，地維絕。天傾西北，故日月星辰移焉；地不滿東

南，故水潦塵埃歸焉。天道曰圓，地道曰方。方者主幽，圓者主明。

這些對宇宙生成的論述，與前先秦對於天地生成的看法，是相仿的。

司馬遷在《太史公自序》中，引其父司馬談《論六家要旨》時提到的「夫春生夏長，秋收冬藏，此天道之大經也，弗順則無以為天下綱紀，故曰：四時之大順不可失也。」這個大自然之天，生養萬物，是不可違背的。但是他不認為有主宰萬物的天。

《史記・屈原賈生列傳》說：「人窮則反本，故勞苦倦極，未嘗不呼天也。」將「天」視為具有人格意義的神祕大神，期望有這麼一個主宰天能為受災受難的人做主，不過是一種期望罷了。這種思想又孕育了宗教性的「天」。

《列子》又名《沖虛經》、《沖虛真經》，是道家重要典籍，相傳由鄭人列禦寇所著。成書年代古本為東周，但是又有一說，偽託成書的年代，是魏晉南北朝。《列子・天瑞篇》概括了《列子》的自然觀和人生觀。列子曰：

> 昔者聖人因陰陽以統天地。夫有形者生於無形，則天地安從生？故曰：有太易，有太初，有太始，有太素。太易者，未見氣也；太初者，氣之始也；太始者，形之始也；太素者，質之始也。氣形質具而未相離，故曰渾淪。渾淪者，言萬物相渾淪而未相離也。

這個宇宙觀說在漢朝非常風行，甚至影響到道家演變為一種道教的宗教觀。宇宙生成的最原始階段叫做「太易」，這時候一無所有；然後的階段名為「太初」，這時候才出現「氣」；再次的階段名為「太始」，這時「形」出現了；再次的階段名為「太素」，這

時候「質」生；這就是從「無極」、「混沌」而至「開天闢地」的宇宙生成發展論。

(二)西漢：董仲舒「天人感應學說」

在先秦之前的古代中國哲學而言，天人關係的探究不放在自然生命之上，而是以儒家的修身養性的心性論為主，老莊主張的也是人類的致虛守靜、歸真返璞。簡單的說，都是人本的、人文的「自然」。

到了西漢武帝時代，董仲舒（西元前179-西元前104年）著《春秋繁露》，提出「天人感應學說」，認為天人之間存在著一個相互感應的系統，將自然界的變遷與人類社會的政治活動，緊密之連繫。董仲舒將「天」人格化，認為天是有意志的，能夠支配一切，是最高主宰，為「百神之大君」。自然界的一切規律以及人類的人事變化都是「天」決定的；而人的生理構造，思想、感情、道德品質也是「天」依據自己的特點塑造的，人類是為了體現天意，被創造出來的。

董仲舒將儒學推上了中國封建統治哲學的正宗地位。他不僅提出了獨尊儒術的主張，還改造和發展了儒學「天人感應學說」，他神化了儒學，並且創造了一個眾神之神的「天」。這個天有人格、有意志，一切自然現象都是意志的表現。而且天和人是相互感應的，人是天的縮影。帝王秉承天意而管理人民，因而叫天子，人要是順應了天意，就會風調雨順，反之則災難流行。與此同步，他還從天人關係出發，根據「陽尊陰卑」的思想建立了三綱五常。臣、子、妻，必然絕對的服從君、父、夫，這就是三綱；而仁、義、禮、智、信，這些處理人倫關係的原則，就是五常。

董仲舒的天人三策，是藉著三次上書策論的機會，論述儒家的天人之際和教化，向當政者宣揚儒家思想。第一策提出了天人感應學說，指出：「國家將失敗前，老天會有警告之道，如果還不改，

天就要滅亡你了。」勸君主要行不會失敗的正道，也就是要行仁義禮樂來教化百姓。教化乃是上帝鬼神的要求，是依天意行事。第二策中，董仲舒講周文王「順天理物」，並舉武王和周公爲例，稱許前者以身示範，用個人的品德來行誼平賊，後者則作禮樂來開化人民，所以才會有成康之治的盛世。第三策講「天者群物之祖」，講「天人之徵，古今之道」，講人受命於天。所謂命，就是「天令」，「王者上謹於承天意以順命，下務明教化民以成性」。而孔子作《春秋》，正是「上揆之天道，下質諸人情」。他將孔子行教化的行爲提昇到「稟承天道、天意」的崇高位置。以陰陽五行的天道解釋人道，正是董仲舒天的哲學的重要內容。

(三)東漢：王充「駁斥讖緯之說」

東漢王充（27-97年）的《論衡·自然篇》駁斥讖緯之說，指出天地無知，天地無爲。他認爲宇宙自然是沒有「意志」的東西，萬物自己生長，自己變化，不是天地有意創造出來的：

1. 天動不欲以生物而物自生，此則自然也。施氣不欲爲物而物自爲，此則無爲也。
2. 夫論雷爲火，有五驗；言雷爲天怒，無一效；然則雷爲天怒，虛妄之言。
3. 夫天道，自然也，無爲。如譴告人，是有爲，非自然也。
4. 天當以一行之氣生萬物，令之相親相愛，不當令五行之氣，更相賊害。
5. 夫人，物也。雖貴爲王侯，性不異於物。
6. 聖人能神乎？不能神也。
7. 在天之變，日月薄蝕，四十二月，日一食，五十六

月，月亦一食，食有常數，不在政治，百變千災，
皆同一狀，未必人君政教所致。

8. 世之聖君莫若堯、湯，堯遭洪水，湯遇大旱。如謂
政治所致，則堯、湯皆惡君也。

王充在宇宙自然方面，否認「天地故生萬物」的說法，但也承認物與物之間有一定的關係；他提出「相成」、「相革」、「感應」、「招致」等道理，試圖以科學的觀點來解釋這些現象。

(四)東漢：班固《白虎通》「陰陽五行與天人感應之說」

班固（32-92年）著作《白虎通》，承襲了陰陽五行與天人感應的思惟，以陰陽五行分判天地萬物的生成流變，作爲天人感應的媒介。天人感應學說以符命鞏固政權的正當性，以吉祥災異，讓臣下有制約君權的憑藉。更重要的是，《白虎通》將陰陽五行與天人感應的觀念，導入禮學之中，提供制禮的理論基礎，使《白虎通》成爲一部理論與實踐結合，且具有時代意義的典籍。

(五)東漢：張衡「科學萌芽的思想」

東漢時代張衡（78-139年），對天文曆算具有深刻研究，他撰寫的《靈憲》，是一部闡述天地日月星辰生成和運動的天文理論著作。張衡根據自己對於天體運行規律的認識和實際觀察，製作了一個能夠精確展演渾天思想的「渾天儀」。他精通天文、曆算，先後寫出了《靈憲》、《靈憲圖》、《渾天儀圖注》等天文學著作，成爲東漢中期渾天學說的代表人物之一。西元132年，張衡製造了世界上第一臺可以準確測量地震方向的一侯風地動儀。根據慣性原理，當地震之時，中心都倒向地震發生的方向，連帶相應機關，使龍嘴吐出銅球，落入蟾蜍嘴裏，指示震央的方向。

　　就先秦兩漢儒家哲學而言，「宗教之天」與「哲學之天」不僅自始至終都糾纏在一起，而且「宗教之天」還有逐步強化的趨勢。西漢獨尊儒術之後，在「天人感應」的基礎上重建儒家思想，轉型成為一個具有強烈神祕主義色彩的理論體系——法天而行，一種學術思想演變為國家意識形態。西漢末年，儒家經典在陰陽五行、天人感應、災異祥瑞理論基礎上被重新詮釋，儒家經典成為緯書，反映天心、天經的作品，《易》成了「氣之節、含五精，宣律曆，上經象天，下經計曆，《文言》立符，《象》出其節，《篆》言變化，《系》設類跡」的神祕著作；《書》就成了「上天垂文象，布節度」的上天象徵與警示人間的著作；《禮》則「與天地同氣，與四時合信，陰陽為符，日月為明」；《詩》則是「天地之心，君祖之德，百福之宗，萬物之戶。」《春秋》則更是「以天之瑞，正王者之正」的大書。從此之後，儒家經典搖身一變成為天之言，神之言，而非人之言。東漢《白虎通》就標誌著神化的完成（曾振宇，2004）。

四、魏晉南北朝：玄學思想和佛學性空

　　魏晉南北朝時代，結束了漢代大一統的思想。儒家思想受到排斥，道家思想興起。政治上的大動盪，激起了長期的名教與自然之辯。從名教本於自然、名教出於自然到名教即自然。中國人對自然的看法，引起不斷的討論。代表人是何晏、王弼、郭象。何晏（195-249年）的主張是名教本於自然、貴無論；王弼（226-249年）的主張是名教出於自然、順物之性、崇本息末、崇本舉末、以無為本、以靜制動、刪繁就簡、得意（義理）忘言等；郭象（252-312年）的主張是名教即自然、任物之性、物各自生、任性自為、讀化於玄冥之境、適性逍遙等。從名教本於自然、名教出於自然，轉化到名教即自然，反映了約百年來儒道融合的途徑。

　　魏晉南北朝也是佛教崛起的時代。佛教思想起初是依附在道家思想之下，滲入中華文化。北方江山淪落在拓拔鮮卑統治下之後，

佛教思想以及藝術等，更是大量從西方印度輸入中國。歷經六朝君主大力推廣，已經深入中華文化之中。佛家思想對大自然的態度是因緣而生、眾生平等，以及輪迴無常、無始亦無終等。佛家認為萬般皆是「空」，「諸法皆空，不生不滅，不垢不淨，不增不減，是故空中無色……」，唯「識」而已。幡動！風動！心動！在佛家的眼裏，一切都是心的作用。「大自然」可以什麼都是。談宇宙的起源，實無實際的意義。

五、唐朝：自然知識與玄學思想的互駁世紀

魏晉南北朝的五胡亂華時代，北方江山被胡人統治先後達三百年之久。胡漢血統的融合，以及胡人風俗的進入，深深地改變了原先的漢人文化。隋朝統一天下之後，雖有短暫盛世，可惜好景不常，前後不過二十餘年。唐繼隋而起，興兵太原的李淵祖籍河北趙縣，數代與胡人相處，沾染了深度的胡風，親屬血緣中，胡人血統甚重，也承襲了不少胡人的文化。唐朝的天人學說，依據韓愈、柳宗元、劉禹錫等說「天人關係」，論述如下。

(一)韓愈的「天人相與」論述

中唐時期，韓愈（768-824年）和柳宗元（773-819年）兩人對天的看法大有不同。韓愈的基本論點是贊成董仲舒「天人相與」的觀點，認為天有意志，能夠行賞罰。韓愈因為無力改變中唐時代，朝廷的困境，感到十分困惑、焦慮，試圖從天道與人道之中，尋求對現實的合理解釋。因此，韓愈以道貫通天地人，並且以仁義作為道的本質屬性，為道統說確立了理論基礎。但是他又繼承了傳統的天命思想，認為「貴與賤、禍與福存乎天」的意志天的觀點。

韓愈是有感於當時有人把人生的不幸歸於天，在痛苦絕望之際仰天而呼且怨，認為這樣並不能「知天」，然後他分析了人類之所以會有「疾痛、倦辱、饑寒」，是元氣陰陽敗壞的結果，這就像自

然界食物腐敗生蟲子一樣。正因為人類違反了自然規律（壞元氣陰陽），所以產生了諸多弊端，以至於成為「天地之讎」。在這種情況之下，人類「舉不能知天」，卻反而仰頭呼天、怨天。韓愈進一步引申說：「我想天如果能聽到這些人的呼且怨，也許會大賞有能制止這種情況擴大的人，大罰將導致這些狀況產生的人吧」。

㈡柳宗元的《天說》論述

柳宗元是針對韓愈的天道觀而寫的，他認為天人不相預，各行其事（柳河東全集・卷十六）。當時柳宗元的好友劉禹錫（772-842年）也寫了《天論》上、中、下三篇文章，提出「天與人交相勝」的說法（柳河東全集，卷十六）。柳宗元又撰《答劉禹錫天論書》，進一步表達了他的思想。

柳宗元的《貞符》、《與韓愈論史官書》批判漢代董仲舒的神學迷信思想。柳宗元的論說筆鋒犀利，論證精確。他非常反對董仲舒的「夏商周三代受命之符」的符命說，反對天符、天命、天道的說法；他批判神祕學說，強調「人」的自主能力。在《天說》中，他否定至高無上可以支配人的命運的天。他提出「天人不相預」的觀念，認為天和人是不相干涉的，各行其是。同時，柳宗元認為天下萬物的生長，都有自身的發展規律，「順木之天，以致其性」。《天對》是他回應屈原《天問》的，但卻反映了唐代的自然知識水準，很有指標價值（柳河東全集・卷十四）。

柳宗元和劉禹錫探討天人關係的起點，是不滿韓愈的論述。他們幾位都是當時復古派的大將，但是韓愈在官場得意，柳宗元和劉禹錫卻因參與改革事敗，被謫貶南荒，失意官場。從柳宗元轉述韓愈的一段話中可以看出，柳宗元覺得韓愈的議論似乎「信辯且美」，但還顯得粗疏，缺乏說服力，提出了問題，而沒有得出明確的結論，所以他說「吾能終其說」──「我來得出最終的結論吧」。於是，柳宗元就說了一段話，將天與地對舉，而以「元氣」

爲構成天地的基本元素，認爲寒來暑往，只不過是陰陽的變化。這些東西都與「果蓏、癰痔、草木」無異，這是物質的客觀存在，根本沒有意志，不知「報」，也不會「怒」，不會賞功罰惡。這種解釋今天看來還是一種樸素直觀的認識，但肯定「天」是沒有「意志」的「物質自然界」是很明確的。同時，他還認爲天人「功者自功，禍者自禍」，各不相關，否定有超自然的「天」會干預人事。

六、宋朝：理學思想的「自然」論述

北宋早期大體而言，天人感應思想的主要運用，還是在於祥瑞與災害的自然異象，形成天人合一說法的重要論述。但是王安石《老子注》的道論與天人之間關係，以人力之成萬物說，說明了「天道自然」、「人道有爲」互動結構，構成了無與有、本與末的完整性描述，王安石的體論建構的特點，是「以人法天」，而非「天人合一」爲其論述的重點，王安石倡言「天命不足畏，祖宗不足法，人言不足恤」。但是，在宋朝理學家討論的是高度形而上的問題，包括了《太極圖・易說》等理學學問。

(一)周敦頤《太極圖・易說》

理學的創始人周敦頤（1017-1073年）號濂溪，在研究《周易》之後，再詮釋孔孟儒家學說，寫下了《太極圖・易說》，提出宇宙生成論體系。《太極圖說》全文如下：

> 無極而太極，太極動而生陽，動極而靜，靜而生陰，靜極復動，一動一靜，互爲其根，分陰分陽，兩儀立焉。陽變陰合，而生水火木金土，五氣順布，四時行焉。五行一陰陽也，陰陽一太極也，太極本無極也。五行之生也，各一其性，無極之眞，二五之精，妙合而凝，乾道成男，坤道成女，二氣交感，化生萬物，萬物

生生，而變化無窮焉。惟人也，得其秀而最靈，形既生矣，神發知矣！五性感動而善惡分，萬事出矣！聖人定之以中正仁義，而主靜，立人極焉。故聖人與天地合其德，日月合其明，四時合其序，鬼神合其吉凶。君子修之吉，小人悖之凶，故曰：立天之道，曰陰與陽；立地之道，曰柔與剛；立人之道，曰仁與義。又曰：原始反終。故知死生之說，大哉易也，斯其至矣！

邵雍（1012-1077年）是北宋理學家，他認為宇宙的本原是太極，太極生出天地，天生於動，地生於靜。「動之始則陽生焉，動之極則陰生焉」，「靜之始則柔生焉，靜之極則剛生焉」。動之始生陽，動之極生陰，陰陽交互作用，於是形成日月星辰；靜之始生柔，靜之極生剛，剛柔交互作用，於是形成水火土石。這是說天之動生出陰陽，地之靜生出剛柔。他又認為陰陽二者本是一氣，說：「本一氣也，生則為陽，消則為陰」；「氣一而已」。他又認為太極是不動的，太極顯發而有變化的功能，於是生出數、象和器來。他說：「太極不動，性也；發則神，神則數，數則象，象則器，器之變，復歸於神也」。邵雍認為天地萬物的生成變化是按照「先天象數」的圖式展開的。

周敦頤的學生程顥、程頤兄弟則提出「理」，是構成萬物的終極本體。南宋朱熹的格物論，又依據上述學說，發展到人文理性，但還不是科技理性；朱熹談到「滅私欲，則天理明矣」。

(二)朱熹理學「格物致知」自然觀

朱熹是南宋著名理學家、思想家和教育家，朱熹倡導的理學中，與大自然直接相關的就是講究「格物致知」，對萬物採取探究的態度，務必了解真象。

中國人觀察大自然的方法改變了，看待大自然的態度也改變

了，於是又一次造成了中國人「自然觀」的改變。朱熹強調以人爲本，人與自然宜和諧共存。重視人自身的修養，講實學、求實功。朱熹重視自然科學，孜孜不倦地探索研究，他講求實理實學、講求實際調查觀測、講求認識客觀事物本來面貌，反對神祕主義。

朱熹對於自然科學的知識有相當大的興趣，大至天地日月、陰陽剛柔、動靜開合，小至自然界的草木蟲魚、飛禽走獸，他都無不精心考察。對於農業耕作之理，朱熹尤爲重視，一一推究它的至當之理。有人問，草木當如何格？朱熹說：「一草一木豈可不格。如麻麥稻粱，什時種，什時收，地之肥，地之磽，厚薄不同，此宜植某物，亦皆有理。」

北宋理學家討論的是高度形而上的問題，他們重新探討春秋戰國以及魏晉南北朝時代的「天、命、性、情、理、道」等哲學議題。《老子‧五十一章》說「道生之，德蓄之，物形之，勢成之。」楚簡第二簡說「性自命出，命自天降，道始於情、情生於性。」經過明代儒者重新詮釋之後，出現了「道始於情、心統性情、情生於性、性自命出」的論述。「性」指人生而爲人且與他人普遍相同的屬性或特徵。指人天生所稟具的自然本性。「天」指一切存在事物自然的史源。「名」乃性之名稱，指所涉的事物自然特徵，是由天命所賦予的內容。「天命之謂性」，「命，猶令也。性即理也。」「天以陰陽五行化生萬物，氣以成形而理亦賦焉，猶命全也。於是人物之生，因各得其所賦之理以爲健順五常之德，所謂性也。」

「性」即是「理」是朱子人性論的核心命題。「性者，人所稟於天以生之理也，渾然至善，未嘗有惡」，「性自命出」說：「喜怒哀悲之氣，性也，及其見於外，則物取之也」。「理」指的是「健順五常之德」，「健順」是乾坤生物成物的生成之理或生生之理，「五常」指孟子四端之性，發展至漢匹配五行所構成的仁、義、禮、智、信五德的所以然之理，這是天所命的道德性命之

理。然而，天以陰陽五行化生萬物的「陰陽五行」，爲形而下的「氣」，應當具有氣的體性。因此，人性即是道德性命之理與氣之自然直性所結合的二重結構。朱子對「性」與「氣」的存在屬性做了形上與形下的範疇區分。

「天地之間，有理有氣。理也者，形而上之道也，生物之本也。氣也者，形而下之器也，生物之具也。是以，人物之生，必稟此理，然後有性；必稟此氣，然後有形。其性其形，雖不外乎一身，然道器之間分際甚明，不可亂也。」

朱子以理、氣概念分別解說性與心、情。墮入氣中的「理」特別稱爲「性」。「凡人之能言語、動作、思慮營爲皆氣也，而理存焉」、「理與氣合，便能知覺」、「蓋知覺運動者，形氣之所爲。仁義禮智者，天命之所賦。」「形氣」指人得之於陰陽氣性所轉化出來的感官及其機能、屬性所構成的自然生命之本性。有別於生生之理與好生之大德以及仁義禮智信等先驗的道德性命之「理」。「物」指外在對象的整體，「勢」指人所處形式的位列。這些對「自然」的論述，可謂深沉之至，不過，明顯地不是西方自然科學中的「自然」。

沈括《夢溪筆談》自然觀

沈括是朱熹的前輩，他的成就明顯地影響了朱熹。沈括開展了科學性的自然觀察，他是杭州人，從小熱愛自然，善於觀察，勤於思考。「滄海桑田」、「石油」等都是他的創見。晚年的著作《夢溪筆談》是一本百科全書，記錄了他在天文、物理、數學、地圖、地質、藥物方面的研究成果，書中也涉獵了考古、語言、史學、文學、音樂、財政、經濟等。

七、明淸：「心學」和「樸學」的自然觀

南宋到明代大儒王陽明爲止，「自然觀察」、「自然探索」等

題材，在文字記載中依然少見。北宋沈括（1031-1095年）、南宋朱熹（1130-1200年）、明代李時珍（1518-1593年）等是屈指可數的名家。

(一)陽明心學的自然觀

王陽明（1472-1528年）十歲能作詩，詩云：「山近月遠覺月小，便道此山大於月。若人有眼大如天，當見山高月更闊。」十八歲時，思考朱熹「物有表裡精粗，一草一木皆具至理」的學說，他嘗試實踐「格物致知」，決心窮竹之理。他站立竹前，「格」了七天七夜的竹子，什麼都沒有發現，人卻因此病倒。從此，王陽明對「格物」學說產生了極大的懷疑，這就是中國哲學史上著名的「陽明格竹」。這也可能是他後來提出「致良知」理論的起點。陽明先生繼承陸九淵「心即是理」的思想，提倡「心外無理，心外無物」，認為應當從自己內心中去尋找「理」。他認為「理」全在人「心」，「理」化生宇宙天地萬物，人秉其氣，故人心自秉其精要。在知與行的關係上，王陽明從「天地萬物本吾一體」出發，他反對朱熹的「先知後行」之說，強調要知更要行的「知行合一」。陽明先生至理名言如：「聖人與天地民物同體，儒、佛、老、莊皆我之用，是之謂大道。二氏自私其身，是之謂小道。」，「所以為聖者，在純乎天理，而不在才力也。故雖凡人，而肯為學，使此心純乎天理，則亦可為聖人。」

從王廷相到徐霞客

王廷相（1474-1544年）著有《答天問》，認為「天地未生，只有元氣，元氣具則造化人物之道理即此而在，故元氣之上，無物、無道、無理」（《雅述》）。又認為「性之有無，緣於氣之聚散」，沒有離「氣」而獨立的「性」，對宋儒分「性」為先天「本然之性」和後天「氣質之性」提出了修正。為學主「思」、「見聞」和「接習」（實行）並重，反對王陽明的「致良知」學說。

徐霞客生於明萬曆十四年（1587年），卒於崇禎十四年（1641年）。他生長的時代，在東洋（日本）是封建幕府的黃金時代；在西方則是快速擴張、全力東進的大冒險、大航海時代。從《徐霞客遊記》看來，青年時代的徐霞客，已顯示出了觀察自然環境的敏銳能力和系統、準確描述地理環境的方法。其野外考察的訓練，已日趨成熟和定型了。

有泉淙淙，隨現隨隱，蓋此中南北兩界俱穹峰，而東西各互橫脊，脊中水皆中墜，不見窪底，故窪底反燥而不瀦。

在歷史傳承中，擺脫「藉物喻人」的自然文學是不多的。無疑的，徐霞客一躍而出。徐霞客開闢了地理環境學觀察自然的先河，他描述地理現象，觀察山川形勢，進行全面勘查。徐霞客14歲的時候，利瑪竇到澳門；1601年，利瑪竇到北京。西風東漸，西方的科技已經君臨城下。大清統治期間，西方科技文明已經壓迫中國人的生活。中國人的自然思想也逐漸染上了西方色彩。

(二)清季經世致用的自然觀

明末清初的大學者，不僅飽受明末朝廷腐敗及亡國之痛，更受到西風東漸的壓力。他們強烈地反省中國古代文化，尤其是宋明理學的負面影響，引發一連串的批判。顧炎武（1613-1682年）痛斥宋明理學家；主張天下興亡匹夫有責，講民主，肯定重實證、重實例的科學精神。黃宗羲（1612-1695年）積極提倡經世致用、躬行實踐，著有明夷待訪錄。認爲天地之間只有一氣充周，生人、生物。

王夫之（1619-1692年）創立完整的元氣一元論，認爲元氣是宇宙唯一的存在：「陰陽二氣充滿太虛，此更無他物，亦無間隙。天之象，地之形，皆其所範圍也」；「凡虛空皆氣也，聚則顯，顯則人謂之有；散則隱，隱則人謂之無」，「聚散變化，而其本體不爲之損益」。

戴震（1724-1777年）提出的自然觀是「氣化即道」；社會觀是「理存乎欲」、「人生而後有欲，有情，有知。三者，血氣心知之自然也」。「生養之道，存乎欲者也；感通之道，存乎情者也；二者，自然之符，天下之事舉矣」。戴震將人性歸結為自然情欲。嚴復（1853-1921）宣傳經驗論、提倡歸納法、講求邏輯學，贊同達爾文進化論，著有《天演論》。

總體來說，在中國歷史發展的脈絡中，「自然」是生活的一部分，「天人合一」的境界在思想上主導了一切。這是政治體制和社會主流思想下的產物。「科學」的思想、精神、態度、方法只是零星的光芒，未能彰顯。但是科學的實用性仍舊支撐閃爍著斷斷續續的光芒。從古代中國科學、科技史的研究中，都可以發現自然思想的蹤跡。政治和社會環境主導形成的「天人合一」思想是人文的、人本主義的、浪漫的、功能的、一元的、整合的、整體的。「自然」從未被作為客觀的主體，因此欠缺了鼓勵科學研究的文化背景。在千百年的歷史文化演育之下，形成了傳統中國人浪漫的人生態度，科學研究，也就無所謂了！

八、近代：哲學家論天

熊十力（1885-1968年）的思惟模式是「天人不二」整體論的思想（郭齊勇，1990；熊十力著、周宏編，2008），他說：「本體、現象不二，道、氣不二，天、人不二，心、物不二，理、欲不二，動、靜不二，知、行不二，德慧、知識不二，成己、成物不二。」「於宇宙論中悟得體用不二，而推之人生論則天人為一（原注：天謂本體，非天帝也。天者乃人之真性，不是超越吾人而獨在也）」。

熊十力將天分為四類：具有人格神的主宰天（「古以穹高在上，蒼然而不知其所極者、呼之為天」）、人格天（「古陰陽家以日月星辰之麗乎太空、亦名為天」）、義理天和自然天。馮友蘭

（1895-1990年）將天分爲五類：物質天、主宰天、運命天、自然天、義理天等。

「天」的概念

「從前黃帝以天為法，以地為則，顓頊、帝嚳、堯、舜四位聖明帝王先後相繼，各建成一定法度……（《五帝本紀》第一）。」《說文解字》解釋「天」又說：「天，顛也，至高無上。從一大」。自古以來，「天」就有了多重至高無上的力量。實際上，中國古代的思想家對「天」有不同的詮釋。

我們在第三節探討天人合一思想，觀察到夏商周三代遺物之中，商代銅器多神祕、恐怖的紋飾，西周青銅卻盛行線條流暢秀美的幾何圖形花紋，反映了商人「以神為本」、周人「以人為本」的不同精神世界。周代在封建和宗法制度之下，承襲了商人敬天的思想，當然也篤信君權得自天命。祖先崇拜的行為依然普遍。但是記取了商人敗亡的經驗，周人已經懷疑天命不可違的思想了！《尚書·君奭篇》說：「天不可信，我道惟文王德延」。《尚書·秦誓》的名言，也指出「天視自我民視，天聽自我民聽」、「民之所欲，天必從之」，天命思想，已經隱含著民本與德治。

從這些地方，已經見到人文思想的興起。周公制禮作樂，奠定了「儒」的基礎，專司祭祀的傳統延伸而成隨後興起的儒家思想，也轉化催生了人文思想為主的孔孟學說。

熊十力（1885-1968年）將古人說的「天」分為四類意義：具有人格神的主宰天（古以穹高在上，蒼然而不知其所極者、呼之為天）、人格天（古陰陽家以日月星辰之麗乎太空、亦名為天）、義理天，以及自然天。自然天的思想保留在《尚書·盤庚》、《論語·陽貨》中，「天何言哉？四時行焉，百物生焉，天何言哉？」；以及《孟子·天論》「天時不如地利，地利不如人和」等地方。

馮友蘭（1895-1990年）將古人說的「天」分為物質天、主宰天、運命天、自然天、義理天等五類。對探求真理的知識分子和哲學家來說，會思考物質天、自然天；對一般小民而言，心中的天是主宰天、運命天、義理天等。「呼天搶地」正是小民向「天」央求公理、央求依靠、央求支持的行為，是活下去的力量泉源。

古代易經中的天（乾元用九，乃見天則），是指主宰天或物質天，易傳中的天也指主宰天、物質天或義理天。中國人又有應天、順天、觀天、樂天之說。總結的說，主宰天（人格天、運命天）具有宗教性質，物質天（自然天）具有科學性質，義理天具有哲學性質。

任繼愈（1916-2009年）提出古代中國講「天人合一」的主要有儒、道兩家。前者以人爲主（義理天、主宰天、命運天），而後者則以天爲主。但是「天人合一」本身是不對的，人與自然既有相互依存的一面，也有鬥爭的一面。因此，人類今天要保護動植物中日漸消滅的種類，已說明天人之間並不那麼合一（任繼愈著，李申、李勁編，2010）。

佘正榮（2002）認爲「天人合一」的思想，顯然是在中華農業文明的起源和發展過程中逐漸產生的。「靠天吃飯」是在生產力發展水平較低和封閉的自然經濟基礎上，人們形成的一種生存價值觀。中國傳統的以「天人合一」爲特徵的整體論的思惟方式，並不完全符合今天所處的時代，這種在封閉的自然經濟基礎上產生的原始而素樸的和諧觀念。這種簡單的和諧觀念，不利於科學技術發展，也不能簡單地依靠它來引導人類與自然重新走向和睦相處的關係。哲學和科學的融合，需要努力以赴，否則兩種文化（Snow，1965）、三種文化（王加豐、宋嚴萍譯，2011）的爭論必將不休。

余英時（2003）提到他可以接受李約瑟認爲中國人把自然看作一種有機體，而不是一件機器的說法。他也認爲可以用「人與天地萬物爲一體」來概括中國人的基本態度。中國人認爲天地萬物都是依「氣」所化，在未分化前，同屬於「氣」。

國學大師錢穆先生最後遺稿中述及他對「天人合一」的體會，取材自《中國文化對人類未來可有的貢獻》，錢穆先生最後遺稿摘

要如後：

　　中國文化中，「天人合一」觀，雖是我早年已屢次講到，惟到最近始澈悟此一觀念實是整個中國傳統文化思想之歸宿處。中國文化過去最偉大的貢獻，在於對「天」、「人」關係的研究。中國人喜歡把「天」與「人」配合著講。我曾說「天人合一」論，是中國文化對人類最大的貢獻。中國人是把「天」與「人」和合起來看。中國人認爲「天命」就表露在「人生」上。離開「人生」，也就無從來講「天命」。離開「天命」，也就無從來講「人生」，所以中國古人認爲「人生」與「天命」最高貴最偉大處，便在能把他們兩者和合爲一。西方人喜歡把「天」與「人」離開分別來講。中國古代人，可稱爲抱有一種「天即是人，人即是天，一切人生盡是天命的天人合一觀。中國傳統文化精神，自古以來即能注意到不違背天，不違背自然，且又能與天命自然融合一體。

第四節　陰陽五行

　　戰國時代討論「天」最多的是陰陽家。西漢司馬談（司馬光的父親）《論六家要旨》，把陰陽家列爲首位。班固《漢書・藝文志》也說道：「陰陽家者流，蓋出於羲和之官，敬順昊天，曆象日月星辰，敬授民時，此其所長也，及拘者爲之，則牽於禁忌，泥於小數，舍人事而任鬼神。」羲和之官就是古代的天文學家（註：商、西周時代卜卦推測天意比較盛行），他們藉觀察天象變化，掌握與民生有關的氣節時令。陰陽家的思想源自上古的天文、術數，藉自然現象的變化與五行相生相勝的規律來預測人事的吉凶與

歷史的變遷。陰陽家雖於秦統一六國之後即告消失，但是盛行於戰國中後期的陰陽五行思想卻深刻的影響了秦漢時期思想的發展，並且也成爲漢代科學、哲學與宗教的基礎理論，進而又影響了整個中華文化的基本思惟。《論六家要旨》和《史記》所稱的陰陽家出於方士，善術數，知天文、曆譜、行、龜、雜占、形法等（劉歆《七略・術數略》；《漢書・藝文志》）。術數的本身是以迷信爲基礎的，但是也往往是古代科學的起源。

陰陽家的思想應該還是來自於巫術冥知鬼神以及卜筮推測吉凶的知識。古書中的記載可見於《尚書・甘誓》、《尚書・洪範》、《呂氏春秋》、《尚書・月令》、《易傳》等。《易傳》講陰陽；《洪範》、《月令》多講五行。《洪範・九疇》第一即是五行，包括水、火、木、金、土。五行又指五種動態的相互作用力，五行又叫五德。陰陽家把易傳和陰陽五行學說結合起來，成了陰陽家用來說明萬物形成和變化的重要根據。

《禮記・月令》是小型的曆書，告訴君民應當按月做什麼事，以便與自然力保持協調。陰陽家結合四季和五行形成的宇宙論不僅解釋自然現象，還進一步認爲這些現象與人類行爲密切連繫。所以《禮記・月令》做出規定，天子應當按月做哪些事，才能符合名義。如果天子在每月不按適合本月的方式行動，就會造成異常的自然現象。

戰國時代，提倡陰陽五行學說的主要代表人物是戰國末期的齊人鄒衍。他的方法是「必先驗小物，推而大之，至於無垠。」他認爲儒墨「不知道天地之弘大，也不懂得廣大光明之道。」他以五德轉移說解釋歷史變化（《史記・孟子荀卿列傳》），認爲朝代的順序和五行的自然順序也是一致的。

一、陰陽家的主要理論

「易經易傳道陰陽，洪範九疇言五行」，易經的陰陽學說解釋

了宇宙的起源，五行學說解釋了宇宙的結構，陰陽家試圖用數把五行與陰陽連結起來。一陰一陽之謂道，世界的形成和變化，歸根結柢是由自然界中陰陽兩種基本對立的勢力決定。自然界中陽性和陰性勢力的配合和相互作用是事物變化的普遍規律。

(一)八卦和五行

陰陽家另外利用八種不同的形卦，象徵八種不同的自然現象：天、地、雷、風、水、火、山、兌。這八種現象的相互作用，說明萬物的形成和變化。陰陽家認爲客觀世界是處在不斷變化和發展的過程中，往復循環是陰陽家認爲的事物運動和變化的基本規律。也就是說，否極泰來，物極必反。

陰陽家並不否定鬼神，但對鬼神的解釋卻具有泛神論的傾向。陰陽家認爲先有天地，然後才有萬物；有了男女，才有夫婦、父子、君臣等社會、人倫關係，最後才有禮義等社會道德規範。這些觀念實際上是認爲有了自然界之後，方有人類，才有社會生活；肯定了自然界是人類生活的基礎。

自然界是有秩序的，社會上貴賤尊卑的秩序就是效法天地和乾坤的秩序。「天尊地卑，乾坤定矣。卑高以陳，貴賤位矣。」社會現象既是受陰陽兩種勢力決定，因此社會的道德規範和個人的道德修養也都應效法天地和陰陽的性能。陰陽家認爲自然界的變化和人的社會生活也是互相影響的，人們的起居飲食和生產活動都因自然界的變化而有了規律，這些規則便形成月令。

陰陽家認爲，政府統治者應效法天，即利用自然界的法則來約束自己和管理人民。這種天人合一的學說，保留了自然具有道德屬性的看法。古代聖人觀察天地鳥獸等各種自然現象，從而制定了「八卦」，用來說明萬物的變化。聖人在制定卦象後，又依據卦的形象製造各種器具，這就是觀象制器的理論。

鄒衍認爲自然界中每類事物都有五種不同的面向，用五行代表

氣節、方位和顏色等差別，如：

木：東方，春季，青色
火：南方，夏季，赤色
金：西方，秋季，白色
水：北方，冬季，黑色
土：中央，黃色

　　鄒衍企圖利用自然界中五種不同的物質形態說明自然現象的種類和起源。五行是相互作用的，而且分成兩種形式，一是五行相生，一是五行相勝。鄒衍把五氣的性能稱為「五德」，認為當某一種「德」運作的時候，自然界時常出現與它相應的祥瑞現象。他提出「天地剖判以來，五德轉移，治各有宜」的學說，認為事物在發展過程中，每一階段都有必然性，是一種具有機械主義傾向的循環發現觀。他利用「五德轉移」的秩序，警告統治者的政治措施不要違背自然的長遠利益。依據這些觀點，陰陽家有時還肯定天是有意志的。

　　就學術方面來說，西漢儒學已經融入陰陽家思想，漢代大儒通經致用，他們卻把陰陽五行附會在春秋之中，例如董仲舒的《春秋繁露》，就主張天人感應。儒學走上陰陽五行化之後，災異、符瑞風氣盛行。此外，儒學陰陽化也促成了「讖緯」的出現。「讖」是預言，預測吉凶，「緯」是依託在經義上的，解釋經義之書，內容已趨荒誕，因而使中國自然科學及應用科學誤入歧途，得不到合理的發展。

　　兩漢時期，經由方士和儒生的鼓吹，陰陽五行、天人感應、災異祥瑞等更加盛行。東漢時代的讖緯符瑞，已經成為樣板一般。兩漢臣子常借災異作為向君主進諫、阻嚇君主妄為。漢文帝起，每逢有天災發生，皇帝都會下詔罪己。陰陽五行學說中，對四時所宜、

所忌的規定，對施政也產生影響。春時「盛德在木」，夏時「盛德在火」，春生夏長是陽氣開發的季節，王者應協助萬物生長，因此要鼓勵、協助農耕，增加收成，不宜殺戮。秋冬則可以實行種種兵刑措施、刑殺（例如「秋決」）及對軍事人才的選拔和訓練。兩漢以後，民間各種迷信習俗如神仙、相術等也多探陰陽家之言。直到近代，下層社會種種醫卜、星相都與陰陽有關，可知陰陽五行學說對社會風尚影響深遠。

　　兩漢儒者受陰陽五行學說影響很大，喜談災異，不談心性、成德（見《班固白虎通》）。這種趨向，使孔孟學說衰落近千年，直到宋、明理學興起，才得重振，但已改頭換面。

(二)讖緯之說

　　西漢董仲舒的《天人三策》包括下述概念：

> 「萬物非天不生」
> 「天以終歲之數成人之身」
> 「為人者天也」
> 「德侔天地者稱皇帝，天佑而子之，號稱天子」

　　他認為「天」能以禎祥、災異來示意於「天子」，「國家將有失道之政，而天乃先出於災害以譴告之。」把一切人間禍福與自然現象連繫起來，把自然宇宙作為操縱政治、操縱一切的至高無上的權威。

　　讖緯之說的中心是「天子受命於天，不可更易」。「在定義上講，『讖緯』之說的『讖』是神的預言，『緯』是相對於『經』而言。如以出現先後來說，『讖』先於『緯』。如從性質上說，『讖』與『緯』祇是異名實同。如從源流追溯：有『河洛』說；有孔子說；有鄒衍說；有漢成帝、哀帝說等。如果從歷史唯物論

和考古、自然的角度去探索，有三點值得注意。第一、上古的巫占─易─讖緯的發展脈絡和體系。第二、占卜辭、神話─易傳─《元命苞》、《易緯》等，成書的上下限關聯性。第三、『讖緯』與『宗教迷神』、『讖緯』與『自然科學』的關係等。如果認眞地研究『讖緯』，就不難發現其中包括有科學內容（李中華，2008）」。《易緯》就是『讖緯』之說的一種。

此外，漢代盛行「五行」之說。把「五行」處處連繫政治、政權，於是「明堂」、「封禪」、「郊祀」、「星象」、「災異」等說法，應運而生。這種讖緯迷信，也大大地影響了當時的學術界。

(三)風水

風水學本來是相地之術，古代稱堪輿術，是一種方法及原則，目的是用來選擇宮殿、村落的落腳處、墓地建設的方位等，即選擇合適地方的一門學問。主要理論建基在傳統的陰陽學說，並借用周易、道（主張形神合一，以神守形，以形養神）、釋（主張因果報應和輪迴思想）、巫（主張神靈對人運的影響）、占星（主張星宿對人的影響）等，促進了發展。太極圖出現以來，風水與術數、民間信仰等已密不可分。簡單來說，風水理論主要是以玄學的陰陽消長理論，配合天（宇宙、太陽等）與地（地球、地理環境）；以及人（人之居所、所卜葬之地）與時（天地之元運盛衰、萬物之生老病死）等形成的。後來被方士生硬地配上五行、干支、術數等，形成了祈求達致好運的一門民間信仰。熟悉的風水用詞如左青龍、右白虎、前朱雀、後玄武。

(四)《黃帝內經》

《黃帝內經》成書於戰國到西漢前期，當時儒家關切的主題由心性論轉移爲「天人相應」的問題，道家的主張也轉移爲黃老學說的型態。在天人感應思惟的基礎上，確立「人與天地相參，與日月

相應」的哲學思惟。《黃帝內經》更進一步肯定「氣」是萬物本源的觀點，認為宇宙中的事物都由氣生化而成。《黃帝內經》把人體和自然視為一體，代表有機整體的天人觀（李韶堯，2007）。

二、從自然崇拜到《周易》系統

從理論上來講，遠古自然文化思想是一種原始思惟（或稱野性思惟、非理性思惟），是人類未歷經個體化進程前的一種無意識的、未分化的、朦朧的集體表象或意象，尚不存在理性邏輯或抽象邏輯（余國瑞主編，2019）。代表原始思惟階段的是巫術、宗教儀式、習俗等，具有鮮明的自在性和自發性，支配著原始人的行為。這個時期，沒不什麼道理可講，信仰為重。

人類的原始思惟經歷了行為思惟、形象（巫術、圖騰、神話）思惟、抽象（邏輯）思惟的發展過程。神話的內容常是解釋自然現象和征服自然的願望。較晚期的原始抽象（邏輯）思惟是以理性的形式來把握事物的。在抽象（邏輯）思惟的階段，人類開始使用語言和工具。

原始思惟的這種表象的、感性的、直覺的特徵，使得在這個由原始思惟創造的神話世界中，主體與客體、精神與物質、形象與理念、人類與自然都渾然不分，甚至人與動物和植物、有生物和無生物之間也還沒有明確的分界線（余國瑞，2004；2019）。何星亮（2008）認為自然崇拜體系包括三個系統：信仰（衍生神和精靈）、社會（儀式和制度）和藝術（神話和各類自然神靈雕塑、繪畫和祭祀舞蹈）。自然崇拜的內容包括自然神觀念、形象、名稱、祭祀場所、祭祀儀式、禁忌、神話等。祂的核心要素是自然神和自然精靈，生存在農業社會的古代中國人向祂祈求風調雨順。

(一)自然崇拜

有的學者認為自然崇拜就是最早的宗教形式，也有人認為在

更早的時代已經有了圖騰崇拜和巫術。農耕社會下，人類對自然無能為力，因此圖騰被神化，興起了自然崇拜。先民開始祭祀、崇拜神靈。

神話是萬物有靈信念的反映。對所有自然物的崇拜，產生了自然神。自然神又走向人格神。在神話世界中，是人的自然化，也是自然的人化。「神」是天人之際的中介物。

中國文化傳統長於聯想、類推、直覺判斷和辯證思惟，趨向整體性思惟，形成了推重意象的特點。中國的語言也是以表意文字為代碼。因此，中國主要傳統宗教如佛、道、民間祠祭與儒教等，都發展了許多象徵文化圖志，可分為神靈形象、神怪境像、建築、禮儀、器物等（居閱時、高福進，2010）。

(二)圖騰崇拜

圖騰崇拜是原始思惟的表現。天人合一思想的源頭也應該是中國遠古的圖騰崇拜和神靈崇拜。遠古的天人合一觀念可能是從天人感應延伸成為圖騰、神靈崇拜；禮樂則源於圖騰和神靈崇拜。當時的天人合一觀其實是一種信念，信念的基礎是崇拜，以實用目標為基礎。後世的天人合一觀則是建立在以人道為中心，以天道為基礎之上的。

三皇五帝時代圖騰文化形式多樣，內容豐富。伏羲、女媧、炎帝、神農、軒轅……堯、舜、禹到三代（夏、商、周），中國圖騰文化從部落圖騰到圖騰神，從圖騰器皿到圖騰服飾，再到圖騰建築等，源遠流長，一脈相承（夏：二里頭遺址、三星堆遺址；商：殷墟銅器）。從動物圖騰到龍鳳圖騰、麒麟。三星堆銅器及殷商銅器，發展出只存在於圖騰中，而不存在於自然界的虛擬生物。在中國遠古的神話中，幾乎所有的神靈全是半人半獸的怪物。圖騰代表自家的、親切的、歸屬的，是保護神（居閱時、高福進，2010）。百年前，臺灣南部排灣族原住民傳統家居門口也常立有

圖騰柱。

(三)神話崇拜

　　古代中國神話的基本來源就是《山海經》，其中最著名的包括夸父追日、女媧補天、后羿射九日、黃帝大戰蚩尤、共工怒觸不周山引發大洪水、以及大禹治水成功的故事。中國古書上記載的「盤古開天地」，提到宇宙形成之前的狀態叫做「混沌」（潘明茲，1997）。「混沌」的形狀像一顆被孵的雞蛋，當時機成熟之時，蛋殼破裂，便生出了「盤古」。這顆蛋又分裂成「混濁」與「清純」兩部分，「混濁」部分形成了「地」，「清純」部分形成「天」，盤古就在這天地之間生長。之後的每天，「天」都會向上長高一丈，「地」則向下增厚一丈，「盤古」也同時長高一丈。如此經過了一萬八千年，「天」已經非常高，「地」也非常厚，天與地之間的距離極遠，空間的範圍也極大。於是宇宙形成了。盤古不僅打開了宇宙，死後更把自己奉獻給新生的世界。

　　　天地渾沌如雞子，盤古生其中。萬八千歲，天地開闢，陽清為天，陰濁為地。盤古在其中，一日九變，神於天，聖於地。天日高一丈，地日厚一丈，盤古日長一丈。如此萬八千歲，天數極高，地數極深，盤古極長。後乃有三皇。《藝文類聚卷一引（三王曆紀）》

　　　首生盤古，垂死化身。氣成風雲，聲為雷霆，左眼為日，右眼為月，四肢五體為四極五嶽，血液為江河，筋脈為地理，肌膚為田土，髮髭為星辰，皮毛為草木，齒骨為金石，精髓為珠玉，汗流為雨澤，身之諸蟲，因風所感，化為黎甿。《繹史卷一引（五運歷年紀）》

(四)巫術崇拜

古代天文、星占學家正是上古「巫」的遺裔。星占學的要義在通天。古時天子觀天的高臺被稱爲靈臺，周文王時即有築靈臺的記錄。靈臺是通天巫的祭壇，由通天而獲得的政治權力是獨占的。因此古代中國嚴禁民間私藏私習天文、星占、曆法。

一般來說，巫是人類社會專事巫術，以祈禱、降神、感應等神祕行爲爲人驅災、求吉、治病、表達心願，並且爲自己營生的人。甲骨文時代的巫，是男巫女巫的通稱，後世女巫才稱爲巫，男巫叫覡。《說文》中對巫的解釋是「女能事無形以舞降神者」，據說他們能使鬼神附體，或用其他方式見到鬼神，總之他們具有與鬼神溝通的功力。

巫文化是上古時期人類在繁衍生息、推進社會發展中創造的一種適應自然、改造自然的原始文化。它也是人們崇拜萬物有靈時期的文化的通稱。巫文化融會了天文地理、人文數理、醫卜星相、五行八卦、祭禮娛樂的總和，它詮釋了中國傳統的道、哲、理、文、聯姻，並滲透影響了陰陽學說、老莊思想、屈原詩歌、孔子的仁義。它構成了華夏民族多元文化的重要組成部分。

巫溪寧廠古鎮寶源山誕生了神祕悠遠的巴文化的母文化——巫文化（鹽文化、藥文化）。在唐堯時期，這裡就建立了巫咸國，形成了巫文化在三峽地區（大巫山地區）的起源。據《山海經·大荒西經》記載，「有靈山，巫鹹、巫即、巫盼、巫彭、巫姑、巫眞、吳禮、巫抵、巫謝、巫羅十巫，從此升降，百藥爰在」，郭璞《巫鹹山賦》更記載了「巫鹹以鴻術爲帝堯醫師，生爲上公，死爲貴神，封於是山，因以爲名」。巫文化與楚文化等融合產生了一度繁榮的巴文化，孕育了「記神事之書」《山海經》、偉大的文學開篇巨著《詩經》、巫歌《楚辭》，並在天文、文學、文字、藝術、醫學、地理等方面取得豐碩成果。

巫也治病，那時得病以爲是中了邪，就找巫來驅邪，用唱歌跳

舞或口中唸唸有詞及其他奇怪的身體動作來行使法術；有時也給病人吃點藥物。巫在表現鬼神附體或作法前，自己也常要吃某些藥以求得興奮，因為他得表現出與平時不同的通靈癲狂狀態。這些藥是他們一代一代靠經驗積累起來的，只有他們才擁有、才敢用。

儒家興起並成為正統後，由於「子不語怪力亂神」，巫的社會地位變得低下。加上歷代都有巫（這時一般是女性了）出入宮廷，勾結權貴，介入宮廷權力爭鬥，或有野心家用巫術來蠱惑人心，製造社會動亂，因而受到壓抑，於是以巫為職業的人就少了。但從人的思想與行為來看，巫風實在未減，而且已滲進人們的日常生活。最普通的，像家家都有黃曆，裡面說明什麼時候出門、嫁娶、動土才吉利等內容。社會上依然流行的扶乩、請神、看相算命、叫魂等等活動，也都是傳承下來的巫風。今日，巫文化也已和地方信仰結合，融入慶典（如乩童），普遍出現在鄉村以及都市的某些地方，至今盛行不衰。

㈤ 《周易》

《周易》來自文王，是天人合一思想的代表。易的核心思想是自然界的一切事物都處在矛盾運動之中，並在陰和陽的相互作用中向前發展。易的涵義有變易、簡易、不易；窮則變，變則通，通則久。易學象數思惟模式有下列特性：取象比類、陰陽對稱、剛柔調和、整體思惟、強調序列、注重節律等。太極八卦圖說明自然界的矛盾觀、發展觀、內外因結合的動力觀、無終極論和循環論、形象思惟與邏輯思惟的統一等。除了《易經》外，另有《易傳》，《易傳》又包括《繫辭》等。延伸的著作還有漢代結合讖緯之說的《易緯乾鑿度》等。

《周易》的「經」與「傳（十翼）」中，「天」字共出現212次，其中「經」出現八次，其寓含的「天」具有兩種意義：主宰天及物質天。《周易》從「經」到「傳」，對「天」的解釋意涵是從

具有人格意識的主宰天、自然現象的物質天，轉化形成寓含形上本體意義的義理天。《周易》說：「乾元用九，乃見天則」。應天、順天、觀天、樂天，就可以符合天則。易經中存在著關於宇宙永恆的循環節律和陰陽動態平衡的思想（陳福濱主編，2007）。

《周易》中的自然思想

周易中的自然思想重點試摘要如下：

1. 萬物之源歸結為陰陽的相互作用、提出「剛柔相推，變在其中」的觀點。
2. 取八種自然物，天、地、雷、風、水、火、山、澤作八卦，即乾、坤、震、巽、坎、離、艮、兌，抽象的代表自然界的根源。
3. 變易思想：物極必反、否極泰來、變化發展的觀念。
4. 矛盾對立和轉化的觀念：明－暗、枯－榮、夫－妻……。
5. 生生不息。

《易經》的原文只包括六十四卦的卦辭和爻辭。《易傳》即《十翼》，是《易經》解說文的彙編。《易經·繫辭上傳》

太極圖

《八卦》

乾──天

坤──地

震──雷

巽──風

坎──水

離──火

艮──山

兌──澤

第五節　氣的研究

中國人依據道家的學說，受到莊子的《逍遙遊》和宣夜說的影響，常用的句子當中帶有「氣」字，例如天氣、脾氣、吹氣、呼

氣、神氣、陰氣、邪氣、濕氣、揚眉吐氣、胃脹氣、氣質、氣節、氣度、風氣、氣氛、氣質、氣勢、氣象、文氣、勇氣、氣功、氣氛、氣候、氣勢、氣息、氣憤、氣溫、氣體、氣功、氣味、氣餒、氣焰、氣派、氣結、氣急敗壞、氣魄、氣慨、氣盛、氣虛、氣數、氣宇、氣流……。氣在中華文化之中，是無所不在的，也就是說，氣是萬物之源。以下以節氣與律曆、氣與音律、文氣、氣與人品、繪畫與氣、氣與醫學，進行說明。

一、節氣與律曆

「節氣與律曆」的關係，可以見於《禮記・月令》、荀子《天論》、屈原《天問》、《管子・四時篇》、《呂氏春秋・十二紀》等篇章。古人自然智慧的結晶，就是至今盛行的二十四節氣。其他常識，例如風是氣的一種表現方式，而刮什麼風則和季節有關係等。歷代的曆法也是在這個基礎上建立的。

二、氣與音律

管樂器要用氣來吹，十二律是根據管的不同長度定出來的。今日所說的音頻高低跟管樂器發音孔的長短，直接發生關係，唱歌也講究氣足。腹式呼吸和控制橫隔膜上下運動，都是用氣，也就是發音的訓練過程。

三、文氣

「氣居萬有之首」，乃是中華文化、文藝的核心特色，沒有氣，一切都了無生機。中國書法、繪畫、建築等人為的作品，都要求有「氣」。中國傳統美學的最大特點，就是將文藝品當作活的有機體來看待。天人合一的思想，也就蘊涵在這裡面的。

「宇宙賦氣而生人，人又賦氣而生文」；「氣」使「文章」擁有生命力。任何事物，只要注入「氣」，就擁有了生命力。字畫、詩詞、文藝作品、山水等，都需要賦「氣」。大自然更是氣的產

物。人能感受自然風景的「氣」，才能發現另一種生命力的美。

曹丕（187-226年）在《典論‧論文》中，探討文學的價值與作用、文章的體裁，以及特徵（八種文體：奏、議、書、論、銘、誄、詩、賦；四種不同特點和要求：雅、理、實、麗）。《典論‧論文》中思考了作家的氣質、才性、作品的風格的關係（「文以氣爲主，氣之清濁有體，不可力強而致」），以及文學批評的態度問題等。曹丕另外指出，作家的氣質才性和作品的風格等，都涉及氣的概念。

四、氣與人品

中國文人講究氣質、氣度、氣象⋯⋯。孟子說：「夫志，氣之帥也」（《論語‧先進》）。

漢末，品評人物的風氣已經形成。《典論‧論文》提出文氣說，指出「文以氣爲主，氣之清濁有體，不可力強而致。」曹丕說的氣，是指作者的才性，包括天性、氣質、才能等，這些才是決定文章風格的關鍵因素。「才氣」之外，另有「辭氣」，也就是文章風格。六朝劉勰的《文心雕龍》有風骨一詞。氣質好就是有風度、風骨，如清新、不群、俊逸、飄逸等。氣質還有虛實之說。氣也可以說成「風趣」，另外如：情韻連綿、風趣巧拔；氣也可以是風流，「風者氣之流動而成者也。風即言氣，氣可稱風，二者一也。風流一語實指氣韻之表現也。」宋代文學家蘇東坡有「八風吹不動，一屁過江來」的故事，八風指經常影響我們心境的誘惑，也就是譏、毀、譽、利、衰、苦、樂等心境和外境的呈現。

五、繪畫與氣

南北朝時代謝赫《畫品》的「六法」指出氣韻第一，用筆第二，象形第三，賦彩第四，位置布局第五，傳摹題材第六。他認爲風、骨（氣韻生動、骨法用筆）者六法之首二目也，是最重要的藝術評價準則。他指出「氣韻無形之精靈，用筆有跡之體段，兩者表

裡依輔，合為一全。風骨，一虛一實，一陽一陰，一動一靜，一行一止，一剛一柔，一清一濁，一浮一沉，萬變不離其宗。」

六、氣與醫學

《莊子・知北遊》中說道：「人之生也，氣之聚也，聚則為生，散則為死」。《管子・內業》、《荀子・王制》都有以「氣」為萬物生成材料的思想。如果與亞里斯多德的四因說來比較，中國的「氣」的學說，兼具了質料因和動力因兩者（註：亞里斯多德用「四因說」，解釋自然界萬物的存在與變化，即質料因、形式因、動力因、目的因）。

回顧中國古代人論述的「氣」，可以發現「氣」乃是整個中國傳統文化的靈魂、整個中國傳統自然觀的基礎和核心。另外一個字「象」，乃是「氣」機能的外顯狀態。人體內的「氣」表現在外就是「象」（註：例如氣色、脈象）。這些先秦諸子百家學說中的自然哲學思想，形成中醫學建構理論體系的基石。後人常用「氣」的異常變化，解釋疾病的發生。今人在接觸傳統中國醫學「望聞問切」的診斷和治療中，可以清楚的觀察到中西醫學的差異。

中國醫學也講究「和」，指自然界和人體的陰陽、五行都按照固有的規則運動。「和」是中醫學在治療上追求的最高目標。中醫認為自然界具有相反、相對的運動趨向—即陰陽，它們是指性質相反的兩種氣。陰陽是自然界自由運行的普遍規律。

中國醫學又常說，形為神之體，神為形之用。這裡的形、神是指肉體與精神，形神的關係，是指物質與運動的關係、機體與機能、肉體與精神的關係。神，氣也；象則是氣機能的外顯狀態。體內之氣表現在外就是象（註：例如脈象），象反應了體內氣機能狀態。因此觀象，能知氣是否出了差錯。醫家正是借助「取象」與「觀象」，運用象數之理，完成人的生命系統的陰陽五行和藏象經絡理論的構建，並實現臨床的辯證論治。

《黃帝內經》和氣的學說

　　近年來，因《黃帝內經》而衍生出的保健書籍，頻頻出現在市面上。其實，《黃帝內經》是我國現存最早的一部比較系統的醫學著作，首見於東漢班固的《漢書‧藝文志》。書中記載的內容，可說是具有代表性的中國傳統醫療智慧，書中訴說應是春秋戰國至西漢末期醫學理論與治療的經驗。

　　《左傳‧昭西元年》記載秦名醫「醫和」給晉侯診病，認為晉侯之疾「非鬼非食」，而是由於生活荒淫、縱欲過度造成的；疾病的發生是因為六「氣」失序而導致。「黃帝內經」認為「拘於鬼神者，不可與言至德」。自此之後，以「氣」的異常變化，解釋疾病發生的觀點，取代了鬼神致病觀。

　　氣的一元論思想建構了以人的生命活動為中心的天人合一整體醫學宇宙觀。「人以天地之氣生，四時之法成」，萬物與人皆由氣所化生，即所謂「在天為氣，在地成形，形氣相感而化生萬物矣。」人體與自然以氣為中介，形成了一個天人合一的系統整體，五臟六腑、十二經脈的協調配合，也是以氣為原動力。天氣形成了寒熱溫涼四氣，地氣形成了酸苦甘辛鹹五味，百病皆生於氣。中國哲學中的氣、陰陽、五行、天人、形神、動靜、時、中和、象數等是《黃帝內經》理論體系的基本依據，另外，道、玄、太虛、變化、有無、同異等，也是《黃帝內經》中，經常出現的重要自然哲學範疇。

　　該書由「素問」八十一篇及「靈樞」八十一篇兩部分組成。《靈樞‧天年》描述了人體生理發展變化的過程，指出人體生理功能、節律隨著天地自然四時變化而改變。該書說個體生命歷程決定於「氣」的盛衰，氣具有生命本質的涵義，氣是生命的原動力，甚至就是生命。

　　在姚春鵬著的《黃帝內經─氣觀念下的天人醫學》一書中（姚春鵬，2008），李中華序文指出，「黃帝內經」最大的特點是它擺脫了中國早期宗教或神學巫術的束縛，為醫學的獨立開闢了道路。同時，出現以氣、陰陽、五行為核心的醫學解釋系統，也體現了人類思惟在認識自我的歷史進程中所達到的理性思惟水平。」「黃帝內經」的醫學原理是以人的活體功能為基礎，以藏象學（五臟六腑及其與體表徵狀的關係）以及與全身所形成的一個完整、有機、有

序的「經絡系統」為主要依據的。《黃帝內經》把天、地、人看作是一個不可分割的有機整體。《黃帝內經—氣觀念下的天人醫學》一書中，劉長林的序文中指出，天人醫學核心理論和實在依據是「氣」，氣論是中國古代的一種自然觀。「氣」屬於物質，但它無形。氣的內在本性是運動和機能。「氣」發揮功能的極致表現為「神」。「神」、「氣」是在時間延續中展開的活動過程（姚春鵬，2008）。

　　劉長林在《黃帝內經—氣觀念下的天人醫學》的序文中也指出，中國古代國學中並沒有實證、求真，以及解剖方法的科學，中國傳統哲學中也就沒有西方式的認識論。中國科學的思惟方式與西方科學的思惟方式根本不同，中國傳統哲學有自己的一套方法和路數。東方「氣」思惟下，獲得的乃是時間過程中整體變化的本質和規律。因此由古代自然哲學導引出來的醫學，完全是循著中國古代自創的路子，以西學為標尺來衡量中國古代醫學是不恰當的（姚春鵬，2008）。

七、氣的一元論

　　承上所述，孟子重視氣，他說「吾知言，吾善養吾浩然之氣」；他說的氣是志氣、士氣、勇氣的氣。「其爲氣也，至大至剛，以直養而無害，則塞於天地之間。其爲氣也，配義與道；無是，餒也。」宋明理學更掀起了氣、理、心、性等的熱烈爭辯。宋代張載（1020-1077年）的《宇宙發生論》，強調「氣」的觀念。張載認爲一切存在的個體物都是由「氣」造成的。易傳中的太極就是「氣」。「氣」永遠在聚散，氣聚就形成具體的萬物，散就是萬物的消亡。由於宇宙萬物都是一氣，所以人與其他的物，都是統一身軀的一部分（見《張子全書・正蒙西銘》）。

　　朱熹（1130-1200年）對「性」與「氣」的存在屬性，進行了形而上與形而下的範疇區分。「天地之間，有理有氣。理也者，形而上之道也，生物之本也。氣也者，形而下之器也，生物之具也。是以，人物之生，必稟此理，然後有性；必稟此氣，然後有形。其

性其形，雖不外乎一身，然道器之間分際甚明，不可亂也。」「天命之謂性」，「命，猶令也。性即理也」。「天以陰陽五行化生萬物，氣以成形而理亦賦焉，猶命令也。」「凡人之能言語、動作、思慮營爲皆氣也，而理存焉。」「理與氣合，便能知覺」，「蓋知覺運動者，形氣之所爲。仁義禮智者，天命之所賦。」「形氣」指人得之於陰陽氣性所轉化出來的感官及其機能、屬性所構成的自然生命之本性。有別於「生生之理」與「好生之大德」以及「仁義禮智信」等先驗的道德性命之「理」。

王廷相（1474-1544年）繼承和發展了張載的「氣」一元論，認爲元氣之所以能產生萬物，在於陰陽二氣的相互感應，這是「實體」之物。自然、社會、人生的各種規律和道理，都是隨元氣而具有《王氏家藏集》。王廷相認爲「天地未生只有元氣，元氣具造化人物之道理即此而在，故元氣之上，無物、無道、無理」（《雅述》）。王廷相又認爲「性之有無，緣於氣之聚散」，沒有離「氣」而獨立的「性」，對宋儒採取了二分法進行「性」區分爲先天「本然之性」，以及後天「氣質之性」，提出了修正。

王夫之（1619-1692年）的根本思想是「天人合一，生生不息」。他是張載氣學的繼承人，被視爲樸素唯物主義的集大成者。他認爲「氣」作爲物質力，是意味著構成事物的一般質料，但「氣」作爲具體事物，則意味著特殊的和有形的客體或規則。氣的說法至今依然盛行，主導了中國人各方面的思想和行爲。在楊儒賓、祝平次（2005）編的《儒學的氣論與工夫論》中，明確的指出，自從孟子以來，練「氣」、養「氣」，一直是儒家學者自我修養的基本功夫。宋明以來，儒者善於打坐練氣，善於「養吾浩然之氣」。近期新儒家學者也是堅持理念的族群，莫非也是有「氣」。

從以上的論述中，可知古代中國人論述的氣，是介於抽象概念與實體物質之間的東西，無形但又確實存在。傳統中國自然思想中，並沒有針對氫、氧、二氧化碳，以及氮等化學物質的了解。在

自然被哲學化的古代中國，西方科技的內容是不存在的。氣由什麼組成是沒有人討論的。

小結

　　中國的自然論，並不講求「人本主義」，儒家卻是講「人本主義」的代表，道家則以自然為「本」，很少談到「人本」。中華文化發源於農耕社會，因而導出古代的人地關係，祈求天人合一的境界，是文化系統逐漸發展演化的結果。中國古代政治體制有家天下的性質，結合天人合一的思想和家天下的政治體制，限制了文化系統的發展途徑，使中國人失去了西方類型的科學發展，因而「自然」很早就被人「賦予文化的意涵」了，而且融入了文學、藝術、哲學中。這種發展軌跡阻礙了中國人對客觀世界的好奇和探索，經過世世代代累積，文化和社會場域影響了中國人的習性（habitus），在思惟和行為裡是不重視「自然」的。

　　此外，古代耕讀傳家的文化傳統以及科舉制度備考過程嚴重產生了偏差，古代科舉制對中國人思惟與行為發展的侷限，嚴重扭曲，正像清代婦人被迫纏腳一般，不幸極了。

　　西方的理性思惟，是指在解決問題和做出判斷時使用推理和邏輯，技巧如：比較與對比、應用概念、理解圖表、因果推斷、歸納、做出判斷、解決問題。資訊處理的實用工具，包括柱形圖（column chart）、概念圖（concept map）、比較／對比表（comparison/contrast table）、循環圖（cycle diagram）、扇形圖（fan chart）、流程圖（flowchart）、折線圖（line chart）、心智圖（mind map），以及記錄表（record table）等。這些現代科學思惟和科學方法，是西方啟蒙時代以後才彙集形成體系的。中國古代欠缺了這種「方法」的發展歷程，因此沒有形成類似西方科學研究發展的場景。

正如佘正榮（2002）所說：中國的天人合一傳統有著缺陷，如過分強調人與自然和諧的一面，有忽視人與自然的衝突一面；過分強調價值理性而忽視工具理性，過分強調人的內修內證的精神體驗，忽視人類在物質實踐中，對於生態環境的現實關切和具體保護；尤其是在缺乏科學的生態知識情況之下，一方面將人類與自然的相互作用擬人化，導致天人感應等迷信學說，以及民間迷信活動的大肆氾濫，另一方面又過分地因任自然，被動消極地順隨自然的變化，這都是導致環境倫理的「異化」和「消極化」。

關 鍵 字 詞

習性（habitus）
柱形圖（column chart）
概念圖（concept map）
比較／對比表（comparison/
　　contrast table）
循環圖（cycle diagram）

扇形圖（fan chart）
流程圖（flowchart）
折線圖（line chart）
心智圖（mind map）
記錄表（record table）

第四章

傳統的文藝和園林

　　文學之事，其內足以攄己而外足以感人者，意與境二者而已。上焉者意與境渾，其次或以境勝，或以意勝。苟缺其一，不足以言文學。

學習焦點

　　本章採取旁徵博引的方式，建構了古代的自然文學、古代的自然美學，園林環境的自然思惟，並且以委婉的說法，希冀建構文藝百工的社會復興。從古代的自然文學，從對於「自然」的歌詠和繪畫之中，文字和藝術的美學講求的是人類與自然和諧之美（致中和）以及氣韻生動的生命之美，追求意境已經成為文藝和美學的範型，真實的「自然」現象是不重要的。在文學家和藝術家的眼中，以傳統繪畫進行西式繪畫的水墨、潑彩，以及墨彩的復興，都是可以參照的一種方式。從文學、藝術、建築、園林環境的自然思惟發展，立基永續發展。因此，從中國人自然環境思想發展的脈絡來看，今後亟待建立共同需要的新時代永續發展的環境倫理和自然環境思想，本節探討文藝百工和園林的社會學和心理學上的應用，已經向下扎根，向上發展新世紀的人類文明。

第一節　古代的自然文學

　　文學作品中經常使用自然題材，從中可以看出古代中國人對自然的態度。除了文學作品之外，本章也討論中國文學批評文獻中揭示的中國傳統自然思想。「文學批評是指對文學作品優劣得失的價

值判斷，以促進讀者對作品的理解力，並激發其欣賞力的活動。」文學批評的內容包括文章的社會價值，以及題材和形式上的問題。由於受到批評人的時代政治和個人角度影響，常常帶有意識型態。這是傳統詮釋學和哲學詮釋學討論的範疇。因此，不同時代、不同作者對同一文學作品的批評，常常是大異其趣的。中國傳統文學批評出現兩條明顯的途徑，其一是從社會道德取向的，其二則是審美取向的，無形中符合了儒家和道家思想的脈絡。由於文學批評不直接涉及文字內容，因此從中捕捉自然思想是困難的。本章嘗試以適時列舉例子的方式，將文學作品中的自然（指大自然現象）成分揭露出來，並討論在自然思想方面的意涵（王鑫、劉禹詩、劉昌武、許玲玉，2011）。

李建中（2009）指出：中國文學批評一開始就寄生於文化文本之中。而且中國的文學批評並不是專業行為，反而常是士大夫風雅之事，批評家就是作家，更可能也是官宦。他指出：儒家文化主張文以載道，對中國文學批評的影響可概括為三大方面，即人格主義、功利主義，以及經學中心。道家文化主張自然無為，對中國文學批評的影響主要有三大方面，即虛靜其心、法天貴真、言外之意。佛教文化的影響，發生在南北朝以後，隋唐時代達到高峰。佛家文化中，對中國文學批評影響最大的是禪宗，主要在三方面，即吾性本真、熟參妙悟、境界至上。簡單的說，儒家強調歷史的真實、道家注重自然的真實、佛家強調心靈的真實。

一、春秋戰國時代

先秦時代還沒有出現系統性的文學批評。當時的「文」是指文化學術、典章制度、道德修養等各方面的內容，泛指脫離「野」的思想和行為。

自西周到東周，流傳的詩歌匯集成今日的「詩經」，風、雅、頌分別代表民間歌謠、知識分子之間的知識交流以及祝禱、歌頌之

詞，也就是不同社會階層的文學作品。風、雅、頌的內容包括神話、史詩、歷史事件以及民情風俗。

依據《尚書‧堯典》的記載，「詩言志，歌咏言，聲依咏，律和聲，八音克諧，無相奪倫，神人以和（志：心之所之也）」。此外，戰國時代《左傳‧襄公二十九年》吳國公子季扎到魯國訪問時觀樂，他在當時評論的標準即是「美與德」，也就是「教化」和「抒情」。這兩個方向即成為古代文人主要的撰文目的一贊美和諷刺一美刺說。戰國時代，屈原留下的《離騷》被認為是中國式的浪漫主義文學，主要寫作目的屬於抒情、諷刺。周禮提出的「六藝」，指風、雅、頌、賦、比、興（朱熹注：賦者，敷陳其事而直言之者也。比者，以彼物比此物也（打比方）。興者，先言他物以引起聯想（浪漫文學的泉源））。中國傳統文學擅用的表現手法確實是「比興」、「風雅」等方式（周先慎，2003）。

詩經的《風、雅、頌》中，《風》充滿了人民與大自然花草蟲獸交織的生活場景，一幅幅天人合一的景象，呈現在歌謠中。以文化大學景觀系教授潘富俊編撰的《詩經中的植物》為例，即可見到古人對辨識植物方面的了解程度。《雅》，則是士大夫筆下歷史與上流社會的生活寫照。在《雅》中，即使是地震也記錄下來。《頌》裡，則是宗廟祭祀的樂歌。舉例如下：

《詩經‧衛風‧木瓜》
投我以木瓜，報之以瓊琚，
匪報也，永以為好也。

《詩經‧小雅‧采薇》
昔我往矣，楊柳依依，今我來思，雨雪霏霏。
行道遲遲，載飢載渴，我心傷悲，莫知我哀。

《毛詩・小雅・十月之交》

燁燁震電，不寧不令。百川沸騰，山冢崒崩
高岸爲谷，深谷爲陵。哀今之人，胡憯莫懲！[1]

老子講求虛靜無爲，莊子倡導美在自然，說人籟、地籟、天籟。孔子開啓的儒學確實是重教化功能的，「志於道，據於德，依於仁，遊於藝」。其中，道是本體，其他是方法，而且涉及認識論和方法論。孔子留下的名言如：

不學詩，無以言

小子何莫學乎詩？詩可以興，可以觀，可以群，可以怨；邇之事父，遠之事君；多識於鳥獸草木之名。

（《論語・陽貨》）

興於詩，立於禮，成於樂。　（《論語・泰伯》）

詩三百，一言以蔽之，曰「思無邪」。（《論語・爲政》）

質勝文則野，文勝質則史，文質彬彬，然後君子

（《論語・雍也》）

不過，儒家講究「學而優則仕」，入世的精神是自始皆然。今文學者尤其認同「斷章取義」，重引申與活用，不重原意等，也就成爲「以教化爲導向的學習」中的習慣行爲（比較接近哲學詮釋學的說法）。

環境倫理──古今環境思想與〈自然之道〉

128

1　語譯：大地震時，雷電交加，令人不安。河水不斷暴漲，山頂突然崩塌。高山變成深谷，深谷變成高山，這時受災的人，不知何時脫難！

孟子留下的名言如：「故說詩者，不以文害辭，不以辭害志；以意逆（探求）志，是爲得之。」孟子又提出「知人論世」的方法，認爲要先了解說者、撰文者的個人和時代背景，才能充分掌握他的文意。這和傳統詮釋學的說法是一致的。孟子又講「養氣」，連接了個人修養和氣勢的面向。

到了荀子，提出：「聖人也者，道之管也。天下之道管是矣，百王之道一是矣，故詩書禮樂之道歸是矣。」這就建立了兩千多年來，聖人是正統的文學觀（《荀子·儒效篇》）。

法家重功利，又用「法」代表聖人的地位，於是給了「法」的定位。這或許是法家講究「法、勢、術」的時候，法在先的緣故。

墨子代表的社會族群是工農階級，因而言論中貶低文學，認爲這檔子事是有錢、有閒的人的消遣事兒，毫無意義。因此寫下「非樂」。這是擺脫劃分等級的禮樂束縛，廢除繁瑣奢靡的編鐘製造和演奏。因爲古代音樂費時耗事，花費甚大，且無生產行爲，乃無用之事。他的「言有三表」更說明只有功利導向的文章，他才認爲有意義。所謂「三表」，就是言論的三條標準或原則；即有歷史根據的、以眾人耳聞目見的客觀情況作根據的，並且有實際用處的。

> 何謂三表？子墨子言曰：有本之者，有原之者，有用之者。於何本之？上本之於古者聖王之事；於何原之？下原察百姓耳目之實；於何用之？廢以爲刑政，觀其中國家百姓人民之利。此所謂言有三表也。[2]

> （《墨子·非命》上）

2　語譯：什麼是三條標準呢？墨子說：「有本原的，有推究的，有實踐的。」如何考察本原？要向上本原於古時聖王事跡。如何推究呢？要向下考察百姓的日常事實。如何實踐呢？將用作刑法政令，從中看看國家百姓人民的利益。這就是言論有三條標準的說法。

《楚辭》收錄戰國時期南方的民歌、上古神話、傳說等。以屈原著作的《離騷》、《九歌》、《天問》等爲代表。屈原的《天問》專門討論大自然，已在本書第三章〈傳統的自然之道〉討論過。本章僅列舉屈原著《離騷》中的《山鬼》（取自《離騷·九歌》）爲例。

《山鬼》

若有人兮山之阿，被薛荔兮帶女蘿。

既含睇兮又宜笑，子慕予兮善窈窕……

二、漢代

漢初是太平盛世。人民安居樂業，朝廷無大事，因此發展出上層社會的特殊文學藝術。「漢賦」承繼詩經、楚辭，成爲朝廷文學的代表。漢賦在主題內容上有相當的侷限性，在修辭用字上則力求華麗、誇大的刻意描寫，開創了唯美文學。漢賦中常見誇大的園林山水描寫，例如司馬相如（西元前179-117年）的《上林賦》，描寫天子遊獵場所「上林苑」的場景，就有「吹嘘」的感覺。

司馬相如《上林賦》

且夫齊楚之事又烏足道乎？君未睹夫巨麗也，獨不聞天子之上林乎？左蒼梧，右西極，丹水更其南，紫淵徑其北。終始灞滻，出入涇渭，酆鎬潦潏，紆餘委蛇，經營乎其內。蕩蕩乎八川分流，相背而異態。東西南北，馳騖往來。出乎椒丘之闕，行乎洲淤之浦，經乎桂林之中，過乎泱漭之野。汩乎混流，順阿而下，赴隘狹之口。觸穹石，激堆埼，沸乎暴怒，洶涌彭湃。……

漢賦中也有不少詠贊山水的篇章，道家出世、隱逸的精神已經出現。不過在漢賦中的山水景物，大多是憑想像和學識建構而成，很少是親身體驗的描寫，因此欠缺對山水自然的情緒和關懷（王國瓔，1992）。「自然」是生活的環境，但卻不是大多人欣賞的對象。

　　司馬遷和淮南王劉安對屈原的《離騷》都有好評。但是到了《毛詩大序》出現之後的東漢時代，楊雄和班固這兩位名家就不再同意楚辭抒情浪漫的文風。楊雄曾因獻《甘泉賦》見賞，但是後來對賦的批評卻不好，認為賦太重形式華麗而壓倒內容，助長了統治者的傲慢。他倡導尊孔，極力強調學習古代經典。他是維繫道統的重要人物。

　　《毛詩・大序》是中國古代最早、最重要的文學批評文獻，該文倡導「詩言志」，採取鮮明的、儒家思想主導的取向，因此，是政治教化導向的文學批評。毛詩序確立了抒情言志的表現傳統，也系統地論述了文藝與社會的關係。毛詩序也總結了詩歌的體裁與表現手法，提出賦、比、興、風、雅、頌等「六義」之說。《毛詩・正義》解釋這「六義」如下：賦、比、興是詩之所用，風、雅、頌是《詩》之成形。《毛詩序》不僅總結了先秦以來的文論，而且還提出了一些新的東西，對後代產生深遠的影響。總體而言，是倡導文學應起著反映現實的政治作用，不鼓勵七情六欲的抒情文，更沒有所謂的自然文學。

　　西漢時代，在思想方面影響文學作品的還有董仲舒提倡的天人感應論。他認為天人之間存在著一個相互感應的系統，緊密的連繫自然界的變遷與人類社會的政治活動。陰陽五行為主的天人理論體系，對於漢代的社會生活產生了很大的影響。天人感應論以及讖緯之說，認為「天」以禎祥、災異來示意於「天子」，「國家將有失道之政，而天乃先出於災害以譴告之」。把一切人間禍福與自然現象連繫起來，將自然宇宙作為操縱政治的至高無上的權威。於是

「明堂」、「封禪」、「郊祀」、「星象」、「災異」等說法應運而生。這種讖緯迷信獲得漢代諸皇帝的重視，因而大大地影響了當時的學術界。

直到東漢王充的《論衡》，才駁斥讖緯之說，《自然篇》說：宇宙自然是沒有「意志」的東西，萬物自己生長，自己變化著，不是天地有意創造出來的。

西漢是「天人合一」、「天人感應」主導的時代。五行、八卦、讖緯之說等主導了中國人的自然思想。東漢因為出現王充的《論衡‧自然篇》，才有對大自然完全不同的唯物看法。這樣的說法多少和戰國時代《荀子‧天論》的看法相近。王充的自然思想對東漢的影響雖然不大，但對後世卻產生了顯著的影響。

三、魏晉

漢武帝罷黜百家、獨尊儒術之後，有了統一天下的學術思想。但是到了後期，統治階層卻成了打著儒家仁義禮智信的旗號，行巧取豪奪、殘害百姓的凶手。儒家學說在發展過程中，已逐漸被歪曲成為虛偽及造作的代表（王德有，2000）。魏晉時期，政治敗壞，社會不安。政治上的激烈鬥爭和殘暴屠殺，使士大夫人人自危，因此無形中引導出老莊思想為主的避禍出世風氣，帶動了玄學的盛行。學術風氣也從尊奉儒家學說，轉向崇尚道家學說。繼起的南北朝，更是不堪，統治階級全然地背棄了儒家傳統的倫理道德。於是，道家的自然思想進駐到文學中，普遍發展起來。知識分子在求仙、隱逸、遊山玩水的風尚中，重建了人與自然的關係。

竹林七賢的故事反映魏晉時代中國人自然思想的激變。竹林七賢走在前面，隨後有陶淵明與謝靈運，他們的詩詞把中國人帶進自然。文學上，漢賦勢衰，山水詩卻蓬勃發展。陶淵明、謝靈運等開啟了真正的山水詩。在賦和山水詩之間，已經展現了中國人自然觀的演變。從儒家的「子不語怪力亂神」，以及漢賦誇大描寫自然山

川的格調（例如司馬相如的《上林賦》），即轉移到純眞的寫景山水詩。漢賦中常見頌揚皇帝功德的內容，而山水詩則呈現了士大夫接受道、佛的歷程。中國人的自然觀明顯地轉型了。

山水詩的昌盛反應了政治、社會的變遷，當然也反映了中國人對自然的態度有了改變。「天人合一」的境界，常在詩詞中情景交融。也就是在這種情境之下，老莊思想代表的「順其自然」成爲中國人重要的人生觀。「無」和「生生不息」的觀念也置入人心。

魏晉以來的山水詩舉例如下。

《謝靈運·佳句》

白雲抱幽石，綠篠媚清漣。
池塘生春草，園柳變鳴禽。
雲日相輝映，空水共澄鮮。
野曠沙岸淨，天高秋月明。

《歸園田居》

少無適俗韻，性本愛丘山。誤落塵網中，一去三十年。
羈鳥戀舊林，池魚思故淵。開荒南野際，守拙歸園田。
方宅十餘畝，草屋八九間。榆柳蔭後簷，桃李羅堂前。
曖曖遠人村，依依墟里煙。狗吠深巷中，雞鳴桑樹巔。
戶庭無塵雜，虛室有餘閒。久在樊籠裡，復得返自然。

《飲酒之五》

結廬在人境，而無車馬喧。問君何能爾？心遠地自偏。
採菊東籬下，悠然見南山。山氣日夕佳，飛鳥相與還。
此中有眞意，欲辯已忘言。

經過魏晉南北朝的大動亂時代之後，中華民族融合了許多北方

文化。到唐朝的時候，儒家、佛家、道家都融合在一起了，詠贊大自然的山水詩詞已經完全成熟，唐代的文化、經濟、藝術都展現了泱泱大國風。唐代經營西域產生的邊塞詩，更把中國人的自然觀帶進崇高博大的境界。

東晉以後，佛家思想漸盛。佛家思想對大自然的態度是因緣而生、眾生平等，以及輪迴無常、無始亦無終等。佛家認為萬般皆是「空」，唯「識」而已。禪的思想逐漸形成影響文學藝術家的新清流。

魏晉南北朝時代盛行玄學以及「言、象、意」之辨。這項議題涉及「本末」、「有無」之辨。「名教本於自然」、「名教出於自然」、「名教即自然」是魏晉期間發展出來的思想轉折。「名教」是對封建社會的政治制度和倫理道德規範的總稱，是儒家重視的「本體」。在道家看來，「無」才是「本體」。可是如果沒有「有」，又怎能見到「無」呢！沒有「象」、沒有「言」，又如何能彰顯「意」呢！因此，王弼開始說明「有無」、「本末」、「言、象、意」等其實是一個連續體，互為表裏。

在文學方面，魏晉詩歌從傳統重在關乎政教美刺，轉而為追求情志的抒發、個性的張揚。

(一)曹丕的《典論・論文》

曹丕（187-226年）《典論・論文》是文學批評史上第一篇專門探討文學問題的論文，該文提出以下四個問題，文學的價值與作用、文章的體裁和特徵（八種文體：奏、議、書、論、銘、誄、詩、賦；四種不同特點和要求：雅、理、實、麗）、作家的氣質才性和作品的風格的關係（「文以氣為主，氣之清濁有體，不可力強而致」）、文學批評的態度問題。他指出正確的批評態度應當是「審己度人」。曹丕開創了批評作家、作品的良好風氣，對於文學及文學理論批評的發展也有積極的意義（曹丕也指出奏議宜雅、書

論宜理、銘誄尚實、詩賦欲麗）。

(二)何晏的自然思想

何晏（194-249年）擁有自然思想，他提出「崇無論」，著作有《聖人無喜怒哀樂論》。立論主述老莊，以爲：「天地萬物皆以無爲爲本。無也者，開物成務，無往不成者也。陰陽恃以化生，萬物恃以成形，賢者恃以成德，不肖恃以免身。故無之爲用，無爵而貴矣《晉書・卷四三・王衍傳》。」他認爲天地萬物的起源是「無」、「無爲」，是「自然」。打破向來種種天命、天意、天施賞罰的迷信，從這「無」、「無爲」或「自然」而生宇宙萬物。這種「無」、「無爲」或「自然」，他就命名爲「道」。他說的「道」就是「自然」，「天地以自然運，聖人以自然用」就是天道的觀念。道是「無」、「無爲」而且「無名」的。無名即是不尚名。道大莫能名。也就是不尚虛名，而尚實功。

(三)王弼的自然思想

王弼（226-249年）本著自然主義的見解，致力掃除五行災異的說法。他認爲「易」給人以簡御繁的道理。「夫象者，出意者也。言者，明象者也。盡意莫若象，盡象莫若言。言生於象，故可尋言以觀象。象生於意，故可尋象以觀意。意以象盡，象以言著。故言者所以明象，得象而忘言；象者所以存意，得意而忘象……故立象以盡意，而象可忘也。」他認爲易是示人以種種的現象（即象），使人從現象的提示而得種種意義。從獲得的種種意義，去解決疑難的問題；一切五行災異的見解，淨掃無餘。王弼註解老子，即說宇宙是自然，是無爲。天地是自然，無爲無造，無有恩義。天地和人是不相干涉的。萬物皆由道而生，既生而不知其所由，故天下常無欲之時，萬物各得其所。文學作品方面崇尚自然、言不盡意、得意忘形等概念。他的思想是尊重自然的，但是表象之後的

「意」才是本。因此，在文學方面，他說的自然應當還是順其自然，而不是大自然。

(四)陸機的自然思想

西晉陸機（261-303年）的《文賦》，倡導「緣情美學」。《文賦》突顯詩人和作家是文學創作的主體。「詩緣情而綺靡，賦體物而瀏亮」，是《文賦》美學思想的內涵。「詩緣情」而不再是「詩言志」。緣情，強調文學作品要因情而寫。「綺靡」指精妙之言。「賦體物」，強調要給予寫作對象以生動的形象；「瀏亮」指清明之稱。

他不贊成孔子思想對文學抒情特徵的無視，以及對於文學創作的束縛。他認為孔子的說法捨棄了藝術美感，提出的「緣情綺靡」，已經全面地嚴肅追問封閉的、呆板的、教條的儒學束縛和世俗化的美學傳統。陸機認為所有文學作品的創作動機，必須首先發自於創作者內心的情，由作者心血凝結成的深情，才能由「情」寄彼「物」。「詩緣情」強調人在創作活動中的主動性。這一突破，從理論上導引了文學作品，不再停留在注重鋪陳事物的本身，不再只是對客觀現象的說明和解釋，而是上升到作者對事物的感受和評價的層次。這不是作品樣式的風格而已，而是人類的情感世界的風格、作家的審美情感，以及審美判斷力的樣式，決定作品審美的優劣。

陸機的《文賦》重視技巧，尤其是重視自然景物變化和文思之間的關係。他觀察的是自然萬物的行為，採取形象思惟的方式，捕捉自然界和生物的神韻。陸機尚巧、尚妍，突出感情的重要性，強調語言的華美和文學形式。

陸機的《文賦》雖然談的是文學作品，但是引用的例子中，已經常見到自然景物變化，因此自然現象成為文章內容已經是普遍的例子。魏晉以來，山水文學昌盛，大自然入景已經是常態，不過依然是緣情依傍的題材罷了。大自然始終是陪襯的次要角色。

馮友蘭對魏晉南北朝自然思想的評論

　　嵇康也是崇尚老莊的，他肯定萬物都是稟受元氣而生，並且提出越名教而任自然的說法，積極主張返回自然。他厭惡儒家繁瑣禮教，認為儒家思想對人性有過大束縛。何晏和嵇康的自然思想顯然是傳承道家的，但是他們都沒有對大自然進行研究。這似乎再度證明哲學家馮友蘭（1895-1990年）的看法，那就是中國文化的精神基礎是倫理，不是宗教。不重視宗教，是因為他們極其關心哲學，在哲學中滿足了他們對超乎現世的追求。按照中國哲學的傳統，自然之道的功用，不在於增加積極的知識，而在於提高心靈的境界。老子說：「為學日益，為道日損」，區別了為學與為道。為學的目的是增加知識，為道的目的是提高心靈的境界。哲學不給實際的信息，宗教給予實際的信息。哲學提供更高的價值。這也就是古代中國人對大自然奧祕不求甚解的緣故（馮友蘭著、涂又光譯，2010）。

四、南北朝時代

　　魏晉以後的南北朝時代，文學內容更趨貧瘠、更重形式，普遍追求聲律、對偶、用事（運用典故和成語），因而興起了文筆說和聲律論。文指詩賦之類的作品，筆指詔、策、章、奏之類的作品，「無韻者筆也，有韻者文也」（《文心雕龍·總術》），講求聲律等形式之美的文風日漸上道。

　　唐代以前，文學流派都跟當時統治者的倡導有關。梁朝王室之下，帶出了守舊派、趨新派和折衷派。守舊派根據儒家正統文學思想提出文學批評。趨新派意在擺脫陳規舊矩的束縛，強調吟誦性情，勇於創新。折衷派的代表是昭明太子蕭統（501-531年）和《文心雕龍》的作者劉勰（469-532年）。蕭統編撰《文選》，選錄的標準是麗而不浮，不要浮豔的作品，也不要經、子、辭、史之類的作品（見文選序）。蕭統明顯地區分了文學和經典。

　　蕭繹的《金樓子·立言》更進一步區分了儒、文、學、筆四種

學者。獨立出擅辭賦，吟詠風謠，流連哀思者，謂之文。他認為文學的特點在於辭藻華美、聲律協和，富有感染力量。他的學說代表著魏晉南北朝時代後期的看法（周勛初，2007）。

大自然入景依然是常態，不過始終是陪襯的次要角色。

(一)劉勰的自然思想

劉勰（469-532年）著《文心雕龍》，他反對當時形式為重的文風，在《文心雕龍》中發揮儒家正統的文藝觀點。特別提出順應「自然」的觀念，反對過度人為的雕琢。他提出「六義」做為文學創作的準則：「故文能宗經，體有六義：一則情深而不詭，二則風清而不雜，三者事信而不誕，四則義直而不回，五則體約而不蕪，六則文麗而不淫。」整體而言，是要有禮的節制。劉勰提出風骨和氣、志的重要性。「意氣駿爽」、「述情必顯」，此謂之風；「結言端直」、「析辭必精」，此謂之骨。「氣」則是作家內在的東西，它是風骨內在的生命力。他認為作家的個性是由先天的情性和後天的陶染決定的。情性包括才和氣，陶染包括學和習。「才」決定辭理，「氣」決定風趣，「學」決定事義，「習」決定體式。他又劃分出八種文風：典雅、遠奧、精約、顯附、繁縟、壯麗、新奇、輕靡。總體而言，他也是以儒家學說為最高標準。

(二)鍾嶸的自然思想

鍾嶸（468-518年）的《詩品》略遲於《文心雕龍》。他也反對當時形式為重的文風。鍾嶸品詩的標準建立在以「滋味」說為中心，強調詩的韻味，重視自然而然。

五、唐代

唐朝的時候，儒家、佛家、道家都融合在一起了。詠贊大自然的山水詩，已經完全成熟，文化、經濟、藝術都展現了泱泱大國之

風。當時經營西域產生的邊塞詩，更把中國人受到胡人影響的自然觀，帶進崇高博大的境界。唐初的邊塞詩人，如王昌齡等人。

王昌齡（698-756年）的《詩格》提出「詩有三境」，即「物境」、「情境」、「意境」。皎然（720-798年）的《詩式》也主張意境論。司空圖（837-908年）的《二十四詩品》，列舉了24種詩歌風格，包括雄渾、沖淡、纖穠、沉著、高古、典雅、洗煉、勁健、綺麗、自然、含蓄、豪放、精神、縝密、疏野、清奇、委曲、實境、悲慨、形容、超詣、飄逸、曠達、流動等，而且採用自然界的景象作為比喻。明顯的，以自然現象入景已經是習慣性的了。司空圖講究韻外之致、象外之象、景外之景，只可意會不可言傳、妙悟、神韻、高雅情趣等借助意境以發揮風格的方式。

王昌齡《出塞》
秦時明月漢時關，萬里長征人未還。
但使龍城飛將在，不教胡馬渡陰山。

大唐是道與佛輪替的時代，北方政權統治的階層崇尚武功，唐詩不僅浪漫也多邊塞詩和敘史詩的悲壯。在唐詩裡見到的山水是大漠狼煙、是豪放女。作詩也成為政府取才任官的參考標準。李白的浪漫詩更和自然現象緊扣在一起。

唐詩較古詩易讀，趨向於平民文學，又和音樂發生密切連繫。這是因為皇室和貴族都喜歡詩歌，因而日見流行。天寶年間，更規定科舉要加考詩賦，於是詩歌大見風行（《舊唐書九‧玄宗紀》下：天寶13載秋⋯⋯上御勤政樓試四科制舉人，策外加詩賦各一首。制舉加詩賦，自此始也）。於是李白的抒情詩、杜甫寫實的史詩、禪詩、邊塞詩等更在民間普遍傳唱。

寒山《杳杳寒山道》

杳杳寒山道，落落冷澗濱，啾啾常有鳥，寂寂更無人。
淅淅風吹面，紛紛雪積身，朝朝不見日，歲歲不知春。

寒山《自敘詩》

千雲萬水間，中有一閑士，白日遊青山，夜歸巖下睡。
倏爾過春秋，寂然無塵累，快哉何所依，靜若秋江水。

孟浩然《春曉》

春眠不覺曉，處處聞啼鳥，夜來風雨聲，花落知多少。

上舉三首唐詩，前兩首是和尚的禪詩，後者是士大夫的禪詩。一樣的處處皆是自然，也都能把握住自然的整體，但是絕無今日所見氣候學、水文學、岩石學、動物學及植物學研究的影子。這可以說是因為中國人愛惜自然，只作精細的整體觀察，而絕不做解剖之類的研究。但也可以說，是古代天人合一思想下的思惟結果。總之，向前或向後看，文人和士大夫主導的社會發展下，「自然」是被「哲學化」了的，看見的都是它的象徵性意義。

李白《清平調》

雲想衣裳花想容，春風拂檻露華濃。
若非群玉山頭見，會向瑤臺月下逢。
一枝紅艷露凝香，雲雨巫山枉斷腸。
借問漢宮誰得似？可憐飛燕倚新妝。
名花傾國兩相歡，長得君王帶笑看。
解釋春風無限恨，沉香亭北倚闌干。

李白《靜夜思》
床前明月光，疑是地上霜，舉頭望明月，低頭思故鄉。

後唐戰亂頻仍，詩人流離顛沛，於是先前盛行的邊塞詩不見了，代之而起的是富有感情的敘事史詩。這些詩中也充滿了自然景觀，但是卻被「情」淹沒了。「情景交融」的美麗詩文中，「景」似乎只是配角。古代中國是一個以「人」為本的社會，經營人際關係，幾乎占去了大多數人們一生所有的精力和時間。

杜甫《春望》
國破山河在，城春草木深。感時花濺淚，恨別鳥驚心。
烽火連三月，家書抵萬金。白頭搔更短，渾欲不勝簪。

唐末，長期亂世後，許多詩人淪為頹廢、沉醉於享樂；有些則逃避現實，隱入山林。有些詩人反倒特別講究技巧和工麗，例如杜牧和李商隱。初唐的詩人，多限於貴族和高級知識分子；晚唐則是僧侶道士、販夫走卒、伶妓歌女也會作詩。唐代的新體詩不但能夠入樂，而且可以入畫。如張繼的《楓橋夜泊》：

張繼《楓橋夜泊》
月落烏啼霜滿天，江楓漁火對愁眠。
姑蘇城外寒山寺，夜半鐘聲到客船。

總體來說，唐代以詩賦取士，雖然唐詩中引用了大量的自然現象和景觀，但是完全屬於借物喻志。無論是邊塞詩、史詩或是抒情詩，都很少出現帶有科學意味的、深入描述自然的文詞。以白居易的《小鳥》為例，雖然有濃厚的環境倫理在其中，但是對增進大自然的了解方面，卻也沒什麼貢獻。

白居易《小鳥》

莫道小鳥性命微，一般骨肉一般皮。

勸君莫打枝頭鳥，子在巢中望母歸。

中國傳統文學的主體，除了詩歌之外，便是散文。其中，又以遊記中蘊涵較多的自然思想（徐日輝，2008；王立群，2008；朱耀廷主編，鞏濱編著，2007；常立、黎亮，2004；顧易生，1979）。

韓愈（768-824年）和柳宗元（773-819年）是中唐文學復古運動的主角，他們批判當時已經過分追求對偶工整、辭藻華麗而內容空泛的文風。他們強調文章的教化作用，提倡返回儒家思想正統。他們致力於改變前朝的駢習儷文，試圖恢復文質並重的先秦和兩漢文風。柳宗元更是屈原的追隨者，留下《九賦》、《十騷》等仿古體的作品。一句「文以載道」，充分表達了他們的文學價值觀。柳宗元謫居永州（今湖南省南部）的時候，留下描寫當地自然風景的《永州八記》。在他之前，類似的散文有酈道元的《水經注》，以及元結的《右溪記》（王立群，2008；顧易生，1992）。柳宗元吸取他們的經驗，奠定了旅遊文學的基礎。《永州八記》代表知識分子失意政治場之後，流落南荒，在孤獨困苦的生活中，對自然美的深切感受。但是《永州八記》仍屬借物喻志、寄情自然之作，動人的自然描寫中，依然是擬人化的，少有生物學的滋味。

柳宗元《江雪》

千山鳥飛絕，萬徑人蹤滅。

孤舟簑笠翁，獨釣寒江雪。

文以載「道」，但是這個「道」顯然是人道而不是天道，以〈永州八記〉為例，雖然寫景真實但重在寫意，因此其中並沒有西方所謂的自然科學內容。

柳宗元《永州八記》山水記文

晉宋以降，描寫山水的散文、書信和學術著作逐漸出現，如《水經注》、《與宋元思書》等。柳宗元在貶官之後，寫出了以《永州八記》為代表的許多高質量山水記文，同時開拓了散文創作的新領域，奠定了遊記文學的基礎，他的山水記十之八九，作於謫居永州之時，這是作者散文中最具獨創性、對後代影響最大的部分。

王松齡在《柳宗元詩文選譯·前言》中說，山水景色與作者的主觀感情融為一體，這是柳宗元山水記內容上的顯著特徵，作者帶著強烈主觀的感情去觀照自然，因而在他筆下的山水，不再是客觀景物的簡單再現，而是經過心靈的過濾和加工，或顯或隱地滲透著作者的主觀感情。他善於再現景觀的個性特徵。他的山水記篇篇不離山、水、樹、石，但他能準確具體地把握不同景物的不同形狀、聲色和情態（王松齡，2011）。

尚永亮在《柳宗元詩文選評》論述：「《永州八記》既有借美好景物寄寓自己的遭遇和怨憤；也有作者幽靜心境的描寫，表現在極度苦悶中轉而追求精神的寄託。至於直接刻畫的山水景色，則或峭拔峻潔，或清邃奇麗，能以精巧的語言再現自然美」。《小石城山記》是《永州八記》之一，這篇文章記小石城山之遊，除了準確、形象地再現自然山水的風貌之外，也借小石城山的造化天工否定造物主（神）的存在。

自西山道口徑北，逾黃茅嶺而下，有二道：其一西出，尋之無所得；其一少北而東，不過四十丈，土斷而川分，有積石橫當其垠。其上為睥睨梁欐之形，其旁出堡塢，有若門焉。窺之正黑，投以小石，洞然有水聲，其響之激越，良久乃已。環之可上，望甚遠，無土壤，而生嘉樹美箭，益奇而堅，其疏數偃仰，類智者所施設也。噫！吾疑造物者之有無久矣。及是愈以為誠有。又怪其不為之中州，而列是夷狄，更千百年不得一售其伎，是固（一作故）勞而無用，神者儻不宜如是，則其果無乎？或曰：「以慰夫賢而辱於此者。」或曰：「其氣之靈不為偉人，而獨為是物，故楚之南少人而多石。」是二者，予未信之。

六、宋代

宋太祖統一天下後，基本國策是重文輕武，並重視興辦科舉，以考試方式晉用天下英才。宋代科舉考試內容中，儒學所占比重較大，而且因應印刷術急速發展的現象，書院大盛（正如同今日的補習班），情況大受社會上求官人士的歡迎。在這種局勢之下，儒家學說的重整和進一步發展有了溫床。

詩以言志，詞以訴情。到了宋朝，從五代十國流傳下來的《花間詞》已經主導了流行文學。從官場到酒肆，流唱的都是情切切、意綿綿的軟調。北宋詞人柳永是一位關鍵性的人物。《花間詞》本來是歌榭酒家純粹娛樂場所裡創作出來的上流社會文學。是文人雅士、官商巨賈和失意政客們的娛樂文學，用詞華麗。柳永入仕不成，忿而轉入下層社會。改用俚俗語言或白話語言，把詞推向基層，把對象移轉到井斗小民，下放了文學。

宋詞源自唐末，經五代而漸趨成熟。蔣勳認為，詞有一種內收的形式，詞的特點是句式長短不一，起伏坐落更能扣人心弦（蔣勳，2017）。豪放的詞以蘇軾的《念奴嬌·中秋》、《水調歌頭·中秋》、《念奴嬌·赤壁懷古》為例，發揮了大自然的蓬勃、壯偉。詩、詞、曲等一脈相承，文學作品主導了中國人的自然思想，這些都是人文關懷的和浪漫抒情的。在文人的主導下，人文主義與浪漫主義的思想形成了盛行的人對待大自然的態度。

《水調歌頭：中秋》

明月幾時有？把酒問青天。

不知天上宮闕，今夕是何年？

我欲乘風歸去，唯恐瓊樓玉宇，高處不勝寒。

起舞弄清影，何似在人間？

轉朱閣，低綺戶，照無眠。

不應有恨，何事長向別時圓？

人有悲歡離合，月有陰晴圓缺，此事古難全。

但願人長久，千里共嬋娟。

嚴羽的《滄浪詩話》以禪喻詩，提出「妙悟」、「興趣」、「別材別趣」、「入神」、「氣象」等範疇。他說的文學境界是：如空中之音，相中之色，水中之月，鏡中之象，言有盡而意無窮。他指出「漢魏詩詞理意興無跡可求，唐人尚意興而理在其中，本朝人（註：黃庭堅為代表的江西詩派）尚理而病於意興」。

北宋的散文，以周敦頤的《愛蓮說》為例。該文表明了他對蓮花「出淤泥而不染，濯青漣而不妖，中通外直，不蔓不枝；香遠益清，亭亭淨植；可遠觀而不可褻玩焉⋯⋯」的讚賞。但是，重點仍然是擬人化的，並不涉及蓮的生物學關懷。

周敦頤《愛蓮說》

水陸草木之花，可愛者甚蕃。晉陶淵明獨愛菊；自李唐來，世人盛愛牡丹；予獨愛蓮之出淤泥而不染，濯清漣而不妖，中通外直，不蔓不枝，香遠益清，亭亭靜植，可遠觀而不可褻玩焉。予謂菊，花之隱逸者也；牡丹，花之富貴者也；蓮，花之君子者也。噫！菊之愛，陶後鮮有聞；蓮之愛，同予者何人；牡丹之愛，宜乎眾矣。

宋代出現重要的科學性著作，沈括的《夢溪筆談》被譽為中國古代科技方面劃時代的作品。他的科學性發現確實是中國文化傳承的奇蹟。可惜並沒有得到制度性的重視，也沒有廣泛的流傳。

七、元代

元代興起雜劇（如《西廂記》、《竇娥冤》）與散曲，高益榮（2005）在《元雜劇的文化精神闡釋》一書中，運用現代意識對元雜劇的文化精神進行闡釋，他從寬廣的文化視野挖掘元雜劇的思想蘊藏和審美情趣，並嘗試幫助人們理解元代文化異於傳統文化的地方。他認為元雜劇可以從草原游牧文化與中原農耕文化的互相衝突和融合方面進行分析。中國人的傳統文化，在人與天的關係上，重視人道，而輕視天道。中國戲曲是中國文化通俗化傳播的重要手段，但是也受到當時政策的限制，不過，總是以人為本。《元雜劇的文化精神闡釋》一書盡可能地對元雜劇所展示的當時人們的思想情感、價值觀念作出符合當時實際的闡釋。

元代散曲和小說中的詩詞照常出現自然現象和自然景觀，但是依然是「借物喻志」的角色，例如

馬致遠《天淨沙》
枯藤老樹昏鴉。小橋流水人家。
古道西風瘦馬。夕陽西下。斷腸人在天涯。

白樸《天淨沙》四首
（春）春山暖日和風，闌干樓閣簾櫳，楊柳秋千院中，啼鶯舞燕，小橋流水飛紅。

（夏）雲收雨過波添，樓高水冷瓜甜，綠樹陰垂畫簷。紗廚藤簟，玉人羅扇輕縑。

（秋）孤村落日殘霞，輕煙老樹寒鴉，一點飛鴻影下。青山綠水，白草紅葉黃花。

（冬）一聲畫角譙門，半庭新月黃昏，雪裏山前水濱。竹籬茅舍，淡煙衰草孤村。

楊慎《臨江仙》

滾滾長江東逝水。浪花淘盡英雄。

是非成敗轉頭空。

青山依舊在。幾度夕陽紅。

白髮漁樵江渚上。慣看秋月春風。

一壺濁酒喜相逢。

古今多少事。都付笑談中。

　　蔣勳（2011）在《黃公望富春山居圖卷導讀》中指出：「元代文人親近民間戲曲，無論文字典故，情感模式、心理狀態，都有大眾戲曲文學的平易近人，不唱高調，不裝腔作態。」他認為元人作畫常常是為了朋友……，文人本來不以繪畫為職業餬口，書畫都只是寄情筆墨。元代繪畫主流是「文人畫」，本來就不以繪畫職業性的技巧為標榜。繪畫更是文人整體性命領悟的一小部分。畫的都不是風景的寫實，而是更接近文人觀想山水的一種心境。風景已成為心境，是文人內在世界不可言說的象徵隱喻。蔣勳更指出：「癡」是非理性、非知識、非邏輯的狀態；因為「癡」，所以可以佯狂，可以離經叛道。但是中國人有癡情、書癡之說。認為癡是一種執著，是不避世俗笑罵、我行我素的生命堅持。「癡」到極處，沒有什麼道理可說，只有「春蠶到死絲方盡」。這是文學藝術方面最高的境界之一。「東方美學一貫『癡』的傳統，為真實活潑的人性留住了一脈香火。」但是，不幸的，這種境界從文學藝術一直滲透到人生哲學，掩蓋了中國人的理性邏輯思惟，自然和科學技術（巧工能匠）也都失去了古代社會裡應有的地位。

八、明代

　　明代已經是朱子「格物致知」教訓下的時代。明代著名科學家宋應星在所撰的《天工開物》序中說自己的書是：「丐大業文人棄

擲案頭，此書與功名進取毫不相關也！」明代醫藥學家李時珍在三次鄉試舉人都落第後，轉投醫藥學，花費三十年心血撰成《本草綱目》，可是，獻書給朝廷的時候，一點兒也不受重視。他們是中國古代重要的、有極大成就的科學家。但是他們都指出了他們的工作既不受政治領導的重視，也沒有社會的認同。

後來，王陽明站立竹子之前，細細觀察竹子生長的過程，三天後沒看出道理來，不支倒地，使他明白了格物致知的有限性，由此轉而提倡「致良知」。其實他錯了，「格物致知」還是有道理的，只是觀察方法和技術的發展不到位。中國古代科技不發達的主要原因就是沒有西方的啓蒙運動，沒有觀察方法、實驗方法、辯論態度、求眞精神等，更沒有儀器分析的方法。這些都是形而下者，是器，樣樣都與傳統文化中的高尚行爲價值觀格格不入。明末的中國哲學家已經注意到宋明理學、心學的流弊。到了清初，唯物主義的呼聲，已經漸漸方曉。明清哲學大師（黃宗羲、顧炎武、王夫之、戴震）等人都肯定天地萬物的客體存在和萬物之理「不以人的主觀意志爲轉移」的客觀性，把握住「主客二分」的基本思路。

在歷史傳承中，擺脫「借物喻志」的自然文學是不多的。無疑的，明代末年的徐霞客一躍而出。「他開闢了地理學上系統觀察自然、描述自然的新方向。他每到一地必盡量登高，便於觀察地形，了解山河大勢，對水道則窮源探尾，隨流跟蹤；對山脈則『行周其四隅』，從不同角度進行全面觀察」（朱惠榮，2009；段江麗，2002；徐弘祖，2020）。徐霞客十四歲的時候，利瑪竇到澳門。1601年，利瑪竇到北京。西風東漸，西方的科技已經君臨城下。大清統治期間，西方科技文明已經壓迫中國人的生活。中國人的自然思想也逐漸染上了西方色彩。

九、清代

清初的大學者包括顧炎武（1613-1682年）、黃宗羲（1610-

1695年）、王夫之（1619-1692年）、戴震（1724-1777年）等人。
顧炎武痛斥宋明理學家；他講民主，肯定重實證、重實例的科學精
神。黃宗羲（1612-1695年）積極提倡經世致用，認爲天地之間只
有一氣充周，生人，生物。王夫之（1619-1692年）認爲元氣是宇
宙唯一的存在：「陰陽二氣充滿太虛，此更無他物，亦無間隙。
天之象，地之形，皆其所範圍也」。「凡虛空皆氣也，聚則顯，顯
則人謂之有；散則隱，隱則人謂之無」。「聚散變化，而其本體
不爲之損益」。戴震（1724-1777年）的自然觀是「氣化即道」；
社會觀是「理存乎欲」，「人生而後有欲，有情，有知。三者，血
氣心知之自然也」。「生養之道，存乎欲者也；感通之道，存乎情
者也；二者，自然之符，天下之事舉矣。」戴震把人性歸結爲自
然情欲。龔自珍（1792-1841年）主張研究國計民生的實際問題，
猛烈批判封建專制，力主改革。魏源（1794-1856年）著重經世致
用，力主師夷之長以制夷，主張以海運取代漕運、主辦工廠、軍
備等；著有海國圖志。康有爲（1858-1927年）否定封建宗法家族
制度，確定個人尊嚴，倡大同思想。梁啟超（1873-1929年）是維
新運動主將。嚴復（1853-1921年）是中國西學第一人，宣傳經驗
論、提倡歸納法、講求邏輯學。贊同達爾文進化論，著天演論。王
國維（1877-1927年）《人間詞話》提出境界論，認爲詞以境界爲
最上，有境界則自成高格，自有名句。有造境，有寫境，此理想與
現實二派之所由分。他結合了西方的浪漫主義與寫實主義《人間詞
乙稿序》說：

> 文學之事，其內足以攄己而外足以感人者，意與境
> 二者而已。上焉者意與境渾，其次或以境勝，或以意
> 勝。苟缺其一，不足以言文學。

王國維主張「能寫眞景物、眞感情者，謂之有境界。否則謂

之無境界」，寫景寫情都貴在一個「眞」字，「所造之境必合乎自然，所寫之境必鄰於理想」。

孫中山先生反封建，是唯物主義進化論者，提出太極生「元」說，認爲現在的宇宙是因太極的運動，由簡單到複雜逐漸進化而成的。1911年，推翻滿清，建立民國。

王建疆（2009）在《自然的空靈—中國詩歌意境的生成和流變》書中指出，人與自然的關係是整個文學發展的中軸。他從人與自然的關係重新審視中國詩歌史。他認爲「自然」在古代中國的文學藝術中從來就不是一種客體，人與自然也從來沒有經歷過所謂的「二分對立」。古代中國美學講求的是人與自然和諧的中和之美（致中和）以及氣韻生動的生命之美（活著、有氣、生生之大德）。在古代中國詩學中從來就不存在離開人的獨立的「自然美」，擁有的是極致形而上之美學究竟（史作檉，2012）。人與自然的關係，在文學中，轉化爲情與景的關係，而且不是實體的關係，是在現實生活基礎上昇華了的人的情感和意志與被人的情感選擇、提煉過的景物的關係。中國古代，人對自然的關係經歷了三個階段分別是使玄化階段，把自然作爲道的喻體；情化階段，把自然作爲本體對待，直接表達對自然的熱愛；空靈化階段，把自然景物作爲妙悟禪道的契機。情與景的關係也經歷了三個階段，即「景物的工具化」階段，借景抒情。

「對象化」階段，情景兩分；「主體化」階段，情景交融。在先秦工具化階段，景物描寫達到了人與自然的初步和諧，即本體與工具的和諧。在「對象化」的漢魏六朝階段，景物描寫主要表現爲主體對自然的靜觀，即人與自然在主體與客體層面上的和諧。在「主體化」的唐宋階段，景物描寫主要表現爲主體間的對話和互動，從而達到人與自然的最高和諧。從嚴羽《滄浪詩話·詩辨》中所說：「盛唐諸人惟在興趣，羚羊掛角，無跡可求。故其妙處，透徹玲瓏，不可湊泊，如空中之音，相中之色，水中之月，鏡中之

象，言有盡而意無窮。」可知追求意境已經成為文學範型，真實的「自然」現象是不重要的（陳伯海，1980）。

第二節　古代的自然美學

　　古老的農耕文化由於仰賴自然時序，看天吃飯，勢必產生安於現狀和保守穩重的思想。傳統中國，沒有西方大航海世紀，也沒有地理大發現，同時也沒有美國西部大開發等探險的精神，追求「平安就是福」、「沒事兒」等恬靜安逸的精神境界是農耕文化的必然。以大自然為心的古老人文精神包括倫理思想與美學思想。

　　《中國畫的文脈》（邵琦，2005）指出，不同歷史文化之間各有發展脈絡，彼此的差異實無高低、優劣的比較意義。中國人的畫要以中國文化中繪畫的發展脈絡來評價。由於比較、評斷參照體系不同，實不宜使用西方或全球化的標準（參照體系），來評定中國畫。邵琦（2005）說，中國歷史文化以私人化為指向，而西方文化是以公眾化為指向，兩者明顯不同。中國繪畫是為自己畫，本著取法乎上的精神（邵琦，2019）；西方繪畫是為別人而畫。西方繪畫的公眾性指的是繪畫注重畫面上的形象，需要爭取公眾認同。西方繪畫是畫來賣錢。中國繪畫的第一位欣賞者是畫家自己，其次是知己同好。文人畫尤其不是為了賣錢。中國繪畫是一種非常高貴的藝術，反映出作畫人的高尚情操和意境。文人是為了修養，甚至養氣、養性而畫。以元代黃公望的「富春山居圖」為例，就是畫來送朋友的。本章依序先討論中國傳統美學思想，然後再討論中國繪畫發展史中的「自然」。

一、傳統美學思想（美學史）

　　唐代以前的美學思想簡述如下：

(一)《詩》的美學思想

本章第一節討論了古代的自然文學；概略論述了《詩》，本節探討施的詩經《詩》即後世所稱《詩經》，是我國最早的一部詩歌總集，包括民歌和朝廟樂章，包括了周公制禮作樂所創造的詩篇。《詩》廣泛地涵蓋了西周初年（西元前十一世紀）至春秋中葉（前六世紀）間，約五百年的作品，記載當時黃河流域社會生活的許多層面，內容涉及政治、經濟、倫理、天文、地理、外交、風俗、文藝等，包括古代的神話傳說、商周各族的史詩和當時各地的民情風俗。後人依據《詩》的體裁將，將詩經分別組織成風、雅、頌三部分。

《詩》的內容包括諷刺政治的《魏風·碩鼠》、《魏風·伐檀》，戰爭徭役：《魏風·陟岵》、《秦風·無衣》，愛情婚姻：《周南·關雎》、《衛風·氓》，勞動生活：《豳風·七月》、《魏風·十畝之間》，歌頌先民：《大雅·生民》、《大雅·公劉》等。後人根據文學藝術的角度，認爲當時作詩的目的可以歸納爲讚美和怨刺兩類，也就是後來發展成的言志說和緣情說。

《詩》的寫作手法包括賦、比、興。宋儒朱熹認爲：「賦者，敷陳其事而直言之也」；「比者，以彼物比此物」；「興者，先言他物以引起所詠之辭」。例如詩經第一首詩歌《國風·周南》中的《關雎》：

《國風·周南·關雎》

關關雎鳩，在河之洲。窈窕淑女，君子好逑。
參差荇菜，左右流之。窈窕淑女，寤寐求之。
求之不得，寤寐思服。悠哉悠哉，輾轉反側。
參差荇菜，左右采之。窈窕淑女，琴瑟友之。
參差荇菜，左右芼之。窈窕淑女，鐘鼓樂之。

這首《關雎》以成雙成對的水鳥引起婚禮上對新夫婦的讚歌。用的是「興」的方法，先營造一種抒情的氣氛，再描寫兩情相悅的你儂我儂。

《國風·豳·東山》

我徂東山，慆慆不歸。我來自東，零雨其濛。我東曰歸，我心西悲。

制彼裳衣，勿士行枚。蜎蜎者蠋，烝在桑野。敦彼獨宿，亦在車下。

我徂東山，慆慆不歸。我來自東，零雨其濛。果臝之實，亦施於宇。

伊威在室，蠨蛸在戶。町畽鹿場，熠燿宵行。不可畏也，伊可懷也。

我徂東山，慆慆不歸。我來自東，零雨其濛。鸛鳴於垤，婦嘆於室。

灑掃穹窒，我征聿至。有敦瓜苦，烝在栗薪。自我不見，於今三年。

我徂東山，慆慆不歸。我來自東，零雨其濛。倉庚於飛，熠燿其羽。

之子於歸，皇駁其馬。親結其縭，九十其儀。其新孔嘉，其舊如之何？[3]

---

3 語譯：我從征去東山，很久都沒有回家。現在我從東方返回，細雨彌漫。我在東方說要回家，我的心嚮往西方，真的好傷悲。縫製一身新衣，不用再銜木棒。蠕動的毛蟲，長期棲息在桑林野外。蜷縮成團獨自睡，鑽在兵車之下。我從征去東山，很久都沒有回家。現在我從東方返回，細雨彌漫。栝樓的果實，掛在房檐上。土鱉蟲在屋裏奔跑，喜蛛在門上結網。田舍旁的空地，變成野鹿的活動場所，還有閃閃發光的螢火蟲。這些並不可怕呀，倒使人更加思念呀！我從征去東山，很久都沒有回家。現在我從東方返回，細雨彌漫。鸛鳥鳴叫在小土堆上，妻子唉嘆在屋裏。清除掉了障礙物，我家征人要返回了。圓圓的苦

這首詩用一種淒涼的情景，營造出一個離家三年的小兵，在戰爭結束之後的哀怨心情。

《國風‧召南‧殷其雷》

殷其雷，在南山之陽。何斯違斯，莫敢或遑？振振君子，歸哉歸哉！

殷其雷，在南山之側。何斯違斯，莫敢遑息？振振君子，歸哉歸哉！

殷其雷，在南山之下。何斯違斯，莫或遑處？振振君子，歸哉歸哉！[4]

這首《召南‧殷其雷》是一首愛情詩，描寫男女相思之情，聲聲呼喚，真是情切切、意綿綿！雷聲隆隆，風雨交加；真叫我擔心啊，那遠方的良人怎麼還不歸來呢！《詩》反映當時社會各方面的情況，諸如社會生活、階級鬥爭、典章制度、風俗習慣，以及各階級、階層的精神面貌等，提供了重要史料。還有些作品提供了自然科學資料，例如《大雅‧雲漢》描寫旱情說：「旱既大甚，滌滌山川」。《小雅‧十月之交》描寫地震的情況說：「百川沸騰，山

瓜，長久放在柴堆之上。自從我們不相見，到今天已經三年。我從征去東山，很久都沒有回家。現在我從東方返回，細雨彌漫。黃鶯正在飛翔，閃閃發光的羽毛。這人的女子出嫁時，黃白色花馬去迎娶。她的母親為她繫上佩巾，繁多的儀式一項接著一項。她新婚之時，非常美好，現在時間久了，會怎樣呢？

[4] 語譯：《雷聲轟轟》（《國風‧召南‧殷其雷》）：
雷聲轟轟，在南山之南。為什麼你遠去他鄉？匆匆忙忙？
辛勤的夫君呀，歸來吧；歸來吧！
雷聲轟轟，在南山之側。為什麼你遠去他地？都不能夠休息？
辛勤的夫君呀，歸來吧；歸來吧！
雷聲轟轟，在南山之下。為什麼你遠去他鄉？還要匆匆忙忙？
辛勤的夫君呀，歸來吧；歸來！

冢崒崩。高岸爲谷，深谷爲陵」。據推算，這次地震發生在周幽王六年（前七七六年）九月六日。這是我國最早的、確知時間的地震記錄。

(二)諸子百家的美學思想

1. 老子的美學思想：老子美學思想的核心是倡導一種自然（簡單）的生活方式。簡單生活的實踐樣式主要有：知足、觀復（歸根）、虛靜，道即自然、無爲、若愚（大智慧）、順其自然。

2. 孔子的美學思想：儒家美學理論主要是依據孔子說的：「發乎情，止於禮」。孔子述而不作，但是他對古早文學作品的詮釋，卻引導了後世的認識。正如同宋代朱熹《四書集注》一般，詮釋的結果已經改變了原作的面貌。孔子的天、命與仁、禮思想，不重視文學的抒情特徵，對後世文學創作產生束縛。
孔子對詩的評價和詮釋是有色彩的。他說，不學詩，無以言，孔子說：「興於詩，立於禮，成於樂」。還好，他也鼓勵人們要多識於鳥獸草木之名，否則很難讀懂《詩經》。在孔子心目中的《詩經》主要是歷史文獻、文化傳統，而不是今日所說的藝術。其實，依照傳統詮釋學的說法，今人幾乎不可能正確地理解《詩》的本來面目。孔子說：「小子何莫學夫詩？詩可以興（感發意志、引起聯想），可以觀（察看風俗之盛衰），可以群（交流、群居切磋），可以怨（抒發情意、抒發不滿）。「興觀群怨」涉及藝術的形象、情感、理性等多方面的特徵。「詩三百，一言以蔽之，思無邪」，詩有直接的社會功用目的。孔子詩的美學偏重社會和諧，樂的美學偏重人生境界（可惜被後世忽視了）。孔子說：「知之不如好之，好之（知）不如樂之」，在孔子心目中，樂首先是感性生命的內在需求，具有某種獨立價值，不僅如此，樂還是孔子評價社會生活的最高標準。合乎禮（詩）的社會固然是好的，但合乎仁（樂）的

社會才是最好的。理想的社會不僅是合理性的，更應該是合感性的，因爲生活自始至終都是感性的，生命也是感性的。孔子也說道，盡善（思想內容）盡美（藝術形式）。他重視思想內容優於藝術形式，文質彬彬是要文之以禮樂。他說「質勝文則野，文勝質則史（浮誇虛飾），文質彬彬，然後君子」。「禮之用，和爲貴」，禮的本質是彼此尊重、承認所達到的和諧。詩，源自禮的思想。周禮和儒家鼓吹的「樂」是配合祭祀和典禮用的。禮的主要內容和目的在於維護既有的尊卑長幼等級制的社會秩序。「恭（謙遜和謹慎）而無禮則勞（疲勞）、慎而無禮則思（猥瑣）、勇而無禮則亂、直而無禮則絞（傷害）」，「過猶不及」的中庸思想是由禮產生的重要思想成果。中和思想是孔子社會思想和藝術批評的尺度。他強調詩的「興觀群怨」功能，但另一方面又強調詩「無邪」；詩的表現要節制情感，做到「哀而不傷，樂而不淫（無節制）」。孔子的美學思想就是他的社會美學思想「克己復禮《周禮》」；非禮勿視、非禮勿聽、非禮勿言、非禮勿動，清楚地說明了禮的節制功能。孔子述而不作，因此回歸周禮（禮記，包括大學和中庸）。必也，正名乎；他重視辨明名實關（關係就是差別），也就是倫理關係。禮正是對這種差別性關係的認可。孔子的說法，是認爲禮樂源自仁的思想（藝術本體論）。禮的根基是「仁」，「仁」即是愛人。「仁」是單方面的，超越一切利害關係，是純粹的內在狀態。里仁爲美，因此內心對世界充滿了愛，世界才會美，愛是美的根源。仁的思想與樂的思想相通，都能達到內在和諧。

3. 孟子的美學思想：孟子比孔子嚴肅多了，而且喜歡談政治，沒有藝術方面的重大論述。他的標準是「詩者，不以文害辭，不以辭害義。以意逆志，是爲得之。」他講究個人的修養，要人善養浩然之氣。

4. 《樂記》的美學思想：《樂記》是中國古代著名的美學著作，收於《禮記》。在《史記》中名爲《樂書》。公孫尼子撰《樂記》，基本觀點認爲音樂是受到外界事物的影響而產生的。《樂記》說：「凡音之起，由人心生也。人心之動，物使之然也。」「凡音者，生人心者也。情動於中，故形於聲；聲成文，謂之音。」他肯定音樂是表達人們感情的一種藝術形式，這種藝術形式的形成是外界影響加上人的內心感受而出現的。《樂記》指出音樂與政治的關係是：「以治世之音安以樂，其政和；亂世之音怨以怒，其政乖；亡國之音哀以思，其民困。聲音之道，與政通矣。」《樂記》對於鞏固當時統治階級建立的新統治秩序起到了推動作用，反映了儒家學派的一貫的音樂思想。

5. 墨子的美學思想：拒絕美學、貶低文學：墨子的思想有其代表的社會意識，一般而言，墨子代表下層勞動者（含低階知識分子、低階士大夫）的感受、需要和立場。墨子講究功能性、重實，他非（批評）樂、非儒。他說儒和樂兩者：「上考之不中聖王之事，下度之不中萬民之利」，一點也沒用。因此墨子說：「爲樂非也」。他認爲周禮和儒家鼓吹的樂是配合祭祀和典禮用的（禮的主要內容和目的，在於維護既有的尊卑長幼等級制的統治秩序），帶來不斷增加的繁文縟節，不好。有意義的文學、藝術作品應當是「言有三表」：
   (1) 有本之者（歷史教訓）：古者聖王之事。
   (2) 有原之者（民間呼聲）：察百姓耳目之實。
   (3) 有用之者（實用價值）：觀百姓之利。
   凡是不屬於歷史教訓、民間呼聲或有實用價值的文學、藝術作品，他都認爲是沒有意義的。

6. 莊子的美學思想：莊子認爲「美在自然」，他把天地萬物的自然本性視爲最高、最純的美。以「道」的「自然無爲」象徵生

命的無限自由。《天道》謂：「素樸而天下莫能與之爭美」。莊子論美，力主自然，他說「天地有大美而不言」。莊子進一步發展了老子的虛靜學說，提出「神遇」、「物化」、「心齋」、「坐忘」等概念。「神遇」指認知主體可以透過心靈體驗和精神感悟的方法認知、把握微妙玄奧的「道」，是一種內省性、精神性的審美。聽之以心，能超越耳目感官的皮肉審美，展開心靈的體驗。「物化」指心物交融、主體與客體化而爲一，即如莊周夢蝶的故事，進入無我之境。「心齋」指虛靜清明的心理狀態，也指排除塵俗雜念。心齋之後，隨之而來的便是「坐忘」，一種空明清靜的心理狀態。《大宗師》篇記載「顏回曰：『墮肢體，黜聰明，離形去知，同於大通，此謂坐忘。』」莊子崇尚自然樸素，提出人籟、地籟、天籟的概念。他有濃厚的浪漫主義色彩，認爲美有三個層次，包括形體美、精神美和本體美。陶淵明說「此中有眞意，欲辯已忘言」，其中的「忘」字是回歸自然的途徑。忘了之後，才能在無欲無求、無得無捨中，進行觀照。

(三)魏晉時代的美學思想

漢代以前的繪畫都是政治和功利的附庸。漢末、魏晉時代，繪畫才有了美的自覺而成爲美的對象（陳傳席，2013）。標誌這一自覺藝術成熟的是東晉顧愷之（345-406年）的傳神論，他提出繪畫重在「傳神」、「以形寫神」、「通神」，這是當時創作人物畫的最重要原則。顧愷之繪畫思想和當時的時代背景有關。魏晉時代提拔人才的「九品中正制」引導出品評人物的風氣。《世說新語・容止》提出爽朗清舉、飄如游雲、濯濯如春月柳、美姿儀、容貌整麗等。他們講究的風度及風姿、風彩、風韻是優雅和精緻的，他們講究的美在性質上是陰柔的。在生活中的言談舉止，也率性而隨意。再加上曹操反對儒家以道德、操守、忠孝、氣節取人的做法，

改採用人唯才的準則，因此重才情、氣質、風貌、性分；人的內在、神貌成爲最重要的新標準。社會上也因而追求風度神貌，因此致使「傳神」成爲往後藝術追求的標準（左克厚主編，2007）。

曹丕（187-226年）的《典論‧論文》提出「文以氣爲主，氣之清濁有體，不可力強而致」，他說的氣是指作家的氣質、才性，認爲和作品風格有關係。繪畫藝術是有形象的，這就和中國古代的文學有了直接的連繫。王弼（226-249年）《周易略例‧明象》說道：「夫象者，出意者也。言者，明象者也。盡意莫若象，盡象莫若言。言生於象，故可尋言以觀象。象生於意，故可尋象以觀意。意以象盡，象以言著。故言者所以明象，得象而忘言；象者所以存意，得意而忘象……故立象以盡意，而象可忘也。」他這段話並不是針對文學藝術的，但卻爲言（文字）、象（繪畫等有形藝術）的關係，進行了美好的詮釋。無形的碰觸到「詩中有畫」和「畫中有詩」的課題。其實，更早的古代已經談到象是客觀世界的形象，形象是一種符號，有意義的。《易傳‧繫辭上》記載「聖人有以見天下之蹟，而擬諸其形容，象其物宜，是故謂之象」。孔穎達《周易正義》說到：「易卦者，寫萬物之形象，故易者，象也。象也者，像也，謂卦爲萬物象者，法像萬物，猶若乾卦之象法像與天也」。象指卦象，即藉具體形象來表達抽象事理，以達到象徵」（隱喻，metaphor）的作用。葉朗（1996）在《中國美學史》中指出：「象是具體的、切近的、顯露的、變化多端的，而『意』則是深遠的、幽隱的。」

魏晉時代提出風情與氣度（器識），指出人的學識修養和精神樣式、外象的美、人格的美是交相輝映的。何晏、王弼、嵇康《廣陵散、琴賦》、阮籍等人不都是絲毫不做作、不掩飾己好的獨立人格嗎？瀟灑是他們共同的品格。嵇康《廣陵散、琴賦》提出「聲無哀樂論」，認爲同一音樂，在不同的人和不同的情緒下演奏，會出現不同的效果。魏晉時期音樂藝術創作的審美價值，已經從儒家的

功利實用，明顯地轉向尊重藝術本身和重視人的內心情感體驗。外部之象的美感與心靈的美是形和神的表裏關係。嵇康崇尚老莊，在哲學方面肯定萬物都稟受元氣而生，他提出「越名教而任自然」的說法，積極主張回歸自然；他厭惡儒家的繁瑣禮教，認為儒家思想對人性有過大束縛。魏晉時期，才俊之士好像瘋狂地忘我之態—企圖解放—以完成人性本原的回歸之美。當時盛行的文學作品講究崇尚自然、言不盡意、得意忘形等概念。西晉陸機《文賦》的緣情美學，突顯詩人和作家是文學創作的主體。陸機認為所有文學作品的創作動機必須首先發自於創作者內心之情，由作者心血凝結成的深情，才能由此「情」寄彼「物」。

這些文學批評是針對詩賦等文學作品而抒發的。但是因為寫作文章的人和繪畫的人，都是士大夫、文人、知識分子，因此影響所及皆是文化品味的變遷，當然就反映在繪畫之上了。

總體而言，意象、意境、境界逐漸成為文化藝術共同追求的準則。意象幾乎是一切思惟（含形象、邏輯、綜合）的基本單元，其中有意有象，主客兼具。思惟的工具是語言和圖像，意象的形成與表現都與形象思惟有關，是「意」（情、理）與「象」（事與景）的結合及其表現。意象的組織則是意象（意與意、象與象、意與象、意象與意象）的排列組合。黃永武（1979）認為「意象是作者的意識與外界的物象相交會，經過觀察、審思與美的醸造，成為有意境的景象」，他們認為文章（詩詞與自然寫作）的主旨與風格即意與象（陳銘，2001；張乾元，2006；黃永武，1979；賴賢宗，2003）。

(四)唐代的美學思想

唐代王昌齡《詩格》中提出「詩有三境」：「物境」、「情境」、「意境」。其實在莊周夢蝶中，已經出現了無我之境。清代王國維（1877-1900）在《人間詞話》中提出：

詞以境界爲最上。有境界則自成高格，自有名
句。……有造境，有寫境，此理想與現實二派之所由
分。能寫眞景物，眞感情者，謂之有境界。否則謂之無
境界。他說：寫景寫情，都貴在一個「眞」字，「所造
之境必合乎自然，所寫之境必鄰於理想」……。

㈤唐代以後的美學思想

　　文人主導的文化、藝術一直傳承下來，意境說充斥。中唐韓
愈、柳宗元代表的復古運動重申「文以載道」；北宋理學以「格物
致知」、「去人欲」爲道；這是兩次對於文學作品意境說的檢討。
對繪畫而言，佛家禪境與意境異曲同工，明清之際，又受王陽明心
學的影響，擴大了寫意畫的發展了。

二、中國繪畫發展史

　　原始社會的繪畫出於圖騰、氏族標記、岩壁畫、彩陶畫等。商
代統治階級借助「神」來支配社會──青銅器表現出超人世、象徵
威權的形象。到了周代，階級社會的繪畫成爲政治教化的工具。春
秋時代，孔子說「志於道，據於德，依於仁，遊於藝」，對於藝術
的定位已經確定。戰國時代，奴隸制度下的造型藝術與政治、宗教
等，是交織在一起的。在士的階級，出現莊子「逍遙遊」代表不受
拘束的心態，進一步以道家逍遙的風貌，以彌補了儒家思想過於嚴
肅拘謹的君子個性。

　　從漢代獨尊儒術後，繪畫多以鑒戒爲目的，大多屬於記功、頌
德、表揚之類的內容。在墓葬中發現的繪畫則明顯的與祈福、迷信
相關，廣州市南越王墓和長沙馬王堆漢墓都出現了很多例子。東漢
時代，佛教開始傳入我國，以佛教題材爲內容的繪畫興起，敦煌和
五臺山的佛家繪畫和佛像遺物都是證據。漢魏之際，繪畫作爲藝術
得到自由的發展。

魏晉南北朝時代，人物畫和肖像畫發達。以文學爲內容和表現魏晉「勝流」名士生活的繪畫增多。東晉顧愷之（345-406年）的「傳神」、「寫神」、「通神」等說法成爲作畫的準則．經常刻劃眼睛來表現人物的精神特徵，因此有點睛之說。畫家企圖展示思惟的深淺和知識修養。以曹植《洛神賦》而論，人物形象呼之欲出，嬌美欲滴。

曹植《洛神賦》

其形也，翩若驚鴻，婉若游龍。榮曜秋菊，華茂春松。

彷彿兮若輕雲之蔽月，飄颻兮若流風之迴雪。

遠而望之，皎若太陽升朝霞；迫而察之，灼若芙蕖出淥波。

穠纖得衷，修短合度。肩若削成，腰如束素。延頸秀項，皓質呈露。

芳澤無加，鉛華弗御。雲髻峨峨，修眉聯娟。丹唇外朗，皓齒內鮮。

明眸善睞，靨輔承權。瓌姿豔逸；儀靜體閒。柔情綽態，媚於語言，

奇服曠世，骨像應圖，披羅衣之璀燦兮，珥瑤碧之華琚，

載金翠之首飾，綴明珠以耀軀。踐遠遊之文履，曳霧綃之輕裾，

微幽蘭之芳藹兮，步踟躕之山隅。於是忽焉縱體，以遨以嬉。

左倚采旄，右蔭桂旗，攘皓腕於神滸兮，采湍瀨之玄芝。

(一)人物畫

魏晉南北朝時代，朝廷任官實行「九品中正」制度，社會上將人物品評依才情、氣質、風貌、性分、神貌、內在等分為九等（劉劭《人物論》）。南齊謝赫《古畫品錄》和《才情論》等都是社會思潮下的產物，將「風韻氣度」等品評人物的內容引入，作為衡量人物畫、肖像畫的依據。謝赫「六法」提出氣韻第一，用筆第二、象形第三、賦彩第四；位置布局第五；傳摹題材第六。氣韻生動和骨法用筆合併成風骨，成為最重要的藝術準則。風骨兩字中，「風」即氣韻、「骨」即筆法也。「氣韻無形之精靈，用筆有跡之體段，兩者表裡依輔，合為一「全」。風骨，一虛一實，一陽一陰，一動一靜，一行一止，一剛一柔，一清一濁，一浮一沉，萬變不離其宗。

繪畫表現的精神、氣質是以生動為標準，這也是顧愷之「傳神」論的進一步發揮。傳神論成為人物畫的最高標準，「六法」便成為我國古代指導繪畫創作的準則。

(二)山水畫

側重表現山水景物的繪畫也興起於東晉。宗炳（375-443年）《畫山水序》把繪畫列為學道的必要手段，提出臥遊、暢神、以形媚道、崇柔、處下、神形分殊、自然和淡等。宗炳寫山水的「神靈論」為後世山水不拘於山水之形、之理，打下了基礎，注重精神內涵，不重形似（陳傳席，2013）。無形中，也傳達了作畫是求道的手段之一（邵琦，2019）。這些形象思惟的例子成為後代中國文學、藝術等方面，造境、造景的取材途徑，在園林、建築方面擴大了應用。

繪畫中的形象思惟舉例
風調雨順（寶劍、琵琶、傘、龍）
榮（芙蓉）華（花）富貴
福（蝙蝠）
馬上封猴（侯）
三羊（陽）開泰
花開富貴
喜（喜鵲）上眉（梅）梢
金玉（魚）滿堂
富貴有魚（餘）
鯉躍龍門
五子（雞子）登科
雙喜（喜鵲）臨門
竹（爆竹）報平安
早（棗）生貴子
竹：中空有節
歲寒三友：松、竹、梅
四君子：梅、蘭、菊、竹

(三)北宋山水寫眞畫

人物畫在晉（顧愷之講求「以形寫神，遷想妙得」）、唐之際，達到高峰。山水畫和花鳥畫在宋代是最高峰（花鳥畫講求寫生）。唐宋繪畫的傳統主要是「外師造化，中得心源」（唐朝張璪），以藝術來順應自然。筆墨是爲形象服務的，強調「畫之本法」，繪畫有其本身的要求和技法等。唐宋是兼取形象和筆法的（徐建融，2007）。

山水畫在北宋時期出現突破性的發展，畫家郭熙是第一個在野外從事山水畫的畫家，也是第一個眞正深入觀察和深入描繪大自然的畫家。

此外，郭熙也是影響後代山水畫的重要畫論家。從他的畫論

中，很容易摘取到在大自然中審美的精髓。郭熙的山水《畫論》中，充分教導人們如何觀賞山水，山水景緻的欣賞有無窮的趣味。郭熙更道出了遊山的體驗，他說：「春山煙雲連綿，人欣欣。夏山嘉木繁陰，人坦坦。秋山明淨搖落，人肅肅。冬山昏霾翳塞，人寂寂。」郭熙眼中所見是真實的自然，所畫是野外寫生。不是以前畫家那般出外看看，回家畫畫的作法。因此他的畫論接近事實，所繪自然也近乎事實。

郭熙《畫論》的第一特點，是來自創作的經驗，絕非想像寫意而而已。換句話說，現場深入觀察是必須的。第二個特點是擺脫了人物仙佛畫的傳統，重心完全放在山水。第三個特點是完全的生活化，把人和大自然融成一體。摘取數句郭熙《畫論》的話語如後：

> 君子之所以愛夫山水者，其旨安在？丘園養素，所常處也。泉石嘯傲，所常樂也。……水亦有體，以林泉之心臨之則價高，以驕侈之目臨之則價低。……

郭熙的山水畫論中，充分教導人們如何觀賞山水：

> 真山水之煙嵐，四時不同。春山澹冶而如笑；夏山蒼翠而如滴；秋山明淨而如妝；冬山慘淡而如睡。……近看如此，遠數里看又如此，遠數十里看又如此，側面又如此，背面又如此，每看每異；所謂山形面面看也。如此，是一山而兼數十百山之形狀，可得不悉乎？山春夏看如此，秋冬看又如此；所謂四時之景不同也。山朝看如此，暮看又如此，陰晴看又如此，所謂朝暮之變態不同也。如此是一山而兼數十百山之意態。可得不究乎？

上面這段文字是要觀景的人從不同的季節、時間、角度、距離等，多元的進行觀景活動。

> 山以水爲血脈，以草木爲毛髮，以煙雲爲神彩。故山得水而活，得木而華，得煙雲而秀媚。水以山爲面，以亭榭爲眉目，以漁釣爲精神。故水得山而媚，得亭榭而明快，得漁釣而曠落。此山水之布置也。
>
> 山水有可行者，有可望者，有可遊者，有可居……
>
> 眞山水之川谷，遠望之以取其勢，近看之以取其質……
>
> 山有三遠。自山下而仰山巔，謂之高遠。自山前而窺山後，謂之深遠。自近山而望遠山，謂之平遠。高遠之色清明，深遠之色重晦，平遠之色，有明有晦。高遠之勢突兀，深遠之意重疊，平遠之意沖融而縹縹緲緲。

由於郭熙作畫以實地觀察爲要，因此他歸納出上述的精髓，而且在實際作畫的布局上，也應用了這些原則。

㈣元代的文人畫

北宋中期，許多著名文學家，以蘇軾爲代表，參加繪畫活動。他們的作品表現出文人士大夫審美的情趣，給以往宮廷繪畫占主導地位的美術界帶來了新的元素。這種新發展，到了元代形成繪畫界的主流，稱爲「文人畫」。南宋山水畫處於北宋向元代山水畫變革的過渡時期，繼承了北宋及其之前山水畫的「寫眞」，又開啓了元代文人「緣情言志」的抒情意向（宋朝初期中國山水畫，承襲五代荊浩、關仝、董源、巨然之後，有李成、范寬、郭熙等畫家。南宋時期有李唐、劉松年、馬遠、夏圭等「南宋四大家」；他們的作品多屬院體山水畫）。

蔣勳（2011）在《黃公望富春山居圖卷導讀》中指出：「元代文人親近民間戲曲，無論文字典故，情感模式、心理狀態，都有大眾戲曲文學的平易近人，不唱高調，不裝腔作態。」他認為元人作畫常常是為了朋友……，文人本來不以繪畫為職業餬口，書畫都只是寄情筆墨。元代繪畫主流是「文人畫」，本來就不以繪畫職業性的技巧為標榜。繪畫更是文人整體性命領悟的一小部分。畫的都不是寫實的風景，而是更接近文人觀想山水的一種心境。風景已成為心境，因此只是文人內在世界不可言說的象徵隱喻。蔣勳更指出：「癡」是非理性、非知識、非邏輯的狀態；因為「癡」，所以可以伴狂，可以離經叛道。但是中國人有癡情、書癡之說。認為癡是一種執著，是不避世俗笑罵、我行我素的生命堅持。「癡」到極處，沒有什麼道理可說，只有「春蠶到死絲方盡」，這是文學藝術方面最高的境界之一。「東方美學一貫『癡』的傳統，為真實活潑的人性留住了一脈香火。」但是，不幸的，這種境界從文學藝術一直滲透到人生哲學，掩蓋了中國人的理性邏輯思惟，自然和科學技術（能工巧匠）也都失去了古代社會裡應有的地位。

中國古代山水畫中，一向以山水為主，盡力隱藏人類活動的痕跡。因此文人畫中，房屋多簡化處理，不會搶占畫面重心。換句話說，古代中國文人心中，人在大自然山水之前必然是謙卑的。

(五)明清寫意畫

明清之際，尤其是萬曆年代，是中國歷史上一個重要的轉折時期。士風的轉移，使文人只求內聖，捨棄外王。宋明理學發展成極端個人主義的取向，士風大壞，文人只講個人主義得獨善其身。文人畫則以藝術凌駕自然之上、社會之上（當時的社會真的不好）。明、清文人畫的傳統，主要是對於筆墨的追求，而不是對於形象的追求。形象被簡化成簡單的文字符號（徐建融，2007）。

明清名家中，最具代表性的寫意畫家是徐渭、鄭板橋、齊白

石。明代畫家徐渭（1521-1593年）號青藤老人、青藤道士，以水墨寫意畫知名。他的水墨寫意畫是中國繪畫史上的一個轉折點，因為後來的這一類畫家，都認他是水墨寫意畫的老祖宗。王陽明的「心即是理，心外無理」對徐謂，有著重大的影響，認為與「禪意」相通。這時期哲學、文學、藝術界，都展現了尊重個性、發抒性靈的傾向。徐渭特別注重繪畫的氣韻生動，他說：「不求形似求生韻，根撥皆吾五指栽」。清代鄭板橋曾以五百金換天池（徐渭）石榴一枝，並願作「青藤門下走狗」。當代畫家齊白石自稱「恨不生三百年前」為青藤「磨墨理紙」。吳昌碩說：「青藤畫中聖，書法逾魯公。」

　　清初康乾盛世，當權者基於統治需要，採取高壓政策，導致藝術領域不敢觸及現實問題，因此摹古畫反而成為正統。揚州八怪卻是逆流而行，另創風格。其中的鄭燮（1693-1765年），號板橋，老年罷官客居揚州，以賣畫為生，他的詩、書、畫被世人稱為「三絕」。鄭燮的繪畫理論重點包括注重對於自然和周圍事物的觀察，師承自然；他寫道：「凡吾畫竹，無所師承，多得於紙窗粉壁日光月影中耳」；主張「意在筆先」；他說的意在筆先、趣在法外，都傳承了中國繪畫的傳統，不重寫實。鄭板橋留下寫竹的要訣是：眼中之竹，外物入目。胸中之竹，形象蓄心。手中之竹，畫作成手。

　　他在一幅畫上題寫：

　　　江館清秋，晨起看竹，煙光日影露氣，皆浮動於疏枝密葉之間。胸中勃勃遂有畫意。其實胸中之竹，並不是眼中之竹也。因而磨墨展紙，落筆倏作變相，手中之竹又不是胸中之竹也。總之，「意在筆先者，定則也；趣在法外者，化機也。獨畫云乎哉！

鄭板橋《題竹石》

　　咬定青山不放鬆，立根原在破巖中，千磨萬擊還堅
勁，任爾東西南北風。

鄭板橋《題畫竹》

　　畫竹插天蓋地來，翻風覆雨筆頭載；我今不肯從人
法，寫出龍鬚鳳尾來。

㈥中國畫的傳統

　　徐建融（2007）指出，繪畫有兩種要素，一是形象的塑造，
二是用來塑造形象的筆墨形式。人物畫在晉（顧愷之講求以形寫
神，遷想妙得）唐達到高峰，山水畫和花鳥畫在宋代是最高峰（花
鳥畫講求寫生）。中國畫家都講「書畫同源」，不過明清講的全是
書法，唐宋講的是兩者道理的相通。唐宋繪畫的傳統主要是「外師
造化，中得心源」（唐朝張璪）。筆墨是為形象服務的，強調「畫
之本法」，繪畫有其本身的要求和技法等。唐宋是兼取形象和筆法
的。明、清時代，有正統派的程式畫，還有野逸派的寫意畫。都是
從董其昌的繪畫思想（書法性繪畫）中出來的。他說：「以丘壑之
奇怪論，畫不如山水；以筆墨之精妙論，山水絕不如畫。」

　　明、清文人畫的傳統主要是對於筆墨的追求，而不是對於形象
的追求。明、清繪畫之中，形象的塑造被簡化成簡單的文字符號。
好的筆墨畫，不在於要真實生動地（活的、有氣的）配合形象，而
是要符合書法的要求（徐建融，2007）。

第三節　園林環境的自然思惟

　　從前述章節之中，探討了詩文和藝術，本章探討園林環境的自
然思惟。本來藝術創作的立意，需要了解其意象，也就是：「人與
自然」。文學家和藝術家談論自然，描繪自然，哲學家和科學家即

理論化了自然環境。

　什麼是園林環境？本書定義園林環境：「園林環境是指在人工建築出來的環境之中，模擬自然景物，園林環境範圍相當廣，小至盆栽的造景藝術，例如植栽，大至戶外場景水池、假山、窗櫺，以及園丘之規劃設計（王鑫、王曉鴻，2012a）。中國園林的重點，側重於造景的裝置巧妙，如何模擬大自然，而自然鑲入，不留痕跡；如何依據布局、安頓，納入藝術和詩歌的意境，進行混搭；如何將水文、疊石、涼亭、盆栽、林木、窗櫺、門戶進行穿插運用，並且搭配時節變化，納入當地建材、民俗風情、傳統禁忌，以及配合主人的身分、個性，以及品味等，都是相當關鍵的設計關鍵」。

　也許上述這個定義並不完整，但是可以作為參考。中國古代園林集建築、書畫、雕刻、文學、藝術、工藝，以及園藝等於一身，反映中國人的哲理，以及對於私領域生活品質的追求。其中，皇家園林，例如熱河承德避暑山莊、北京頤和園，以及屬於私家園林的數座蘇州園林，被列入聯合國世界遺產名錄，成為全球共同維護的人類遺產。本章節探索中國古代園林中蘊涵的自然思想，因此必須追溯古代園林的發展脈絡，方能從中整理出有哪些成分能代表不同時期中國人的自然思想。王毅（2014）在《中國園林文化史》自序中就指出，中國古代文化是個完整的體系。不論是形而上的「道」或是形而下的「器」，和園林之間，都有密切的關聯。

　　中國古典園林的面目受到中國古代社會形態的基本特點和歷史進程的嚴格制約，那怕是極微末的疊山理水技巧，或是一件淡淡的盆景、一曲短短的欄杆、一張小小的明式椅……，它們每一步的演變都無不可以在政治、哲學、藝術的眾多領域，直至整個社會文化體系的發展和命運中看到必然的原因。

（王毅，2004；2014）

一、中國古代園林的歷史發展脈絡

從中國古代園林的歷史發展之中，不只能整理出園林發展的脈絡，也可以覓得和文化思想發展的聯結。總體而言，中國傳統藝術創作的過程重在立意與立象，人為的意，走在象之前，象中有自然的成分。尤其追溯到上古時代，就能發現園林和自然的密切關係。但是經過長期演化的結果，雖然許多園林藝術，確實取材自大自然，但是卻是經過中國人哲學化、文學化的自然產物。中國人善用自然，但是自行詮釋的結果，卻沒有多少研究，展現了「自然本體」的科學意念。這反應了中國傳統文化發展中的人本主義導向，也反應了中國在紅高粱、黃土地上，農業社會發展的地理特性。如果將園林看作一個系統，那麼園林在歷史演進的過程中，必定經過類似生物演化的過程，有線性的傳承，也有經過非線性的突變，以及因為環境改變導致的造景變異。演化的結果必然是多樣性，而且呈現複雜系統的特性。環境改變可以是全球變遷，更可能是政、經、文化變遷的影響，當然也有個人自主性因素的介入。中國古代園林的發展，是在中國傳統文化脈絡之下形成的，自有其特色。以現代科學發展中的複雜動態系統，以及混沌學說來分析這個文化系統，就會看清脈絡。

起始點不同、發展途徑不同，是中國文化發展的特色，因而衍生下來的園林系統，當然是身不由己的受到既成文化場域機制的影響。因此，吾人掌握國人的自主性，是唯一能因應蝴蝶效應，提升發展層級的動力因子。從歷史演變來看，園林發展階段之中，幾次重要的轉折點都存在著某些人、某些事件的創意實踐引導。中國園林展現的人類與自然關係，也就這樣地跳躍前進。歷史是連續的，但中間充滿波折。

上古時代，明顯地，是自然崇拜導向的。《禮記・表記》記載：

夏道尊命，事鬼敬神而遠之，其民之敝，蠢而愚，喬而野，樸而不文。殷人尊神，率民以事神，其民之敝，蕩而不靜，勝而無恥。周人尊禮尚德，事鬼敬神而遠之，其民之敝，利而巧，文而不慚，賊而蔽。

這些話揭示了三代文化的主要特點。春秋時代是中國文化跳躍進步的時代，儒家講究禮節，藝術的表現重視載道，講規範；道家重在順其自然，以「無為」為上策，順著自然的形象、節奏、韻律就是最好的，一切向大自然學習。漢代王弼（226-249年）本著自然主義的見解，提出：

夫象者，出意者也。言者，明象者也。盡意莫若象，盡象莫若言。言生於象，故可尋言以觀象。象生於意，故可尋象以觀意。意以象盡，象以言著。故言者所以明象，得象而忘言；象者所以存意，得意而忘象……故立象以盡意，而象可忘也。

他從哲學上，為立意高於、先於立象建立了規則。他的說法其實來自易經，有著比孔子更原始的傳承。

魏晉以後，藝術方能自由地充分成長。玄學和九品中正制，無形的為早期的人物畫立下標準，風流、風骨成了表現的方向，追求天人合一的意境成為時尚。儒家的載道說、道家的自然說，使中國古代美學擺盪在以教化內容及以抒情表意為高評價的兩極之間。本章前述，東晉顧愷之（345-406年）的《傳神論》，提出繪畫重在「傳神」、「以形寫神」、「通神」等。這是當時對人物畫的最高要求，也是創作人物畫的最重要原則。此後「傳神」即成為藝術追求的標準（左克厚主編，2007）。這種士大夫、文人的審美標準以及山水文學創作的影響也進入了當時園林建設之中，帶動了士人

園林的興起（李剛，2018）。

魏晉以後，中國傳統美學發展成爲以「天人合一」的意象、意境等爲高的標準。能善用自然元素，但是重視的卻是人文化、哲學化，完全從美學角度表現的文藝走向。這種發展也影響了園林藝術的表現。

此外，古代園林幾乎是皇親國戚、達官貴人的專屬事務，接觸園林的人包括主人、工匠、客人等，一般平民並沒有太多接觸的機會。因此園林代表的思想生活並不代表大多數中國人的想法，而只能算是精英分子的思想脈絡。但是他們製造的風尚確實能在民間流傳，或是經由文學作品、書信等，留下影響。正是「文因景成，景借文傳」，經由文學作品流傳的消息仍然廣布。古代園林反映的自然思想難說有代表性，最多也只是歷史傳承過程中的一時風尚，但是確實能從中覓得傳統知識持續演化的文化脈絡（王毅，2014）。

在書香主導的社會裡，能工巧匠是沒有地位的。古代中國藝術的傳承依賴師徒口訣和經驗相傳，古法一直是綱領，創新是有限的。工法依賴祖師爺傳下來的經驗，傳承的價值觀決定了園林建設的立意，更由於禮教的束縛，多樣性是有限的。古代的中國人由於受到政治體制的管理和交通的限制，較少登高山、跨大海的旅行體驗，因此也少有攀登大山、接近大自然的體驗感動。除非被貶到偏遠地區，否則少有深入自然環境的記載。因此中唐時代國勢衰落以後，士大夫在小園子裡模擬大自然反而成了高尚的行爲。這和今日的場景是截然不同的。以今日的環境回顧古人，難免爲他們感傷。沒有遊大山的機會，只能委屈在小園子裡，靠創造意境愛自然，實際上距離眞實的自然體驗還遠。今人和古人的價值觀大大不同，古人心中確實缺少對大自然的認識。

唐宋之前的園林，不只是在裡面欣賞自然之美，也善用周圍地區的山水美景。宋明園林進入城市是因爲大運河帶動的商人角色

興起，尤以江南鹽商為要。他們的宅院附設園林，其中重在人工造景，方便邀宴享樂的時候能同時欣賞人造景觀中蘊涵的自然意境之美。為了表現主人的品味，迎合官員的時尚，因此詩境以及象徵性符號取代了自然景觀。園林的規模小了，人造的景觀大增，門景、窗景、假山、花木、水景等都充滿了精心的文學意境設計。「立意取象」是中國古代藝術表現的步驟，立意後再取象、立象，成了設計庭園的常規。「立意」的泉源常來自知識分子心中的或是前人文學作品中的大自然，但是受到當事人的主觀要求、環境的限制以及工匠表現手法的限制，必須概括化地提煉出自然的精華，有限地再現自然景象。因此，古代中國人說的「自然」，其實都是「文化了的自然」，即人性化的自然，缺少真實性。明清時代，這種趨勢更加明顯，尤以江南私家園林最具代表性。

　　總體而言，唐宋以來的私家園林大多是文學化、藝術化了的，滿足了士大夫和知識分子的需求；在提供官宦之家宴客喜樂時，又能擁有欣賞自然、發揮詩情畫意、展現文學素養的飄飄然情境，正如同西方的高級文化（high culture）（交響樂、歌劇、芭蕾舞等）一般，是身分的自我認同。此外並沒有太多認識自然、愛護自然、保護自然的成分。

　　中國古典園林經歷了五個發展階段（王毅，2014；安懷起，2006），分別簡述如下。

(一)上古時代

　　商周時期的園林從娛神的原始自然崇拜型式發展到娛人的型式。前者如靈臺一類的建築，一般是高大仿山的形式，來自對山岳的崇拜，如對五嶽的崇拜。先民認為大山是神居住的地方，靈臺是通天、通神的象徵性建築。靈臺之外，基於自然崇拜形成的後世園林造景元素還有靈沼、明堂（明天道之堂）、辟雍（水旋丘如璧，曰辟雍，或明堂外水曰辟雍，行禮儀，宣德化也）。這些以登

臺上承天命衍生出來的設施，發展成上古時代觀星文、望氣象、祭祖先、明尊卑、頒政令、授卜辭……的建築群。上述建築成為後世園林建築的部分元素。娛人的型式即帝王們開闢原始的自然山水叢林，供給狩獵，兼供遊賞，稱為圃、囿、苑（山海經、淮南子、穆天子傳等記載的玄圃、縣圃、元圃、懸圃等）。在先民原始崇拜中，與古典園林直接相關的還有奇獸、植物、林木。龍、麒麟、玄鳥……。以山水為主體，搭配巨大量體構成的建築，合成了遠古時代園林的主要型式。

(二)中古時代

春秋戰國至秦漢，帝王和貴戚、富豪模擬自然美景和神話仙境，以自然環境為基礎，配置人造景物及大量建築物構成的皇家園林與宮殿混合體，稱為宮苑。園林已是供人遊賞、宴樂的場所。一般是非常豪華、壯麗的，最宏大的如秦始皇的阿房宮，以及漢武帝的上林苑。漢代以後，儒家理性精神主導的人文化，以及宗法制度，改變了上古園林的基本型式。同時，陰陽五行的思想，也進入園林建築之中。

(三)魏晉南北朝至中唐

魏晉南北朝至中唐，由於政治黑暗，思想趨向玄學當道，崇尚自然。文人參與造園，滲入了主觀的審美理想，講求趣味。社會上清談、品人的風氣，外加遊山玩水的風氣，帶動了山水詩、山水美學等的急速發展，興起了士人（士大夫）園林。這種型式的園林，規模和面積都小多了，已經具有微觀山水的味道，在有限空間中，創造士人的詩、文、繪畫意境。當時的著名藝術美學家有顧愷之、王微、王羲之、宗炳等，他們的著作影響了後世的園林美苑思想發展。

皇家園林的發展以初唐至中唐之間最盛，技術最成熟。中唐

以後氣勢漸衰，失去秦漢宮苑「體象天地」的氣勢，發展出文人、士大夫主導的「壺中天地」型園林。這和國勢的盛衰有著密切的關係，政治上的無奈也促使士大夫等知識分子的審美轉向小空間裡發展各類的文化藝術活動。寫意更是不得以全力以赴的方向。古典園林走向「壺中天地」和「芥子納須彌」是長期生長空間被壓迫、被限制而自行萎縮下形成的型式。意境的創造也是在這個發展脈絡下趨向完美的。大觀園裡的林黛玉，正象徵著這種病懨懨的藝術發展傾向。寫意中寫的還是為了滿足士大夫追求完美人格的「天人合一」的境界，但是寫的對象已經侷限在「壺中天地」和「芥子納須彌」等極狹小的空間裡了。

㈣兩宋至明初

兩宋至明初政治和社會依然衰微。宋代偏安江南，明代專制更屬嚴厲，文人、士大夫的發展空間受限，因此更投向鑽牛角尖。園林方面則以山水寫意園為主，注重發掘自然山水中的精華。宋徽宗的汴京（今洛陽）壽山艮嶽最具代表性。

㈤明中葉至清中葉

明中葉至清中葉私人園林數量大增，造園成為專業；江南私家園林興盛，皇家園林仿效私家園林，成為私家園林的集錦。造園技法成熟，出現計成的造園理論名著《園冶》。今日留存的古代園林（如蘇州園林）依舊展示著當時精緻的園林藝術創作。

二、中國園林設計理念中的自然

中唐以後，受到士大夫在亂世中飄搖動盪，宛如浮萍般無依的心靈壓迫，士人園林得以茁壯。在小園林中建構想像中的大自然漸成文人雅士們的最愛（王鑫、王曉鴻，2012b）。中國園林發展逐漸成為由山水、林木、建築等組合而成的一個綜合體，講究

富有詩情畫意，「疊山理水」要有「雖由人作，宛自天開」的境界（王鑫、王曉鴻，2012b）。明、清時代，中國庭園是中國皇家、官宦，以及富豪們住家的延伸與生活的休閒空間，是中國知識分子追求與自然聯結的表現。但是在「形而上者謂之道，形而下者謂之器」這種輕視技術的傳統之下，直到宋代方才出現《營造法式》、《園冶》等技術性專書，將傳承的知識技術作成系統的文字記錄。下述關鍵詞都能展現中國古代園林和庭園的精神：芥子納須彌、袖裏乾坤、瓶中天地、微觀山水、寓意山水、意境、禪趣、妙悟、悟空、心外無法、心外無物、內求諸己，充滿了內省不要向外尋覓，而要向內體悟自己生命本性。

以上的關鍵詞，納入到設計的美學理念，包括芥子納須彌、袖裏乾坤、瓶中天地；微觀山水要能寓意山水，追究意境、禪趣、妙悟、悟空等，講究的是心外無法、心外無物；內求諸己、內省、不要向外尋覓，而要向內體悟自己生命本性等修心養性的境界等。整個設計理念，已經完全脫離大自然環境，轉成內心世界裡修心養性所依附的想像自然、意境自然。

園林藝術同時呈現物質文化和精神文化，也蘊涵文化心理和審美意識。中國古典園林是中國傳統美學意識的一種綜合表現形式。古人在設計園林構圖的時候，也把詩、畫的抒情寫意精神融入。中國古典園林追求的是一個可觀、可行、可遊與可居的空間。因此，園林中的自然就變成了詩與畫中的自然了！

中國式園林藝術的基本型式可以劃分如下（安懷起、王志英；1987；安懷起，2006）：

㈠皇家宮苑

中國最早的園林藝術，可以追溯到周代文王的靈囿，以自然的樹木花草爲主，並挖池築臺，其中養百獸魚鳥，供帝王和貴族狩獵和欣賞大自然，是一種狩獵園型態。從殷商到秦、漢，這段時

期的著名園林首推長安西南的「上林苑」（見司馬相如的《上林賦》）。「上林苑」是漢武帝將秦代的阿房宮遺址擴大而建，地跨渭水南北，廣三百餘里，並在終南山頂上建闕，是一座皇家宮苑（見杜牧的《阿房宮賦》）。這時候的人已經懂得「山本靜，水則流動」，山水也象徵著一陰一陽，迎合了自古以來的陰陽學說。「苑」是我國園林藝術的開始，這個字也經常成為今日花園餐廳、高價公寓住宅以及景觀別墅的名稱。

帝王宮苑大多利用自然山水改造而成，一般占地很大，少則幾百公頃，大的可到幾百里的幅員，氣派宏偉，包羅萬象。歷史上著名的宮苑除了上林苑之外，還有漢的甘泉苑、隋的洛陽西苑、唐的長安禁苑、宋的艮嶽等。現存皇家宮苑都是清代創建或改建的，著名的有北京城內的西苑（中、南、北海）、西郊三山五園中的頤和園、靜明園、圓明園（由相鄰的圓明、長春、綺春等三園構成，初建於1707年的康熙年代，位於今北京市海淀區）、靜宜園（遺址）、暢春園，以及承德避暑山莊。後者近皇家狩獵的場地「木蘭圍場」。當地的外八廟名列聯合國教科文組織的世界文化遺產。今日旅遊北京可往訪「恭親王府」後花園、頤和園、圓明園等地，體會清代皇家園林。

(二)皇家宮苑自然風景園

皇家宮苑自然風景園，以杭州西湖、南京玄武湖。杭州西湖旁的靈隱寺建於西元326年的東晉年間。自唐代以後，營造園林的商賈官宦頗多，詩人、畫家更常引景作詩、作畫。在杭州西湖，唐代白居易留下白堤，宋代蘇軾留下蘇堤，以及「水光瀲灩晴方好，山色空濛雨亦奇；欲把西湖比西子，淡妝濃抹總相宜」等膾炙人口的絕美文字。

玄武湖建於南朝都城建康（今南京），是利用自然、順應自然，人工為之的自然風景園，正是「一城山色半城湖，全城盡映

湖當中」，南京鍾山獨龍崗的靈谷寺也建於同時期（始建於梁514
年），至今仍然是旅遊景區。

距西安二十公里的驪山華清宮，建於唐太宗時代，稱溫泉宮；
玄宗改稱華清宮。至今，當地仍然是遊人如織的自然風景園。這些
自然風景園的特色是建築在名山勝水之間，依賴大範圍自然的環境
背景。

(三)私家園林

私家園林，以洛陽爲代表。魏晉南北朝時期，私家園林日漸增
多。這一時期的私家園林根據園主的地位、文化藝術素養，以及思
想境界的差別，內容和風格大約可分爲兩類。一類是官僚士族的園
林，如西晉石崇的金谷園，另一類是名人文士經營的園林，追求林
泉之美，格調比較平淡高雅，以山石林木景色爲主，園主藉以陶冶
性情，滿足精神上的享受。文人經營的園林已經從物質生活享受轉
爲精神生活享受爲主，雖然數量不多，卻對園林未來的發展方向做
了提示。

北宋李格非《洛陽名園記》中提到，貞觀到開元年間，公卿貴
戚在洛陽建造的邸園達一千多處。這些名園大多是在唐朝莊園別墅
的基礎之上，發展出來的。當時的文人雅士也喜歡建置私人園林，
王維和白居易就是代表。

王維有詩曰：「晚年唯好靜，萬事不關心。自顧無長策，空知
返舊林。松風吹解帶，山月照彈琴」。他還留下輞川山莊的「輞川
圖」。

《輞川圖》

輞川，又稱輞水，《輞川圖》中的別墅原是宋之問的居處，後
來王維歷經此地，將它買下，這裡也是王維晚年隱居的地方。《輞
川圖》畫面以別墅為中心，四周山石起伏，山腳下樹林疏落有致。

這幅畫看起來安詳自得，有種清新脫俗的感覺，這反映出王維當時的心理，是多麼的安逸自在。

唐代詩人張繼的《楓橋夜泊》，提到另外一座寺院叢林：「月落烏啼霜滿天，江楓漁火對愁眠。姑蘇城外寒山寺，夜半鐘聲到客船。」詩中的蘇州寒山寺，充滿秋夜氣氛，禪意深重。古代中國文人要的就是這種超脫的意境。這也反映出古人忽視自然本體的事實，自然永遠是陪襯的背景。

白居易的《廬山草堂記》

匡廬奇秀，甲天下山。山北峰曰香爐峰，北寺曰遺愛寺。介峰寺間，其境勝絕，又甲廬山。元和十一年秋，太原人白樂天見而愛之，若遠行客過故鄉，戀戀不能去。因面峰腋寺，作為草堂。

明年春，草堂成。三間兩柱，二室四牖，廣袤豐殺，一稱心力。洞北戶，來陰風，防徂暑也；敞南甍，納陽日，慮祁寒也。木斲而已，不加丹；牆圬而已，不加白。碔階用石，冪窗用紙，竹簾紵幃，率稱是焉。堂中設木榻四，素屏二，漆琴一張，儒、道、佛書各三兩卷。

樂天既來為主，仰觀山，俯聽泉，旁睨竹樹雲石，自辰及酉，應接不暇。俄而物誘氣隨，外適內和。一宿體寧，再宿心恬，三宿後頹然嗒然，不知其然而然。

自問其故，答曰：「是居也，前有平地，輪廣十丈；中有平臺，半平地；臺南有方池，倍平臺。環池多山竹野卉，池中生白蓮、白魚。又南抵石澗，夾澗有古松、老杉，大僅十人圍，高不知幾百尺。修柯戛雲，低枝拂潭，如幢豎，如蓋張，如龍蛇走。松下多灌叢，蘿蔦葉蔓，駢織承翳，日月光不到地，盛夏風氣如八、九月時。下鋪白石，為出入道。堂北五步，據層崖積石，嵌空垤堄，雜木異草，蓋覆其上。綠陰蒙蒙，朱實離離，不識其名，四時一色。又有飛泉植茗，就以烹燀，好事者見，可以永日。堂東有瀑布，水懸三尺，瀉階隅，落石渠，昏曉如練色，夜中如環佩琴筑聲。堂西倚北崖右趾，以剖竹架空，引崖上泉，脈分線懸，自簷注

砌，纍纍如貫珠，霏微如雨露，滴瀝飄灑，隨風遠去。其四旁耳目、杖屨可及者，春有錦繡谷花，夏有石門澗雲，秋有虎溪月，冬有爐峰雪。陰晴顯晦，昏旦含吐，千變萬狀，不可殫紀，繼縷而言，故云甲廬山者。噫！凡人豐一屋，華一簣，而起居其間，尚不免有驕穩之態；今我為是物主，物至致知，各以類至，又安得不外適內和，體寧心恬哉！……《草堂記》。」

王維的「輞川山莊」和白居易的「廬山草堂」都不全依賴人工造景中蘊涵的自然為欣賞主體，這兩地的「自然」存在於周圍地區的自然美景。「廬山草堂」簡單記載了「草堂」的環境，《輞川圖》的畫面也是以別墅為重心。這是以自然環境為背景的選址案例，與明清的都市園林是大異其趣的。王維和白居易的作品代表唐代及以前文人寄情山水的型態，這時候都市型的園林還不多。今日的廬山世界文化景觀區之中，已經依據《廬山草堂記》重建草堂，雖說人事全非，但是青山依舊，前往懷古，依然醉人。

唐代私家園林和庭園多是人工造的山水小園，其中的庭園只是對宅院的庭園處理。一般私家園林的規模都不大，園內景物主要依靠人工營造，建築比重大，假山多，空間分隔曲折，特別注重小空間、小建築和假山水的處理，同時講究花木配置和室內外裝飾。造園的主題因園主情趣而異，大多數是標榜退隱山林，追求自然恬淡的生活環境（王毅，2004；2014；安懷起，2006）。

㈣寺院叢林

魏晉南北朝時期，受到佛教和文人畫的影響，寺院叢林興起，著重「鑿渠引水，穿池築山」，人工已重。風景名勝與寺廟祠堂相結合的寺院叢林，如五臺山、少林寺等多不勝數。它們具有公共園林性質，也就常成為遊覽區。唐代詩人杜牧的《江南春》中有「南朝四百八十寺，多少樓臺煙雨中」的句子，正說明那時寺院叢林的

普遍。「深山藏古寺」說明寺院叢林採用了宜隱不宜露的藝術處理手法。文人雅士對藝術的要求是寄情山水，以隱逸、超脫世俗爲高尚。寺院叢林的興起促進了不少名山大川的開發。

　　寺院叢林興起的原因之一是因爲在唐朝的初、中葉時期，佛學思想融匯了玄學，徹底中國化的佛教體系「禪宗」成形了。唐初，援禪入詩的有王維、寒山等，後世更多。禪作爲一種文化現象，包涵著對人生的審美態度。追求適意自在的人生、注重內心的自我平衡、處世超然豁達、精神寧靜恬淡等，這正是「禪」影響下的士大夫們的心態和人生情趣。

寺院叢林舉例
南京雞鳴寺（原稱建康同泰寺，梁武帝建）濱玄武湖
南京北郊鍾山獨龍崗的靈谷寺（始建於梁514年）
南京棲霞寺（始建於南齊489年）
蘇州虎丘雲岩寺
杭州靈隱寺（建於東晉326年）
泉州開元寺（建於唐代）
泉州南天寺

　　「寺院叢林」不是爲了欣賞山水美景而建，而是爲了遠離塵囂、尋求寧靜和適合修行。佛家修心爲主，禪宗又特別重視生活上、身體上的鍛鍊，因此勤於整理環境，無意中創造了一個吸引失意知識分子的園林場所。來這裡就覺得與「道」同在、與「佛」同在、與「自然」同在。這正是魏晉玄學追求的最完美境界。古人從自然山水中尋求接近神仙、接近道的理想，這些又轉變成文人和失意官員寄託心靈、回歸的家園。謝靈運、陶淵明建立的山水詩和歸隱田園典範，無形中帶動知識分子走向自然（邵琦，2005）。

(五)自然山水園

自從魏晉南北朝謝靈運開創山水詩以來，山林之趣一直是士大夫追求的。文人、畫家以風雅高潔自居，多自建園林，並將詩情畫意融貫於園林之中，追求抒情的趣味。山水畫的出現以及文學繪畫的影響，使我國園林藝術向自然山水園發展，形成人工自然山水，從而達到妙極自然的意境。在園林的總體布局上，以山水爲主題，以創造自然山林景色爲主要目的。假山、疊石……，這一類型的園林逐步進入都市近郊，人工建築大量增加，但是取自自然山水的形式仍然占了重要的成分。

中國山水畫表現的自然觀

1. 以山水象徵自然。
2. 以山水寄託性情、表徵人格，即仁者樂山、智者樂水。
3. 以天地爲心的態度—外師造化、中得心源。

根據造園者對山水的藝術認識和生活需求，因地制宜地表現山水眞情和詩情畫意的園，稱爲寫意山水園。從中、晚唐到宋，士大夫們要求身居市井也能鬧處尋幽，於是在宅旁整理園地，在近郊置別業，蔚爲風氣。唐代長安、洛陽和宋代開封都建有大量宅第園池。

到了宋代，文人畫家參與園林設計，帶來更深刻的影響。文人山水園將詩情畫意寫入山林。甚至皇家園林的造園設計也是以文人寫意山水園的方式呈現，開封壽山艮嶽就是代表作。它是一座在平地上堆山造成的園，模仿自然山水。宋徽宗是文人，不只是瘦金體書法立下標竿，在他手中更留下了艮園。汴京（今開封）壽山艮園在今萬歲山風景區，壽山艮園是先構圖立意，然後根據畫意施工建造的，設計的人就是宋徽宗本人。

宋代洛陽的宅第園池多半承繼隋唐的舊地。從北宋李格非《洛

陽名園記》（1095年）一書中，可知唐宋宅園大都是在面積不大的宅旁地裏，因高就低，掇山理水，表現山壑溪池之勝。點景起亭，攬勝築臺，茂林蔽天，繁花覆地，小橋流水，曲徑通幽，巧得自然之趣。洛陽名園包括北宋時期洛陽城郊的花園、宅園、別墅等。

南宋以後，文人參與設計園林的情形更加普遍。詩、畫入景，意境當道的中國傳統美學思惟更加充斥在園林設計和表現之上。宋代出現《營造法式》等專著，說明市場已經出現，園林造景將蓬勃發展。明末，計成著作的《園冶》問世（1634年），總結了明代江南造園藝術，提出了「因地制宜」、「雖由人作，宛自天開」的理論，建立了中國式的空間處理、疊山理水、園林建築設計、樹木花草配置等造園手法。《園冶》是中國古代造園理論經典，也被稱為世界上最古老的造園名著。但是被淹沒了近300年，直到1931年前後，才重建天日（計成者，李世葵、劉金鵬編著，2011；計成著，胡天壽譯注，2016）。這也說明了中國社會不重視技術的事實。

明末著名造園家計成撰的中國古代造園專著於崇禎四年（1631年）成稿，崇禎七年刊行。《園冶》全面論述了宅園、別墅營建的原理和具體手法，反映了中國古代造園的成就，總結了造園經驗，是研究中國古代園林的重要著作。《園冶》內容由興造論和園說兩篇組成。園說下分相地、立基、屋宇、裝折、門窗、牆垣、鋪地、掇山、選石、借景十部分。全書共三卷，附圖235幅，包括造牆、鋪地、造門窗等的圖案。《興造論》中，作者闡明寫書的目的，著重指出園林興建的特性是因地制宜，靈活布置。在設計和建造過程中要始終貫穿「巧於因借，精在體宜」的總的指導思想。《園說》是全書的主體，作者把中國古代園林藝術的特徵概括為「雖由人作，宛自天開」。在敘述過程中著意把園林造景的刻劃和意境感受連繫起來，勾畫出中國江南園林詩情畫意、情景交融的

特色。此書爲後世的園林建造提供了理論框架，以及可供模仿的範本。

<table>
<tr><td colspan="1">《園冶》的主導思想</td></tr>
<tr><td>
1. 強調園林設計；「三分匠、七分主人」。「主人」不是園主，而是主持的設計師。
2. 尊重自然：「雖由人作，宛自天開」。
3. 強調「造園無格，必須巧於因借，精在體宜」。
</td></tr>
</table>

㈥城市園林

中國文人無意或失意於朝廷，往往走向歸隱之途，有隱於深山大澤的，也有隱於市的。唐代興起的「中隱」是一種人生態度，形式上表現爲城市宅園的樂趣。「中隱」（又稱吏隱、市隱），「大隱」是朝隱，「小隱」是山隱，只有「中隱」是最適合白居易這種士大夫的口味。段義孚（2021）在《逃避主義》中也提出人間閑地（逃避主義，refuge）的觀念，爲的是保持心性閑適、自在，化解壓力、煩惱、束縛等，由此進入自由的精神境界（段義孚原著、周尚意、張春梅翻譯，2021）。段義孚強調城市是將天庭搬到地上，企圖斬斷與農業的紐帶。當然，這是浪漫主義地理學，揭示人們所不自知的熱望、恐懼，以及貪婪（段義孚原著、趙世玲翻譯，2018）。

「中隱」促成了城市宅園的興起。文人宅園像蘇州園林都是城市山林意識的產物，是很典型的鬧中取靜、小中取大「人間閑地」。於是，以抒情寫意爲訴求的園林情趣產生，有城市山林的市中宅園普遍興起，成爲士大夫出仕與退隱之間的調節場所。由此注重挖掘和創造有限空間的無限情趣，因此創造出一種山林氣氛，唯「意足」而已。

建於城市中的寫意山水園稱爲城市園林。一般都是人工爲主，

有創造意境的特色，重形象思惟的表現，大量使用象徵符號。

北宋書畫家米芾（1051-1107年）曾在鎮江鶴林寺提「城市山林」匾額。該寺內有古竹園，相傳蘇軾在此種竹而得名，寺內愛蓮池是宋人周敦頤栽蓮之地。據朱熹說，周敦頤曾把他居住的堂取名為「愛蓮堂」，做了一篇〈愛蓮說〉刻在堂壁上。

文人喜愛園林的原因是可以「隱居於城市山水林間，修心養性」。白居易的「人間有閑地，何必隱林丘」，道破了這種禪意的人生情趣與文人園林興起的精神連繫。

假山假水將山水濃縮到庭園中，這時候的園林已經是全然的藝術品，遠離了真實的自然環境。從人工造景中，捕捉自然的意象、意境，創造境界。明末計成撰寫的《園冶》就是這個發展階段的總結。明清江南私家園林就是最好的例子。

元、明，清三代，定都北京。北京的恭王府、大觀園（近年依紅樓夢中的大觀園新建），以及西郊名園都留下了清代園林藝術的蹤跡。

城市近郊的風景區和山林名勝，例如蘇州虎丘、揚州瘦西湖、昆明西山滇池、太原晉祠、紹興蘭亭、杭州西湖等；還有佛教四大名山，武當山、青城山、廬山等。這類風景區尺度大，內容多，把自然的、人造的景物融為一體，既有私家園林的幽靜曲折，又是一種集錦式的園林群；既有自然美，又有園林美。

曹雪芹的紅樓夢中，創造了一個充滿畫意與詩意的藝術空間「大觀園」。近人根據書中所述，重建了北京市宣武區的「大觀園」。「因景生情，寓情於景」，古代名句如富有詩意的「春色滿園關不住，一枝紅杏出牆來」等等都重現在現代仿古的園林設計中。

清代初期的江南園林中，京杭大運河沿岸的揚州私家園林，多是鹽商出資造成的自家宅院，今日留存的「汪氏小苑」就是範例。揚州私家園林依賴鹽商奉養的文人提出造園風格，然後雇用當地的能工巧匠建造。造園的目的是為了享樂及與官員們社交。因此，為

了展示自己的水平，必然誇大的精心設計建造。後來更爲了因應乾隆下江南，鹽商們費心經營瘦西湖，使它成爲造園精品。瘦西湖融合了自然山水與南北人工造景的佳作，至今仍是江南園林旅遊的重點。其實，瘦西湖本是戰國時代吳伐齊時始建的人造運河，後來逐漸出現了園林，至乾隆下江南之前，方才又開挖連接至大運河。本地另有以石濤畫稿爲藍本設計的片石山房，瘦西湖是疊石造山技法的精品。清末被納入擴建的何園（寄嘯山莊）。揚州古城東北隅的個園，是另外一個精品，以四季疊石假山著稱，園裡種竹甚多，又收集鄭板橋畫竹精品，顯然更富有文人的優雅氣質，更具教育氣息。

三、從園林景觀鑑中發現中國人的自然思想

中國園林的特徵是濃縮的自然、綜合的形式表現、追求意境等。皇家園林一般規模浩大、建築風格多釆多姿、功能齊全；私家園林規模較小、建築小巧玲瓏、空間分隔曲折、色彩淡雅素靜；寺觀園林有山有水、風景優美，如少林寺、東林寺（「南朝四百八十寺，多少樓臺煙雨中」）；邑郊園林則融合自然與人造景物。

園林景觀的鑑賞方法包括靜觀漫遊、情景交融，以路爲導、選擇角度，觀景賞物、品評領略。外觀結構的鑑賞包括輪廓美、形態美、色彩美、節奏美、聲景美等以及內在意蘊鑑賞。後者包括畫意美，重在寫意與氣韻生動，不求形似，但求神似。把園林景觀比擬成凝固的音樂，可以欣賞它的節奏與韻律、時空的變化與持續、矇矓與含蓄、動中有靜與靜中有動等。園林景觀巧奪天工、妙極自然的地方包括順乎自然、極富天趣，因水而異、人工爲之，咫尺山林、多方勝景，花草樹木、合理配置，點石成景、宛然如畫，無聲的詩，以及立體的畫。園林、繪畫、文學等都講究點景、立意、因景生情、寓情於景、文因景成、景借文傳等情境，以獨特的形式完成了人類與自然相互和諧共存的理想（安懷起，2006；徐建融，2018）。

現存蘇州名園簡介

1.滄浪亭

　　是現存歷史最為悠久的江南園林。與獅子林、拙政園、留園等並稱蘇州宋、元、明、清四大園林。滄浪亭代表著宋朝詩人的藝術風格，「全園結構以假山為中心，建築物環繞四周，高低起伏，樹木蒼翠，有山林氣象；並利用借景，將園外的水與園內的山連成一氣，擴大園景。古樸簡潔，景色自。在園林設計中獨具一格」。《浮生六記》中有對滄浪亭的描寫。

2.網師園

　　網師園在蘇州城東南闊家頭巷裡，是蘇州四大名園中規模最小，卻又是最精緻的園林。《網師園記》說：「地只數畝，而有迂迴不盡之致，居雖近塵，而有雲水相忘之樂。」網師園原為宋史氏「萬卷堂」舊址，又稱「魚隱」。

3.獅子林

　　1342年建，是一座元代禪林。其中的園林是元代著名畫家倪贊設計的。因為園中多竹，又有假山和許多酷似獅子的奇石，故名「獅子林」。獅子林分為東西兩部分，東邊的稱為旱假山，西邊的稱為水假山。太湖石被塑造成各種山峰、峭壁、山谷、洞穴等景觀。園中有數不清的彷獅怪石。

4.留園

　　留園是蘇州大型名園之一，尤以靈空通透的建築院落和精美的建築室內裝修著稱。留園原是明嘉靖時太樸寺徐泰時的東園。當時官僚文人多以奇峰異石相標榜，園內匯集了太湖石十二峰，成為當時名園之一，後來荒蕪。清光緒年間，園歸官僚盛康，又重建，範圍向東、西、北擴大，形成了今天的規模和格局。園的布局大約可分四部分：中部以山水景色為主；東部以建築院落為主；西部是光緒年間擴建的土阜楓林；北部是田園風光。

5.拙政園

　　拙政園原是明弘治年間御史王獻臣的私園。拙政園在建園之初，是因地制宜地利用了原來的窪地積水疏浚以為水池，環以樹木和亭臺樓閣，形成以水為主的自然山水園。園內現景多是清代後期形成的，唯有遼闊的的水面還保留著明代的特徵。

第四節　文藝百工的社會復興

2005年9月，日本社會觀察家三浦展出版《下流社會》一書，指出泡沫經濟後「失去的十年」中，日本社會向下流動而形成的分流社會（三浦展原著，吳忠恩翻譯，2006）。社會「向下流動」的趨勢正在世界悄然形成，日美歐出現中產階級漸漸消失的現象。社會向下沉的拉力愈來愈大，全球社會紛紛「向下流動」。下流社會並非單指低所得的貧民，更泛指溝通能力、生活能力、工作意願、學習動力普遍低落的年輕世代。這些人沒有進步的企圖心，終將從中流階層淪入下流社會。

其實，文明發展本來就是一個緩慢的過程。雅俗文學一直是並行發展的。其間，科技發達顯然是一個重要的、伴隨發展的現象。科技促進生產，產品的流通和交換帶動商業行為；通商又形成另一層級的一大推力，啟動了物品和文化交流。爭奪物質引起戰爭，戰爭又再進一步快速帶動了商業的跳躍繁榮。於是創造了文化和民族融合。這些現象見諸歷史上東西方的文化交流，例如希臘時代、中古時代、以及中國漢、唐、宋代等絲路上發生的文化和科技傳播（中國四大發明西傳）的故事。這些點點滴滴真是環環相扣。商人扮演著重要的轉介角色。威尼斯商人甚至把西亞文明帶回中世紀的歐洲，促成了文藝復興。

從中國古代的自然文學、自然美學，論述書畫藝術，談到了園林建築的環境的自然思惟，本節探討文藝百工的社會學和心理學上的應用，已向下扎根，向上發展人類文明。

一、文學典範轉移中的思想脈絡

在這個過程中，文化發展、文明演進，政治演替著。在中國這塊土地上，文學的主要表達方式也出現了楚辭、漢賦、唐詩、宋詞、元曲、明清民歌的傳承啟合、演變流轉。整體上，民主和民間文化緩緩興起，俗文化和精緻文化取得同等地位。流行文化似乎

主導了社會表象。今日的社會現象正是數千年來人類發展的綜合表現。一片亂象正是人類社會演化造成的多樣性、混沌、複雜現象。如果理解複雜現象是動態的非線性現象。那麼隱藏在混沌複雜之後的高層次秩序也許可以讓我們安於網絡世界的新興秩序。

商周時候的教育為貴族所專有，平民沒有接受教育的權利。但在春秋戰國時期，商周以來「學在官府」的教育壟斷局面被打破了。這時，國家政權出現了下移的趨勢。政權下移的實質是權力從奴隸主到封建主的一次轉移。隨著政權下移，同時出現了「文化下移」的現象。官學的廢弛、典籍的散失、學官流落到民間，在社會上逐漸形成了一個在野的「士」階層。他們擁有官府散失的文化典籍。這些原在官府任職的文化人流落民間，他們憑藉原來熟悉的職業，利用這些文化典籍收徒講學，傳授知識。這些文化人，也就是士。一時間，「私學」蜂起。孔子就是中國第一個開辦私學的人。「私學」興起，在中國歷史上是一個新事務，標誌著一個新的時代即將到來（錢發平，2005）。

漢賦、唐詩、宋詞到元曲，中國文學典範轉移中顯現回到詩經境界的平民化歷程。這中間和政治社會的變遷是息息相關的。元雜劇、明清小曲已經是談情說愛的媒體。解放人性和感情束縛已經是一般民眾主要的關懷。通俗文學大大興盛。天高皇帝遠，文學已不是貴族獨享的工具。民間的聲音淹沒官方的、精英族群的文學。流行在民間的，必然是民間的聲音。社會上，文學的分層已經形成。雖然雅俗有別，但是流行的領域確有不同，各自擁有愛好的群眾。朱熹的「存天理，去人欲」已經被拋棄在地，新的哲學觀是尊重人的本性。戴震（1724-1777年）的社會觀即是「理存乎欲」、「人生而後有欲，有情，有知。三者，血氣心知之自然也」、「生養之道，存乎欲者也；感通之道，存乎情者也；二者，自然之符，天下之事舉矣。」戴震把人性歸結為自然情欲。他的哲學思想正是下流社會（向下流動的社會）在中國的體現。

二、啓蒙式繪畫研究

中國繪畫是一種非常文學化的士大夫藝術，反映出作畫人的高尚情操和意境。文人是爲了修養，甚至養氣、養性而畫。總體而言，意象、意境、境界成爲文化藝術共同追求的準則。「眞」從來不是首要的。「傳神」、「寫神」、「通神」等作畫的準則也符合了中國人習慣的重形象、輕寫實的描述自然方式。因此，形象思惟日趨成形，引導了後世中國人的思惟和行爲習性。從這些發展中，引導了中國人的自然思惟，產生的自然觀察態度是遠離寫實的，不重視眞的內容，完全偏向寫意、寫情、寫志。以混沌說和動態系統的架構來說，系統發展的起始點和演化途徑都是依循著天人合一的方向邁進，因此造就了中國古代的文化特色。也就沒有如同西方啓蒙時代的那種研究自然的方法出現了。因此，建構研究自然的方法，以傳統繪畫進行西式繪畫的水墨、潑彩，以及墨彩的復興，都是可以參照的一種方式。

三、超越中國古典園林的發展

中國古典園林的發展，受到士大夫的影響是巨大的。士大夫形成的文化特質是追求天人合一的完美修身境界。從意境上下手，是中國知識分子（士大夫）結合傳統醫學，達成天人合一境界的精、氣、形、神之養身途徑（李辛，2020）。因此園林中處處見到引用自然山、水、林、石、動植物等創造天人融洽相處的景象。從中國古典園林的發展、基本形式及主要類型來看，它們是人本社會、人文主義的附屬品，園林環境的價值，完全是以服務人類的身心需求、延年益壽爲主要需求（陳祺、任得元、藺林田，2016），並沒有被當做客體被觀察、被研究。因此，中國人享受了自然的美好，享受了它們的善的功能，卻不認識園林、不了解其眞面目。求眞、致知方面，中國人幾乎交出白卷。詩經、山海經、博物志、本草綱目等雖然也記載了大量的動、植物名稱和它們的功能，但卻沒

有受到社會的重視。園林被視爲雕蟲小技、奇花異木、怪誕之學，受到金庸武俠小說影響，這些雕蟲小技，不是杜撰中的小說人物「東邪」黃藥師；必然是「西毒」歐陽鋒的研究領域。王陽明觀竹以求格物致知的故事，還眞教人不可思議，可見中國人的研究方法是落後了。

人文主義過度發展的結果，淹沒了人對大自然的好奇；知識分子講究內省功夫下，忽視了認識外在環境的求知欲。「子不語怪力亂神」，反而阻礙了好奇心；「致中和」，因而爲了和諧，放棄了學術性的愈辯愈明，終至阻礙了科學的發展，沒有發生如西方一般的解剖學、分類學，更缺乏實驗性的研究。

「致知之學」終因欠缺研究精神、研究方法而束手無策，換成了致良知。士大夫的修心養性受到政治、經濟、社會等多方面的禮教約束，終於導致發達的意境說，想像的自然取代了眞正的大自然環境；內控心態取代了外控心態。這些都成了中國文化的特色。

整體來說，中國人的形象是彬彬有禮的、有教養的農家子弟；不善經商，不善放牧，不善打獵，體弱多病。在今日的世界裡，登山健行接觸的才是自然環境，園林已經是藝術作品。園林中的模仿自然和意境，自然並不被認爲是西方標準之下的「自然」。因此從中國園林轉譯的自然思想，更不是西方人說的「自然」那一回事。中國人的自然是哲學化、文學化的自然。現代的人們，在東西兩種「自然」思惟之下，難免自相混淆，分不清該如何對待大自然。正像歌曲《茉莉花》的歌詞所述：「好一朵美麗的茉莉花，好一朵美麗的茉莉花。芬芳美麗滿枝椏，又香又白人人誇。讓我來將你摘下，送給別人家……。」

小結

本書《環境倫理》第四章論述所謂的文藝百工，包括了藝術、

文學，以及園林藝術，試圖建構了古代的自然文學、自然美學，深入文學、藝術，以及園林環境的自然思惟，並且希冀建構文藝百工的社會復興，這些思惟都是前人未提，或是不願意提出討論的部分。

本書引用的書目，可以分成三個部分，分別是1949年以前的傳統自然環境思想、臺灣地區居民的自然環境思想，以及1949年以後大陸地區居民的自然環境思想。1949年以後，臺灣地區和大陸地區的中國人，由於分別受到西方資本主義思想的影響，以及馬列共產主義思想的影響，而且歷經截然不同的政經洗禮，在對待文學、藝術，以及園林環境，有關自然環境的思惟、行為，以園冶方面，必然有著相當程度的差異。

自然環境思想的差異，導致在園林環境的自然思惟，有關經營管理態度和方法上的差異，以及明顯不同的環境問題。但是我認為，海峽兩岸追求永續發展的方向是一致的。因此，從中國人自然環境思想發展的脈絡來看，今後急待建立的、共同需要的「新時代永續發展的環境倫理」（自然環境思想），是海峽兩岸共同的課題。本章作者和長子王曉鴻教授、助理許玲玉博士等人共同發表的作品整理增刪，也是大量閱讀的心得彙整，也希望學者專家及社會大眾不吝賜教（王鑫、劉禹詩、劉昌武、許玲玉，2011；王鑫、王曉鴻，2012a; b；王鑫、許玲玉、王曉鴻，2017）。

關鍵字詞

| 高級文化（high culture） | 象徵、隱喻（metaphor） |

第五章
思惟的科學取徑

萬法由心生

明心見性，養心貴在靜心

心之所之曰志，靜由心生

正心、誠意、格物、致知

思惟產生意識，意識再影響思惟

學習焦點

　　談到倫理，就不得不談到了人類的思惟。思惟從那裡來？如何形塑？如何發展？這些問題涉及腦科學、心理學等許多學科。人類如何學習到正確的思惟，這是教育學者必修的課程；也是治療行為偏差和思惟偏差的必要學問。但是，什麼是正確的思惟，這更涉及到哲學、倫理學，以及社會學等領域的研究內容。本章依據思惟在生物學、心理學與腦科學的基礎知識，論述了歷史、地理學，以及人文科學的課程之中，探討人類思惟的科學取徑，思惟歷程是人類集體思想的起源，同時也是行為科學研究的發軔，更是認識人類空間行為的必要取徑。

第一節　史學、地理學與社會學

　　在本書第一章緒論之中，談到Gold（1980）的出「個體空間認知與行為範型」指出「群體和文化因子」會影響認知過程的識覺（perception）和學習，當然也就影響了人的空間基模（spatial schemata）以及行為。Gold（1980）的範型中，個人因素包括個

性、動機和情緒，這些都直接關係到「思想和行為」的態度、價值觀，也都受到群體和文化因素的影響。在行為地理學之中，關於人類行為的原因、模式，同時也反映了人類行為的政治關係（Reid & Ellsworth-Krebs, 2018）。

　　無疑的，在建構史學、地理學與社會學的範疇之中，除了需要了解生長的自然環境之外，農本社會制度形成的中國社會環境和傳統教育制度，對於塑造中國人的價值觀，同時起了重要作用，也因而主導了中國人的思想和行為。概括的說，這些就是學習環境。從學習環境中，人類獲得感官和思惟的經驗，這些經驗的累積取得了學習的效果。哲學家討論的知識論、認識論、方法論等都是探討學習的效果，有些知識可能來自遺傳，是來自於天賦；有些來自後天的經驗，是學習來的。人類為什麼學習？那就涉及滿足基本需求、目的論，以及人類好奇心等，更有趣的課題了！在演化的過程中，「學習」是否也跟著演化呢？以下第一節從史學、地理學與社會學進行倫理的科學取徑分析。

　　中國自明代採取閉關政策之後，斷絕了中西正式交流的途徑，更延宕了與世界科學發展同步的機會，我們沒有大發現時代、科學革命、第一次工業產生了蒸汽機革命、第二次工業產生了電力革命。如果沒有古典力學時代，就沒有相對論時代，也就沒有量子力學時代。直到林則徐禁菸失敗之後，魏源才完成第一部世界地理專著海國圖志。到民國時代的五四運動，方才引進賽先生（science）的觀念。

一、中國人的傳統自然思惟

　　從本書的第三章和第四章可以知道，主導中國人思惟的是文化傳統裡的思想，包括神話、傳說、三綱五常、四維八德、天地君親師、聽天由命、萬般只有讀書高、鐵杵磨成針等教條。以及閱讀經典裡的教訓如：《大學》（原本是《禮記》中一篇）提出的

大學之道，包括了「明明德、親民、止於至善」三大綱領、「止、定、靜、安、慮、得」六個修養程序，以及「格物、致知、誠意、正心、修身、齊家、治國、平天下」八個實踐條目。這些和西方自然科學崇尙理論、重視實證，依經驗客觀標準建立的思惟準則完全不同。

哲學家馮友蘭（1948）早已指出：「中國人尊重過去的經驗，這個傳統出自農民的思想方式。先秦諸子的思想也多訴諸古代權威。這是「歷史退化論」，認爲人類的黃金時代在過去，不在將來」。

北宋理學家邵雍（1012-1077年）按照象數，把天地從始至終的過程區分爲元、會、運、世，以此爲宇宙歷史的週期，共十二萬九千六百年。邵雍斷定，世界的歷史由興盛到衰亡，周而復始，循環不已。人類歷史發展到堯之世，達到了興盛的頂點；夏、商、周到宋的歷史時期；便由盛而衰。終至天地歸終，萬物滅絕。然後，另一週期又將開始。在一個週期內，歷史是退化的，由堯至宋，經「皇、帝、王、霸」四個階段，一代不如一代。這是神祕主義的宿命論的歷史觀。

農耕文化下發展的中國人的個性，包括思惟和行爲，是謙卑的、內斂的。儒家教人節制，要知所止，要「非禮勿視，非禮勿聽，非禮勿言，非禮勿動」。老子的學說除了任自然外，還講「柔弱勝剛強」《老子・三十六章》。他教人凡事退一步、柔能克剛。這種心態無形中穩定了社會秩序，但是也抑制了進步的思想。對中國文化及政經的大一統發生貢獻，對自然科學的發展，卻是負面的。

中國人怎麼想「自然」？「自然」對中國人來說，其實是自由自在。陳永明（1993）和池田知久（1993）探討陶淵明《歸園田居》中，「久在樊籠裡，復得返自然」的「自然」兩字，認爲它是作爲判斷既存的人倫價值的「自然」。這裡的「自然」不是本體論

上物質世界的「自然」。

> 少無適俗韻，性本愛丘山。誤落塵網中，一去三十年。
> 羈鳥戀舊林，池魚思故淵。開荒南野際，守拙歸園田。
> 方宅十餘畝，草屋八九間。榆柳蔭後簷，桃李羅堂前。
> 曖曖遠人村，依依墟里煙。狗吠深巷中，雞鳴桑樹巔。
> 戶庭無塵雜，虛室有餘閒。久在樊籠裡，復得返自然。

中國士大夫傳承自上古及老莊思想的「自由、自在與自然」，是和儒家思想相對又相輔、相成的。一進、一退，正符合陰陽之道。《擊壤歌》記載：帝堯之世，天下太和，百姓無爭，有八、九十老人擊壤而歌，其詞曰：「日出而作，日入而息；鑿井而飲，耕田而食；帝力於我何有哉？」（《史記・帝王世紀》。「自在」猶云自由，謂任意也（辭海）。後來的佛家則說「不為三界生死所縛，心游空寂，名為自在」。

孔子的學說中，沒有直接論及自由或自在的言論，但是他在自述中，述及自己的心路歷程時，卻用非常簡潔的語調說出：「吾十五而志於學，三十而立，四十而不惑，五十而知天命，六十而耳順，七十而從心所欲，不踰矩。」（《論語・為政》）。這說明孔子到了七十歲的時候，心靈是「自由自在」的。這「自由自在」卻遵守著「自由」的規範，那即是不妨礙別人的自由，也就是禮「節」。

「自由」、「自在」、「自然」的另外一種說法是「野」。孔子說「文勝質則史，質勝文則野」。文者修飾也、質者本質也、史者虛偽也、野者自然也。前句話裡已經指出全然的野（自然），像另一極的虛偽一般，是不好的。自然像璞玉一般，「玉不琢不成器」，未經琢磨的玉是沒什麼價值的。莊子的看法完全不同，他指出「天地與我並生，萬物與我為一」的意境。人應與天地萬物合

一：人性是自由的，不受物欲的束縛；人性是自在的，能活在心安理得中。道家藉由超越物質世界，達到完全自由的境地。這兩種思想發展成為魏晉時代玄學裡「名教」與「自然」之辯，最後以大融合收場。

這就是古代中國對自然的看法，而且長達近兩千年，一直延伸到西方科技文明大舉進入中華大地之後。

沈清松（2000）認為：「歸納中國哲學的自然觀，可以得到三項特性。中國哲學所主張的是整體論、有機論和歷程論的自然觀。」

「整體論」肯定萬物雖紛紜雜沓，卻形成一個整體。道家認為「天地與我並生，萬物與我為一」，以及「道通為一」。儒家講究「仁心仁德」，認為人可發揮同情相感的力量，感通萬物。程顥（1032-1085年）說：「仁者渾然與物同體」。王陽明也說：「大人者，以天地萬物為一體者也。」

「有機論」認為各種自然現象普遍存在著內在連繫，會彼此相互影響。例如《黃帝內經》中認為節氣變化、飲食味道和人的生理機能都會密切連繫。

「歷程論」將自然視為由許多實體，以及其彼此的外在關係所構成，視自然為一生生不息、變化不已的過程，且此一過程本身，乃是一種相互轉化，循環不已的歷程。《易傳》曰：「一陰一陽之謂道，繼之者善也，成之者性也。」邵雍在《觀物外篇》中說：「陰生陽，陽生陰，陰復生陽，陽復生陰，是以循環而無窮」。方以智更進而提出以「輪轉」，為物質變化之原則。以「輪轉」的模式，講明了宇宙循環無窮的歷程。

在中國哲學中，無論儒家或道家，都主張在自然之中瀰漫著生生不息的創造力，人應從中汲取，以為自己創造活動的根源。在如此的自然觀之下，人類的創作須講究「生意盎然」。董源說「外師造化、中得心源」，就是指效法自然生生不息的創造力，體會並且

發揮內心創造力的泉源。人類要以自然之力爲我神通，在自然的創造力之中，尋覓無窮泉源，個人的創造力才會永不衰竭。

沈清松（2000）認爲，在如此的自然觀指導下，中國哲學所構想的科技，應是能「知性」、「盡性」的科技。科學的目的在於盡物之性，人文、社會與自然科學的目的，分別是在認知自我、人群與萬物之本性，並且予以全盡發展。至於技術的目的，則是在以最充實的方式發揮自我、他人，以及萬物的本性，而不在於加以宰制或剝削。按照以上的原則，科技應該是盡性的科技和參贊的科技。

二、天人合一的道德和科學思想

中國神話中的神和西方源自希臘神話中的神有絕對不同。中國人的帝、天、神等，不僅能力高強，而且少有私人行爲和道德上的邪行。農耕文化在人對天的敬、畏引導下，發展出「天人合一」的思想，而且成爲指導中國人思惟和行爲的最高原則。國學大師錢穆最後遺稿中述及，中國文化中，「天人合一」觀……實是整個中國傳統文化思想之歸宿處。中國人是把「天」與「人」合起來看。中國人認爲「天命」就表露在「人生」上。離開「人生」，也就無從來講「天命」。離開「天命」，也就無從來講「人生」，所以中國古人認爲「人生」與「天命」最高貴最偉大處，便在能把他們兩者和合爲一。錢穆認爲，中國古代人，可稱爲抱有一種「天即是人，人即是天，一切人生盡是天命的天人合一觀」。中國傳統文化精神，自古以來即能注意到不違背天，不違背自然，且又能與天命自然融合一體。總結的說，「天人合一」主導了後世中國人，尤其是「士大夫」的思惟和行爲。知識分子都將它作爲修德養性的終極目標。這個指導原則表現在文學藝術以及園林建築的方方面面（王毅，2004；邵琦，2005；2019）。

中國人的哲學思想和價值系統一直是以「人」爲本位。在儒

學思想主導下，中國人的行為準則是「和爲貴」、「天（大自然）人合一」，無形的壓制了發展批判行爲的機會。因此凡事不搞清楚、馬馬虎虎、得過且過，只求平安無事。這些原則或許是處人的學問，可是用在知識問題，或是追求知識的方法，就大大不好了。中國人欠缺批判性的科學、邏輯思惟，因此少有系統科學知識的建樹，凡事但求和諧無爭，不求眞、不求有功。

　　中國具有悠久的農業文明傳統。在《易經》中已有關於宇宙永恆的循環節律和陰陽動態平衡的思想。道家自然無爲的思想，主張主體與客體合而爲一，與自然和睦相處。道家關於自然界的非線性相互連繫的生態系統觀，以及道法自然的智慧等，與前述思想共同形成以「天人合一」爲基礎的中國生態倫理傳統。在人與天的關係上，春秋戰國時代之後，中國傳統文化重視人道而輕視天道，喜談天人合一。龐樸（1988）認爲，中國文化的精神是人文主義，「以倫理、政治爲軸心，不甚追求自然之所以、缺乏神學宗教體系的中國文化，倒是更富有人文主義精神的」。這種人文主義精神表現爲：不把人從人際關係中孤立出來，也不把人同自然對立起來，不追求純自然的知識體系，在價值論上反對功利主義，要關注於人。

　　2007年5月19日中國科學院自然科學史研究所的王渝生在北京海淀區〈中國傳統科學文化的現代價值〉演講文中指出：中國古代的天人合一觀，對當代人與自然協調發展、科學精神與道德理想相結合有著現實的指導意義。天人合一論中「人與天地相參」的觀念，天時、地利、人和的三才學說，是中國傳統文化的核心，也是中國傳統科學的指導思想（王渝生等，2019）。在古代農業社會，它驅使人們創造了人與自然協調、人際關係和諧、科學精神與道德理想相結合的東方文化。歷史車輪發展到近代工業化社會，人對大自然著重征服和索取，曾經一度造成西方近代科學技術的先進和社會的繁榮。

古代中國的儒、道兩家都講「天人合一」，前者以人爲貴（義理天、主宰天、命運天），而後者則以天爲主。今人來看，人與自然既有相互依存的一面，也有鬥爭的一面。自然並不講「人本主義」，儒家卻是講「人本主義」的代表，道家則以自然爲「本」。「天人合一」的思想，顯然是在中華農業文明起源和發展過程中逐漸產生的，其分析模式和西方思惟的分析模式是完全不同的。正如混沌學說和複雜動態系統所述，由於系統發展的起始點不同，長期發展的結果，東西文化確實是相距十萬八千里。

其實，西方哲人也有類似天合一的說法，海德格就主張人與世界的關係，彷彿靈魂與肉體的關係。沒有世界萬物，人的靈魂就成了遊魂，魂不附體；而沒有人，世界萬物就成了無靈魂的軀殼。海德格爾主張超出「主客二分」的思惟模式，反對把自我當作世界之外的旁觀者，強調從世界之內經驗和體驗世界之內的東西。

三、形象思惟與意境說

中國人和西方人最大的一個不同之處，似乎就在於中國人習慣於整體性的形象思惟；不像西方人，比較習慣於邏輯思惟。這可以從文學藝術作品中看出來。

東漢許愼著《說文解字》，總結造字規律的「六書」，包括象形、指事、會意、形聲、轉注、假借等，釐清了漢字形、音、義之間的關係，並且指出哪些字是由圖畫轉變爲象形文字，哪些字是以圖畫符合來指事、會意等。文字、圖畫與象形之間的形影不離，應當是自始如是的。畢竟，它們都是傳意的符號和本體。形象思惟是蠻好的，看字就能會意。形象思惟也引導出中國人的意境說。

中國人自古即把文藝評價重點放在意境、意象、神似等方面，而不重寫實。儒家講究教化，好的文藝作品，一定要有正確的禮教內容。道家講究心靈體驗和精神性審美，推崇超越耳目感官的感悟。莊子的「神遇」即認爲認知主體可以透過心靈體驗、精神感悟

的方法認知世界、把握微妙玄奧的「道」。

宇宙賦氣而生人，人又賦氣而生文。「氣」使「文」有生命力。在中國古代的文學中，氣居萬有之首，是中華一切文化文藝的核心理論。中國美學的最大特點，就是將文藝品當作一個活人看待。任何事物，只要注入「氣」，就擁有了生命力。字畫、詩詞、文藝作品、山水等，都需要賦「氣」。東晉顧愷之（345-406年）的傳神論提出繪畫重在「傳神」、「以形寫神」、「通神」。在他之後，「傳神」即成為藝術追求的標準。謝赫《六法》指出「氣韻第一，用筆第二，象形第三，賦彩第四，位置布局第五，傳摹題材第六」。至今為止，上述的「意境」與「氣」依然是中國人評論文藝作品的常見標準。

從本書第三章〈傳統的自然之道〉，以及第四章〈傳統的文藝和園林〉可以得知，魏晉詩歌從傳統重在關乎政教美刺，轉為唯美風氣。從理論上導引文學作品，不再停留在注重鋪陳事物的本身，不再只是對客觀現象的說明和解釋，而是上升到作者對於事物的感受和評價層次。

西晉陸機《文賦》提出的美學思想內涵是詩緣情，強調文學作品要因情而寫。鍾嶸（468-518年）在《詩品》中將品詩的標準，建立在「滋味」說。劉勰（469-532年）在《文心雕龍》中，對於形象思惟的論證，基本上延續了陸機《文賦》的詮釋。宋代嚴羽的《滄浪詩話》中也說：「言有盡而意無窮」以及「全在氣象，不可尋枝摘葉」等。王國維（1877-1900年）在《人間詞話》中則認為，詞以境界為最上，有境界則自成高格，自有名句。

這一連串的文學理論都說明古代中國文藝作品，以形象思惟為主的思惟方式，無形中淡化了養成中國人邏輯思惟的習性。長期發展下來，中國人的科學性邏輯思惟能力就稀鬆平常了。

此外，本書第四章〈傳統的文藝和園林〉談到了常見的中國繪畫和建築裝潢中常見象徵圖案。其中，風調雨順（寶劍、琵

琶、傘、龍）、榮（芙蓉）華（花）富貴、福（蝙蝠）、馬上封猴（侯）、三羊（陽）開泰、花開富貴、喜（喜鵲）上眉（梅）梢、金玉（魚）滿堂、富貴有魚（餘）、五子（雞子）登科、雙喜（喜鵲）臨門、竹（爆竹）報平安、早（棗）生貴子、中空有節（竹）、桂（貴）樹等，都是重在寓意、不顧真實的形象思惟作品。

　　古典園林也是一種綜合表現傳統文化的有力形式。造園家在設計園林、構圖立意之時，把詩、畫的抒情寫意藝術精神融入了園林藝術。到了宋代，文人畫家參與園林設計，更帶來深刻影響，創造了文人山水園。寫意山水園的造園意境大為盛行。不像西方庭園設計的原則那般，清一色的理性主義色彩，重視數與形。

　　從這些文學、繪畫、造園等方面所知的中國傳統審美態度看來，傳統的中國知識分子是兼具人文素養和浪漫思想的，但是他們的思惟方式確實被形象思惟主導，欠缺了理性的、科學的邏輯思惟。

　　於是，中國古代的「思惟和行為」發展就被導向以儒加重禮教和道家重審美的內容。

四、中國古代的科學與技術

　　中國人的哲學思想和價值系統是以「人」為本位，西方則以「神」為本位。古代中國極端發展的「和為貴」、「天人合一」等人文精神，卻也壓抑了科學精神。人文精神中的倫理思想與美學思想，在中國傳統自然哲學方面主導了我們的思惟，填滿了我們的生命關懷。人文精神又分別由儒家思想和道家思想為代表，兩者互為表裡，塑造了傳統中國人。後來的佛家思想更加重了中國人的人文關懷。同時也更壓抑了自然科學的發展。科學精神、科學態度、科學方法，就更不重要了。

　　余英時（2003）認為古代中國有技術，但是缺乏科學；「技

術屬於應用的範圍，是可以從經驗中摸索而得的。而且往往知其然而不知其所以然。科學則是對於自然現象各方面的規律進行系統的研究，不但要有精密的方法和工具，並且還必須有精確的理論說明」。他認為「西方文化的外傾精神有助於系統科學的發展，而中國文化的內傾精神則不積極地激勵人去對外在世界尋求系統的了解」。「抽象化、理論化、邏輯化的思考方式不是中國人的特色……。中國之所以發展不出科學是具有文化背景的。」中國（專制）政治傳統，形成了一種由上而下的反智論（余英時，2014）。

在《黃帝內經—氣觀念下的天人醫學》一書中（姚春鵬，2008），劉長林的序文指出：國學中既然沒有實證求眞的科學，中國傳統哲學中也就沒有正面的積極有效的認識論。因此以西學為標尺的狹窄的、片面的角度評論國學，一點也不正確。中國科學的思惟方式與西方科學的思惟方式根本不同，中國傳統哲學有自己的一套方法和路數，經由他們所獲得的乃是事務整體層面，即在時間過程中整體變化的本質和規律。

東西方理解中的自然

1. 當代人與自然關係的全球性危機，本質上是近代以來西方人與自然關係的機械論範型的結果。近代以來的西方人範型有以下四個基本特徵：
   (1)人與自然主客體二分。
   (2)對自然的機械性和數學性的分析綜合方法。
   (3)透過實驗將自然物變為人造物。
   (4)人與自然的主奴關係。
2. 以佛教、印度教和道教為代表的東方範型與西方範型的四個基本特徵正好相反：
   (1)東方人認為人與所有生物具有統一性，人類與其他生命形式一樣從屬於生命的統一體，萬物平等。

西方科學向來強調實體，而中國的自然觀則以「關係」爲基礎。中國傳統的學術思想著重研究整體性和自發性，研究協調和協和。當代心理學家也認爲東亞人的思惟較爲整體取向，關注整個場域及其間的因果關係，而且很少使用範疇和形式邏輯，仰賴的是辯證性推理。西方人的思惟則比較分析取向，主要將注意力放在主體對象及所屬範疇上，使用包括形式邏輯的規則來了解主體的行爲。這些差異的來源可追溯到明顯的東西社會體系差異。

中國古代不是沒有科學家、科學發現，但是確實沒有科學這兩個字。也沒形成過科學這個行業（參考：孟馳北有關權力場的論述；及布迪厄的社會階層）。這些人一般被稱爲「能工巧匠」或「奇人異士」，例如（曹余章主編，1995）。

中國古代科學技術專家
春秋時代的魯班
戰國時代的扁鵲（神醫）
秦代的李冰（四川都江堰）
東漢的蔡倫（造紙）
東漢的張衡（地動儀）
三國時代華佗
曹魏的馬鈞（復制指南車）
曹魏裴秀（創立制圖法）
西晉葛洪（煉丹）
南朝祖沖之（發現圓周率）
北魏賈思（編農業科學書《齊民要術》）
隋代李春（建趙縣趙州橋）
唐代藥王孫思邈（發明導尿術）

唐代一行和尚（修訂曆法）
宋代沈括（著《夢溪筆談》）
元代郭守敬（編製《授時曆》）
明代黃道婆（傳播紡織技術）
元代農學家王禎（著《農書》）
明代李時珍（著《本草綱目》）
宋應星（著《天工開物》）

中國古代科學技術史的著作很多（中國科學院自然科學史研究所，2016；李申，2002；李彥譯，李約瑟著，1999；席澤宗，2003；楊金長，2007）。凡異出版社的《物理學發展史上的里程碑》一書中說明〈中國古代物理學〉的部分指出：中國古代自然科學與自然哲學經歷了幾個時期：春秋戰國時期（西元前770-西元前221為形成時期）；從秦、漢經三國、晉、南北朝到隋、唐、五代（西元前221-西元960年）是發展時期）；宋、元至明初（960-十五世紀）是鼎盛時期。明、清可以稱為衰落時期。從五四新文化運動開始，西方物理學匯入，國內呈現出不同於古代物理學的新面目。春秋戰國時期至明、清時期，中國古代物理學形成、發展的概況如下：

㈠先秦時期

偉大哲學家墨翟（約西元前468-前376）及其墨家學派（西元前四世紀-西元前三世紀），在他們的論著《墨經》中記述了大量的物理知識，這是春秋戰國時期物理學成就最大的學派，《墨經》的主要成就在力學與光學方面，探討了力的定義，敘述了慣性運動，研究了槓桿、滑輪、輪軸、斜面等裝置省力的原因，以及浮力與平衡原理，指出了光的直線傳播及反射規律以及小孔、平面鏡、凹凸面鏡的成像情況；觀察了溫度與火色的關係。同時期的《考工

記》是應用力學、聲學方面的書，記載了滾動摩擦、斜面運動、慣性現象、拋物軌道、水的浮力、材料強度以及鐘、鼓、磬的發音、頻率、音色、響度及樂器形狀的關係。這時期的《管子·地數篇》、《鬼谷子》、《呂氏春秋》等書中，還記載了天然磁石的吸鐵現象，以及最早的指南針「司南」。

(二)漢代

王充（27-97年）的《論衡》是中國中古時期的百科全書。在力學方面指出外力能改變物體的運動狀態，改變運動速度。而內力不能改變物體的運動，還討論了相對運動，在聲學方面研究了聲的發生、傳播與衰減，並用水波做比喻。在熱學方面研究了熱的平衡、傳導及物態變化。在光學方面闡述了光的強度、光的直線傳播及球面聚焦現象。在電磁學方面記錄了摩擦起電及磁指南器。

(三)唐代

有人進行了大規模的大地測量，實際上是世界上第一次進行的子午線的實際測量。在《孫眞人丹經》、《武經總要》中記述了火藥的配方：硫磺、硝石和木炭。《玄眞子》中記敘了人造虹的簡單實驗：「背日噴水」。唐人將風力分為八個等級。了解到共鳴的道理並應用於音樂中，並指出了雷與電的關係。

(四)宋代

沈括（1031-1095年）的《夢溪筆談》具有很高的科學價值，被稱為「中國科學史上的座標」，其主要成就是在聲學、光學、磁學方面。他研究了聲音的共振現象、針孔成像與凹凸鏡成像規律，形象地說明了焦點、焦距、正倒像等問題；研究了人工磁化方法，指出了把磁場的磁偏角，討論了指南針的裝置方法，為航海用指南針的製造奠定了基礎。他還研究了大氣中的光、電現象。這一時期

的趙友欽（1279-1368年）在《革象新書》中研究了光的直進、針孔成像，利用模擬實驗研究月亮盈虧以及日、月蝕。他擅長用比喻解釋自然現象，使之生動、形象，易於被人們理解。

㈤明清時代

朱載堉（1536-1610年）在《樂律全書》中用精密方法首次闡明了音樂中的十二平均律。方以智（1611-1671年）兼取古今中外知識精華，在《物理小識》中涉及力、光、磁、熱學，研究了比重、濃度、表面張力及槓桿原理，螺旋原理，研究了光的反射、折射、光學儀器，進行了分光實驗解釋虹，還研究了磁偏角隨地域的變化以及金屬導熱問題。《物理小識》是三百年前的一部科學著作。

但是，這些科學技術的成果並沒有受到社會的重視，因此在儒家文化主導下的中國人文社會裡，科技沒有形成力量、沒有社團，因此也沒有納入古代學校教育和科舉制度中。有能力發明創造的人，最多博得個「能工巧匠」的名號。科學技術發展就是在中國人的價值觀下，被淹沒了。

中國古代社會創造了儒，儒轉成士，孔子之後的士有了新生命、新定位，幾乎成為知識分子的代號。歷史時代裡，官學、家教、私塾教育等，都是循著漢代的體制成長，孕育調教了世世代代中國知識分子，使他們成為士大夫。

中國文化缺乏為知識而知識的傳統，一般學人士子考試的目的是為了博取功名富貴，讀的內容無非是四書五經。這些東西全是方範（規範人們行為）之學，和經驗世界的認知（藝術、工具、科學知識方面），毫不相干。這種規範價值觀成為主導，思想就沒有了自由。中國文化價值的取向全在道德倫理規範，認知學習活動被嚴重的壓縮和方塑，使得中國人缺乏純粹的邏輯思想，缺乏獨立的經驗思考。本章第二節將以生物學、心理學與腦科學，闡述科學突

飛猛進之下，大腦學習的過程，依據二十一世紀倫理探討的科學取徑，以排除傳統以來，過度僵化的思考結構，並且導入西方生物學、心理學與腦科學的理性建構模式。

第二節　生物學、心理學與腦科學

美國地理學家Carl Ortwin Sauer認為文化是一種力量，加在自然身上，創造了文化景觀（Sauer, 1963）。其實，社會中的人類的思惟和行為，也是受到文化塑造的，人類運用大腦思惟，使用語言的時候，就已經嵌入當地的文化脈絡。因此，環境倫理在人類進行思想之後，受到了西方科學思惟的影響，應該需要應用生物體內部的自然選擇機制，依據本質上解釋人類知識和思惟的構造，如何形成了和架構了現代倫理的科學取徑。我們先從大腦科學的研究開始。

一、腦科學研究的啟示

(一)研究腦的方法

在西方科學中，解剖學係為最早研究大腦科學的方法。目前突飛猛進的技術，讓人類對於大腦功能的認識更為向前邁進，這就是生物學的基礎。例如腦成像技術的X射線、運用電腦斷層檢查（CT）、正子斷層掃瞄（PET）、磁振掃描（MRI）等。X射線不能掃描大腦的功能。但是正子斷層掃瞄（PET）和核磁共振造影（MRI）兩種技術，則能夠測量伴隨大腦中的氧氣和葡萄糖消耗，而釋放出來的物質，以建構大腦的圖像，因此能夠追蹤腦中氧氣和葡萄糖在腦中的變化情形。因此得知大腦的區域活動何處最為強烈，確定負責特定行為的腦區。

正子斷層掃瞄（PET）僅能捕捉心理活動時大腦的解剖區域，但是核磁共振造影（MRI）可以清楚地顯示大腦結構，而且描述其中的神經活動；但是還是無法捕捉神經元的瞬間變化。腦電圖

（Electroencephalography, EEG）是一種記錄腦電波的生理監測方法，可以捕捉神經元的瞬間變化。

(二)大腦的構造

　　構成中樞神經系統（CNS）的細胞，組成了大腦和脊髓。中樞神經系統，係由兩種細胞構成：包括了神經元和神經膠質細胞。神經元有傳遞資訊的能力。大腦是非常複雜的結構，包括110億個腦細胞（神經元），負責接受、處理，以及傳遞脈衝，從而形成人類的知覺、行為、思惟，以及情感。

　　神經元的細胞核，則位於細胞體之內，儲存著生物體的基因。細胞核周圍充滿著細胞質。細胞質中的細胞器官，控制著神經元的新陳代謝，以及正常運作。神經元不能分裂生成新的神經元。神經元具有樹突、軸突。樹突就像錯綜複雜的系統，負責接受神經元傳遞的訊號。當樹突受到刺激，連接的神經元就會突然改變電極，沿著軸突釋放訊號；其他神經元的樹突，就可以接受到此一訊號。當神經鍵連接神經元，這些神經鍵將神經元的軸突，以及其他的神經元的樹突相互連接。大腦皮層的神經元，都有大約一萬個神經鍵。這些神經鍵組成極其複雜的網絡系統。

　　我們可以將大腦的進化，形成了對於環境控制的能力。生物進化，也有功能演化的例子。這一種演化的能力又不斷地經歷著自然選擇。這種生物結構和行為的演化，達爾文稱之為預先適應性，古爾德則稱為外適應力。

　　這些大腦的正常發育，不僅是依賴於基因的遺傳，也取決於生物體，以及外界的交互作用。因為基因提供中樞神經系統的整體結構，神經系統的活動，以及感官刺激，將這一種系統進行改善，以能夠正常工作。因此，大腦的發育是一種逐漸喪失神經鍵連接的過程。當大腦發育完全之時，某些神經鍵連接的能力就會喪失。因此，大腦的發育，是一個自然選擇的過程。

因此，學習過程不僅是要增加神經鍵。不常使用的神經鍵連接，將會變弱；或是逐漸消失。經常使用的神經網路，將會保留，並且強化。因此，神經鍵不是一下子就形成的，而是在人類從出生，到了青春期發育過程之中，逐漸累積起來的。基本上，調節性大腦的變化，包括了嶄新技能和知識的學習，都是神經鍵減少的一種結果。

學習和記憶可以鍛鍊根據理論，神經發育和大腦可塑性。William Greenough（1944-2013年）證明隨著環境，大腦在整個生命過程中，可以增生腦神經細胞新的突觸連接，透過建立大量各種新穎的連接神經鍵，大腦可以選擇最有效的組合方式。有用的連接鍵，被選擇存留下來；而不太有用的連接鍵，則被淘汰。因此，生物群體的基因選擇，以及生物體內部的神經鍵選擇，共同產生了作用，推動了大腦自身的發育，並決定了擁有自身非凡的能力。大腦的分區系統如下：

1. 腦幹：稱為本能腦；控制許多基本的功能，包括呼吸、心跳速率，以及直覺。例如遇到危險之時，是要抵抗，或是想逃走。

2. 邊緣系統：包括與記憶功能關係密切的海馬迴，以及情緒中樞；這一部分的大腦的部位，就像衣領一樣包圍著腦幹，邊緣系統最主要的部分，包括下視丘下部和扁桃體，這是情緒控制中心，也是維持身體內部平衡的中樞，控制著賀爾蒙的分泌、口渴、飢餓、性欲、快感、新陳代謝、免疫功能，以及長期的記憶功能。

3. 新皮質（或稱思考性腦部）：覆蓋左右半腦的皮質部，大約只有八分之一吋厚，呈現皺褶狀，如果將皺褶張開，則大約有一張報紙的大小。新皮質控制著人類的視覺、聽覺、創意、思想，以及語言能力，這是人類從事學習和記憶所需能力的所在。

㈢大腦的進化與思惟（brain and thinking, creative thinking）

大腦的結構，這是一種分層的進化。其中區分為三層的大腦，這也是神經進化的三種階段。因此，我們人類的大腦，這是一種會思考的情感的大腦，也就是擁有理性、感性的兩半一體球體的大腦。其中複雜的神經元，就像是我們智慧的基石，有時候增殖，有時候經過了修剪。

在此，大腦指的是我們腦袋之中器官的自然組織，例如細胞、結締組織、體液，以及化學物質的總稱。大腦可以協助人類獲取、共享，以及儲存資訊。如果大腦是汽車，那麼人類的思惟，就是駕駛員。因為，人類的思惟不斷的在進行創造、制定計畫，不斷地透過學習，並且運用更好的技術，不斷地力爭上游，以企圖在未來人生坦途中，取得更大的成功。因此，我們知道隨著大腦複雜性的不斷提升，人類思惟中的思辨能力、推理能力，以及創造能力都會顯著增強。

達爾文的大腦進化論

如果依據大腦的分層進化，根據達爾文的大腦進化論，以適者生存的天擇論，因為物種因應環境的變化形成了隨機效應的自體演化結果，產生了基因突變，甚至形成了結構升級，產生了三層分層進化的大腦，這也是神經進化的三種階段。

1. 腦幹與小腦（爬蟲類腦）：控制反應和自主能力。
2. 大腦邊緣系統（哺乳動物腦）：情緒反應的泉源。
3. 大腦皮層（靈長類或人類腦）：智力、語言、邏輯，以及其他思想意識結構的基礎。

㈣腦神經研究的啟示與意識

大腦各部分的發展速率，其實並不相同，年輕人更傾向使用原始（爬蟲類腦）和感性（哺乳動物腦）的大腦。因此，隨著年紀成長之後，認識自我的大腦皮層（靈長類或人類腦）或前額葉皮質

層在行為控制、判斷，以及理性思考中，所扮演的角色，是非常重要的。大腦神經科學方面的研究，經過歸納出人腦處理資訊的流程如圖5-1：

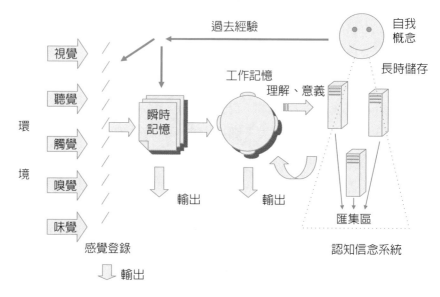

表述人腦如何處理外界環境資訊的資訊加工模型圖

圖5-1　人腦處理外界環境資訊的「資訊加工模型」（參考資料：腦科學與教育應用研究中心譯，2005；Sprenger, M. 1999）

資訊加工模型在功能上的侷限，是處理過程屬於線性行為；人腦卻是「記憶的並行加工模型」，可以迅速針對各種記憶素材進行同時加工，記憶素材可以透過不同的路徑，進出這一種系統。不過，人腦產生的想法常常來自於想像，而不是來自邏輯陳述（參考非線性思惟、形象，以及靈感思惟；這是一種建構主義—來自於人類的自主性思惟）。「資訊加工模型」的各階段的作用，簡述如下：

1. 感覺：所有感覺刺激，以神經衝動的方式輸入大腦，刺激要達到足夠的強度，才能讓感覺進行記錄，視覺、聽覺，以及觸覺，對於嶄新學習事物，貢獻最大。

2. 感覺統合：人腦有一套系統對所有資訊進行篩選，該系統包括下視丘（位於邊緣系統），以及部分腦幹，被稱為網狀活化系統，也可稱為感覺統合系統。下視丘會從生存角度，針對這種感覺刺激的強度和性質進行監控，並根據個體過去的經驗，確定這些資訊的重要程度。感覺統合系統會把不重要的資訊，進行過濾。

3. 短期記憶：發生在大腦皮層。但是瞬時記憶，受到情緒的影響很大（杏仁核、海馬迴）。工作記憶屬於有意識的過程，需要集中注意力，活動發生在前額葉，記憶容量相當有限，但是可以保持終生記憶。但是，工作記憶是暫時的，持續約45分鐘之後，即產生疲勞或厭煩的狀況，注意力下降。這時候就該由單純的思考，站起來，進行身體的動作。

4. 長期記憶儲存：當海馬迴將資訊進行編碼，並且傳送到一種或多種長時間記憶儲存區時，資訊就被儲存了。編碼通常在熟睡之時進行。長期記憶的標準，是貯存具有生存價值的資訊、可以受到個體理解，而且對於個體有意義的記憶。因此，長期記憶儲存區中的所有內容，構成了我們對於周遭世界看法的基礎。這些資訊幫助我們理解事物，了解自然法則，認識事物的因果，形成對於世界觀的真、善、美的認知。這也是我們對於周遭世界的總體看法，構成了我們的認知信念系統。在此，記憶是人類大腦功能的主要成分，思惟聯想是大腦意識的特殊功能。

5. 自我概念：在認知信念系統的深層隱藏著自我概念。我們的自我概念，由過去的經歷所塑造。所以，自我概念的形成及修改，與情緒有關。情緒藉由杏仁核產生，常常戰勝了理智（受到大腦前額葉皮質層所控制），因此會接受或拒絕新的學習。學習情緒管理，才能應對自我概念的偏狹或是偏執的問題。

㈤大腦神經研究的啓示

雖然神經元形態與功能多種多樣，但結構上大致都可分成胞體、樹突，以及軸突兩種。神經元的胞體越大，其軸突越長。不論是哪一種神經元，都可以分成：接收區、觸發區、傳導區，以及輸出區。

1. 接收區（receptive zone）：位於樹突到胞體的部分，如果接收的來源越多，對胞體膜電位的影響越大。

2. 觸發區（trigger zone）：位於胞體整合的電位，決定是否產生神經衝動的起始點。位於軸突和胞體交接的地方。

3. 傳導區（conducting zone）：爲軸突的部分，當產生動作電位（action potential）時，傳導區遵守全有，或是全無的定律（all or none），進行傳導神經衝動。

4. 輸出區（output zone）：神經衝動的目的，就是要讓神經末梢的化學物質釋出神經傳遞物質，才能支配下一個接受的細胞，例如神經元、肌肉細胞或是腺體細胞，此稱爲突觸傳遞。

總體來說，感官收到的資訊刺激了神經元的活動，資訊開始傳送。當兩個或兩個以上的神經元建立連繫，並且進行資訊傳遞以後，學習過程就發生了。

在兒童時代，每一個神經連接被刺激之後，大腦都會在這個連接外包裹一層白色脂肪物質，稱爲髓鞘。髓鞘能有效地幫助資訊傳遞，建立「習慣」，也就形成資訊傳遞的「高速公路」。同一個連接越用越粗壯，不用的遭到了刪減，也就是會被遺忘了。但是這一種作用告訴我們，大腦有修剪的作用，長期不用的神經連接會遭到遺棄。但是新型的神經連接，會不斷形成，以及不斷地壯大。

Jean Piaget（1896-1980年）「知識螺旋建構論」的認知發展階段指出：「兒童的思惟不僅在程度上，與成年人有所不同，而且思惟方式本身也不盡相同。兒童每到一個新的認知發展階段就會將前一個階段徹底改變」。Piaget理論的缺點是，否認了思惟和知識

的進化。Karl Popper（1902-1994年）的證偽法，認爲傳統、技術革新、科學發展等，都是適應性進化。

目前，人類大腦的開發量，應該只占了大腦總量的4%左右，而大腦分爲兩個半球，也稱爲左右半腦，對於右腦的開發，主要是提高人類大腦智商。實施人類左右半腦的平衡性開發，可影響人類大腦智商水準的整體提高。在最初情形之下，新型的問題活動，或是新的經驗，係爲透過更具直覺和創造力的右腦，進行處理。熟悉之後，轉移到更具結構性和順序性的左腦，於是建立了行爲習慣。此外，我認爲左腦與右腦的平衡發展十分重要。一般來說，右腦主要掌理潛意識、情感、想像力、創新思惟、非邏輯思惟、形象思惟、直覺思惟（反射行爲）等。左腦主要掌理邏輯思惟、結構思惟、理性分析，以及重要的語言功能。左腦主要從事智能的、學術的、商業的活動；右腦主要從事藝術的、創造的、情感的活動。天才，都是用全腦工作的。創造性大腦是全腦，是左右腦協同工作的大腦，全腦思惟要求，必須要有規律地休息、獨處。大腦左右半球的平衡發展，以及增強兩側的連繫，對於培養平衡、有效的學習者，頗有助益。

在此，人類的大腦產生的想法，常常來自想像，而不是來自邏輯陳述（請參考非線性思惟、形象及靈感思惟、建構主義—人的自主性等論述）。那麼，想像哪裡來？想像是什麼？記憶，又是什麼？此外，情緒會影響腦的作用，因此對於學習的影響，也十分重要。神經體系建構在進化架構之上，快思在前，慢想在後。我們的基本反應對「條件反射和情緒性」較直接，而不是邏輯性或理智的思惟。

因此，恐懼與不安全感等，是嚴重的抑制學習的因素，會抑制學習的動力，阻礙資訊的吸收與處理。人類是情感的動物，情感生活是獨特思惟的源頭。理性抽象思惟，以及運用數量計算的東西，未必有價值；有價值的東西未必能運用數量計算。畢竟，機器邏輯

的目的，在於同質化的量產，只能促進資本主義型態的經濟活動。我們需要將兒童當作有情感的動物對待，而不是當作運算的機器。

大腦教育下的幼兒教育

由於缺乏長期積累的生活經驗，以及未來發生在額葉中的突觸生長還沒有完成。年幼的兒童，無法發展抽象思惟的能力。因此，過多的要求，往往給他們帶來過大的壓力。一些在國際數學競賽或科技比賽得獎的學生，往往在需要自由思考，或是綜合處理資訊的任務之中，一無所獲。

在幼兒教育方面，這些理論告訴我們，孩子的起跑點在哪裡。也同時告訴我們，過多的知識，會讓孩子的大腦，變成了電腦的硬碟，壓抑了創意思惟的空間，因而輸在起跑點。如果沒有情感方面的安全感，而且缺乏溝通，我們對於教育孩子的嘗試，就一定會以失敗告終。

第三節　思惟、思想與意識

科學家們經常使用的技能包括觀察、預測、推理、分類、建立模型、交換看法、分享資訊；動手測量、科學研究（提出問題、提出假設、實驗設計、分析數據、得出結論）。這些都是思惟、思想與意識的組合。我們在第二節談到了西方科學中的生物學、心理學與腦科學，本節我們要說明在大腦中的思惟，如何從思索中，產生了人類的意識。

一、思惟與思想

《詞源》中說：「思惟就是思索、思考的意思」。思惟科學認為，思惟是人類接受資訊、儲存資訊、加工資訊，以及輸出資訊的活動過程，而且是概括地反映客觀現實的過程。心理學家認為思考或思惟，至少包括了概念活動、知識的表徵，以及獲得、推理、問題解決、決策、言語活動等大腦活動。這聽起來似乎也頗為複雜

的。又有專家將思惟歸結為三個問題：概念形成；問題和推理、想像和問題解決；以及思惟訓練。

　　一般性的思惟技能，是指比較、分類、分析、綜合、抽象和概括等方式。批判法的思惟技能是指對於言論、行為進行分辨、評斷、剖析，以見正理。七種重要思惟是靈感思惟、邏輯思惟、發散思惟、系統思惟、辯證思惟、形象思惟、逆向思惟。總結來說，思惟的要素包括「思惟對象」和「思惟主體」；思惟的過程包括準備、立題、搜索、捕獲和解釋（張大松主編，2008）。

　　西方科學家認為人類的思惟，可以大分為形象思惟、抽象思惟（理性思惟、邏輯思惟），以及靈感思惟。

1. 形象思惟：是指以具體的形象或圖像為內容的思惟形態。這是一般形象思惟的初級階段，借助鮮明、生動的表象和語言，透過獨具個性的特殊形象，來表現事物的本質。人類一出生就會無師自通地以形象思惟方式考慮問題。

2. 抽象思惟：和形象思惟相對的，就是抽象邏輯思惟。抽象邏輯思惟是以抽象概念為形式的思惟，以一般的屬性表現著個別的事物，主要依靠概念、判斷和推理進行思惟。一切正常的人類，都具備邏輯思惟能力，但是有高下之分。科學思惟一般即指抽象邏輯思惟。

3. 靈感思惟：也叫頓悟思惟，是一種突發式的思惟形式，在創造中具關鍵性。形象思惟和靈感思惟，比較不費事，是比較直接的、概括性的，不必依循一定的規則或程序。抽象思惟（理性思惟、邏輯思惟）就不一樣了，必須遵循理性的、邏輯的思惟程序。

　　文字是一種抽象符號，包括許多文化內涵，因此，讀文字費事，但內容比較精準。看圖片直接了當，想像空間寬廣，但是只能抓住概況。兩者各有特徵，顯然的，看圖像是形象思惟；看文字是較多的抽象思惟。後者比較富於理性和邏輯思惟。

靈感思惟和創新思惟需要自由開放的思考環境，需要從多角度、全方位、寬領域地考察問題，而不侷限於邏輯的、單一的、線性的思惟。想想看，當你最具創新思惟，能產生幻想和做白日夢的時候，你在哪兒？是在浴室沖澡、散步、打坐、游泳、沙灘上曬太陽的時候嗎？擁有無限潛能的創造性天才不就是那些精力旺盛、想像力豐富、生活色彩斑斕、充滿好奇心、喜歡做白日夢、淘氣、調皮的人嗎？能「自由」、「自然」地擺脫線性思惟束縛的人，才是富於創造的人。這又是形象思惟的好處了！

創造智能要能左右腦互用、善用圖形表達、思惟流暢、思惟靈活（多角度、重新組合、逆向思惟），能突破思惟框架、阻礙、規範，思惟有原創性（獨立的、遠離中心的）、散發性，富於聯想。形象思惟似乎比抽象思惟，更接近創意思惟呢！

連結主義學派是以統合認知心理學、人工智慧和心理哲學領域的一種理論，中心原則是用簡單單位的網際網路，描述心理現象。建立單純元件的互相連結網路模式，如神經網路模型。根據本章第二節的神經生理學方面的發現，以及認知過程的研究成果告訴我們，人類認知的許多方面是平行加工的，多項操作同時進行。這一種連結，像是神經網絡模型一般，人類學習知識的過程就是建立、強化或弱化節點（神經元）之間連結的過程。思惟有連結這些節點之間，而成網絡的功能。那麼，思惟就是在腦中把看見的東西，和以往的經驗進行連結，然後賦予意義的過程。

形象思惟和抽象邏輯思惟都會影響人類的行為，分別是左、右腦主管的，對我們的言行都有綜合性的作用。可惜在兩千多年中華文化傳統的輾轉演化下，強化了我們的形象思惟，但卻萎縮了我們的抽象邏輯思惟。因此中國人思惟的結果是人文的、浪漫的、合乎傳統美德的，但卻常有不合邏輯、不合理性、不科學的時候。這也許說明了中國古代科學未能發達的原因。

殷海光論思想

「思想」和「思惟」略有不同。「思想」可以有兩種解釋，一是指稱思惟的心理歷程（經驗），二是指稱經由思惟的心理歷程所得到的結果，也可以指稱由此所得到的結果回頭，在思惟的心理歷程中所發生的作用（殷海光，2006）。

殷海光認為，思惟、思考都指動作，思想指思惟的結果。殷海光（2006）在《思想的顏色》一書中指出：人類的行為以各種不同的程度跟著思想走。而中國古代評準思想是否正確的基本條件是宗教、文化、傳統、教育、政治，還有個人特有的主張、好惡、選擇、信仰、情感或價值觀念等。凡合於這些條件的，便被堅持這些條件的人認為是正確的思想。

殷海光提出，評準思想的基本條件，也就是思惟的指導原則（即文化傳統、祖宗遺訓、宗教教條、各種主義、教育、政治、宗教教條等），引導人們的思惟。這些評準標準都是戴著眼鏡看出來的，不完全正確。他認為缺乏經驗基礎的思惟結果都不能說是正確的，我們要以經驗為本，這是正確思想的起點。從感官的感覺到思想，都是經驗。經驗的事物經過邏輯思考後才能形成客觀知識。思想也是一種行為，它更影響人類其他的行為（殷海光，2006）。

二、思惟與意識

在心理學領域之中，意識是人類對於客觀現實的心理反應形式。因此，意識是人類特有的心理現象，其中包括感覺、知覺、思惟在內的複合結構活動。

心理學主要研究個體（有機體）心理、行為，包括意識歷程（conscious process）與潛意識歷程（unconscious process）等心理歷程，以及相關的心理反應。大致有其五大理論模式，包括了行為論、人本論、神經生物論、認知論，以及精神分析論。

意識是一個不完整的、模糊的概念。其實人類知道自己在想什麼的時候，或者像看到物質一樣看到自己所思所想，就是人的意識。所謂的心智現象，在科學上的界定，是要「感覺到」、「知

覺到」、「覺知到」，甚至還要進入到了「意識到」。所謂的意識到，指發現連結，也就是線路接通了。目前心理學上研究，有意識、無意識、下意識、潛意識等區別，其中的意識是生物演化的晚期現象。

在大腦清醒狀態之下，人類的思想意識，主要來源於大腦對自然界資訊進行加工處理和儲存記憶。在這一個期間，人類的身體運動，始終處於休息狀態之下。也就是說，大腦的思惟邏輯聯想，是在肢體和感覺器官處於靜止和無感覺刺激的狀態之下進行的，這也是我們常說的「靜思」、「沉思」、「思考」、「入靜聯想」等。

人類的思惟意識，主要建立在對於自然資訊的儲存之上，邏輯運算和比較形式，是針對事物的聯想延伸，而每刻每秒都要運用到大腦儲存單元的資訊。不然的話，邏輯運算和思惟聯想，都不會成為有機體的腦部功能。一般認為，意識是人對於環境及自我的認知能力，或是認知的清晰程度。從無夢的睡眠醒來之後，除非再次入睡或進入無意識狀態，否則在白天持續進行的，知覺、感覺或覺察的狀態，都是意識。

意識是一個包括多種概念的集合名詞，係指個人運用感覺、知覺、思考、記憶等心理活動，對自己的身心狀態與環境中的人、事、物變化的綜合覺察與認識。個人所察覺與認識的經過，就是一種意識歷程，也就是意識經驗的意思。在意識歷程之中，當個人對內在與外在一切變化的覺察與認識時，常隨著當時注意程度的不同，而經驗到不同的意識層面。過去意識研究的視角，在於對象化。例如意識相對於物質的存在。意識，還有一個研究視角，那就是自我意識存在的本體性，也具有人有自我意識的個體性，更具有人類所思、所想、所言、所行的主體性。

人類意識的真正所在，是在大腦的上行網狀活化系統（ARAS）進行，這是基於網狀結構（RF），是位於大腦底部的一小塊區域，彷彿點火系統，其作用是協調人類身體對周遭環境的反

應。彷彿擁有自動功能的照相機，能夠整合管理立即的反應。這種反應是反射性的，不需經過大腦理性的、邏輯的慢思（洪蘭譯，2012）。

在潛意識之中，是指那些在正常情況之下，根本不能變為意識的東西，比如，內心深處被壓抑而無從意識到的欲望。正是所謂「冰山理論」：人類的意識組成就像一座冰山，露出水面的，只是一小部分（也就是意識）；但是隱藏在水下的絕大部分，卻對其餘部分產生了影響（也就是無意識的影響），這些影響到了行為。

第四節　意識、生命本質與行為

一、意識與生命本質

生命的本質，在於生物與非生物之間區別。截至目前的科學研究，生命與非生物的區別是生命體能夠透過自身的物理和化學感知系統，感知自身的存在，並且可以根據自身的感知，做出對於外界環境的種種反應和行為。這也是說，生命體（生物）能夠適應環境，甚至擁有改造環境，以適應自身生存。俗稱為演化末期的新生能力；同時，生命的另一種顯著特徵，還在於「繁衍」，幾乎沒有生命體，不靠繁衍，能夠延續生命。

因此，生命的本質，在於生命本身擁有「意識」。這種生命意識，簡單來說就是擁有「自我」的意識。擁有自我意識的生命體，才能與其他物質世界，區分開來—不管是動物、植物，還是真菌、病毒，或者其他的生命。

人類的意識，因為其物理感知系統的特殊性，使其擁有人類特有的能力，掌握語言和文字。這就意味著人類依據集體記憶的經驗，以及掌握科學的技巧，可以透過語言和文字，得到智慧的傳承，並且積累到集體的社會意識之中。在這樣的文化經年累月的積累之下，人類的科學文明日益進步，從而使人類的意識極大程度地

領先於地球上的其他生命體——我們通常將人類特有的意識，稱之為：「思想」。

從反面來說，人類意識的運作機制，與電腦的程序基本上是類似的，但是電腦程序或者是人工智慧，卻永遠不能達到人類思想的「高度」，以及思想的「溫度」。唯一的原因，就是人工智慧不具有生物的本質——自我意識，從而不可能眞正替代人類的智慧進行自我反思和眞正的思考。

二、意識與行為

在上一節中，我們談論到意識。本節我們談論意識與行為之間的關係。

思惟是一種高級生理現象，是腦內一種生化反應的過程，是產生訊號系統的源泉。因此，人類的思想意識，主要在清醒狀態和休眠狀態之下，呈現的兩種聯想意識之結構。

人類大腦的神經系統，處於日常清醒狀態之時，可透過自然界的各種資訊對於感官的不同刺激作用，形成對於資訊的傳導、儲存、運算，以及加工處理。然後，大腦經過感官的傳導，實施對於肢體行動的指揮，以不同語言進行表達，並且運用肢體方式進行行動。人類一生吸收的各項活動資訊，主要依賴於大腦容量進行儲存，並對人類一生的活動軌跡，進行資訊的儲存、刷新，以及邏輯運算，並以大腦指揮中樞神經的反射作用，對於身體進行支配。大腦的神經儲存單元也稱作記憶細胞，占了大腦神經細胞總量的20%左右。此外，大腦細胞的邏輯分析功能，以及針對資訊的處理作用，與大腦所記憶的資訊量具有關聯性。

因此，大腦之中神經元彼此之間激發，或是抑制，產生了特定關係。不斷重複某種行為，可以讓神經區域之間的連結發展，形成了穩定的神經迴路，也就是「習慣的養成」。「習慣成為自然」，所依賴的就是重複激發大腦內的神經迴路。

當重複某種行為之時，大腦裡的紋狀體，會參與形成特定的習慣迴路，讓習慣成為自動化的一個單元，稱為「集組」。我們每天都在重複數量驚人的習慣行為，當行為成為一種習慣之時，我們就越難意識到行為的存在，而面對以上這些行為，同時失去高度的警戒監控。

承上所述，勞動與思惟，是一對相互對立的矛盾表徵，而在身體的運動狀態之下，大腦支配的卻是簡單的肢體操作，而思惟則處於簡單的資訊處理狀態之下。當肢體的運動結束之後，大腦進入思惟的延伸過程。俗話說：「一心不可以二用」；「坐下來思考、思考」；「停一下，好好想一想」；「別幹了，想一想招」；「閉眼，好好想想」；「別忙，靜下心來，好好想想」；「好好幹，不要胡思亂想」；「把工作停下來，我們好好研究研究」等。

三、身體的半休眠狀態

在日常生活中，人類的身體始終處於活動階段，大腦的思惟延續很難持續建立，只有身體和感官處於休止狀態之下，或是半休止狀態之下，我們的思惟活動，才能敏捷地無限延續下去。因此，人類在夜間休眠期間，肢體停止工作，部分感官休眠，由於腦部細胞沒有完全被抑制，部分神經仍然在思惟的活躍狀態，也就是對於日常生活軌跡的資訊，進行加工處理，同時產生思惟聯想的深刻延續。

平時，我們在工作之中，如果失了神，也就是長輩常念我們說：「不用心工作，想入非非」。一邊工作，一邊思考問題，那麼工作是做不好的。我們將這一種工作狀態，稱為身體的半休眠狀態，也就是說，肢體運動不到位，擺幅不大，而大腦卻進入到了半深思狀態。我們將這一種狀態稱作「發愣」、「愣神兒」等，也就是工作沒有做好，而思惟也受到了一定的影響。「發愣、發呆」代表肢體活動的間斷性停止，思想進入到半深度的思考期。

四、「自我」的概念

「自我」是如何感覺到「自我」的存在的，也可以說這種「自我感覺」是如何產生的？

對於這個困難的問題，我們採取如下的討論方式。

第一，對外界的感覺與對自我感覺的關係。我們談及意識，如上述所說，往往稱為「自我」。我們是如何感覺到「自我」的存在？值得注意的是，我們之所以使用「感覺」這個詞語，很明顯是將對外的感覺，類比到揭示「自我意識」為何物之上。如果沒有對外界的感覺，自然無法做出這樣的類比。對外界的「感覺」先於「意識」的出現，因為動物時期已經有「自我感覺」了。

而這也引出了下一個問題，那就是兩個「自我」的問題。在「自我」是如何感覺到「自我」的存在這個問題上，如果兩個自我是等價的，那麼我們就可以同時嵌套無限個「自我」，而大腦的神經迴路數量有限，自然無法做出對無限個「自我」的感覺。可見，兩個「自我」是不等價的，由上述對外界類比可知，一個為主體，一個為客體。而客體既然與主體有時間差，則必先於主體，則可知客體的「自我」其實是一種記憶中的「自我」。而人對記憶的感覺則是意識。由於這個過程很短暫，我們平時難以察覺。如果一個人完全沒有記憶，則人類將會沒有意識。

而將意識問題，歸納為記憶問題，則是將問題唯心化了。目前在意識問題的研究之中，雖然已經可以肯定意識是大腦的產物，但最困難的問題，就是在人類有限的經驗，也就是自我經驗是如何產生的。「自我」是如何感覺到「自我」的存在，也可以說這種「自我感覺」是如何產生的。我認為這個問題相當困難，主要是因為這個問題目前很難用科學實驗的方法加以驗證。科學家們認為這個問題的屬性實在是太主觀了，很難用科學的方法加以驗證，但是多數科學家都相信，遲早有一天，會找到一種科學的方法，來針對這個

問題加以研究，並且得到解決。目前學術界正試圖從神經科學、認知科學、哲學、物理學等方面進行解釋。因爲人類的意識，是和情感有關，意識有可能是人類情感的傳遞，以及精神的繼承關係；因此意識是不會滅亡的。科學的分析認爲，人類將回到過去的願望，當作是未來的希望，以此來尋求遺失的情感。因此追溯過去的記憶，祈求未來的想望，決定著人類追尋幸福人生和神性價值的終極意義。

小結

　　人類的思惟是社會的產物，人類社會的物質生產勞動在思惟的前哨，也就是意識的產生過程之中，起了決定性的作用。在意識活動之中，人類從感性經驗抽離出事物的本質、規律，以形成理性認知，又同時運用這些認識指導自身運用智慧，進行計畫性地改造客觀世界，以形成我們居住的環境。在本章對於大腦科學的探討之中，了解了意識是一種生命的能量，意識是一種流動，簡稱爲意識流，同時也是一種意向性的生命流。此外，意識不是後天生成的，而是與生俱來的，這是萬物天生都具有的，就是釋迦牟尼所講的眾生皆有的佛性。

　　本章所談的思想，都是在意識的基礎之上產生的，所有的思想，都是自我建構。人類都是具有主觀性的心智，我們才能擁有自我的意識；也就是說，先產生了自我，等到自我出現了心智，心智才能產生意識。自我是一種認知的過程，而不是最終的產物，因此，擁有自我的人格，才能進行記憶與反思。人類作爲一種知者的自我，起源於客觀的自我。客觀的自我，也就是物質的自我，對於一切的感知，產生了情緒和感覺。

　　感覺的功能是自我標記，以情緒爲基礎。當自我的內容，出現在心智活動之中，標記就出現了。在意識之中，心智的建構，取決

於這一種感覺的產生。認知到了客觀物質的自我：這是整合的神經過程的動態集合，以活的身體的表現爲中心，體現於整合的心智過程的動態集合之中。在客觀的和成爲「知者」的自我之間，存在著連續、漸進的關係。作爲「知者」的「自我」，乃是建立在作爲客觀的自我的基礎上。神經模式（neural patterns）以圖像形式，進入了心理活動之中，即可產生心智。無意識的心智，所欠缺的乃是自我。爲了擁有意識，大腦必須取得主體性。主體性的定義特徵，是普遍存在於我們主觀經驗得到的圖象之中的感覺。

關鍵字詞

動作電位（action potential）	接收區（receptive zone）
傳導區（conducting zone）	空間基模（spatial schemata）
意識歷程（conscious process）	觸發區（trigger zone）
神經模式（neural patterns）	潛意識歷程（unconscious
輸出區（output zone）	process）
識覺（perception）	

第六章
傳播和美學的人文脈絡

　　洛陽女兒惜顏色，坐見落花長嘆息。

　　美到了極致，剎那分析，不妨思惟，無礙邏輯，只剩下一聲長長的嘆息。

學習焦點

　　依據哲學詮釋學精神，詮釋永恆主義和精粹主義的教學方法是必須的。在倫理的人文脈絡之下，教育哲學應當可以和進步主義、建構主義等新發展的教育哲學相互輝映，建立更好的教學模組。以今日的角度重新詮釋自然環境思想，有助於訂定今日永續發展的環境倫理和哲學的智慧，正是本章論述的目的。本章以環境傳播、環境美學、環境地景，以及環境哲學，進行論述。

第一節　傳播和溝通理論

　　溝通理論，包括了第五章談到的思惟，以及本章論述的概念、語言、詮釋的範疇。

　　教與學之間的互動是溝通的範疇，溝通的題材是概念，概念是溝通前主體思惟的內容，溝通的媒介主要是語言、文字。學習的人（也就是溝通的接受者）能否理解傳來的語言或文字（主體思惟的概念）就屬於受體詮釋的範疇了。換句話說，接受到傳來的概念之後，怎麼想（思惟）是受體的問題。單靠語言或文字的溝通下，會錯意似乎是常有的事。這是什麼道理？

　　張漢良（2010）在《符號學與詮釋學》書中指出，溝通模式

（communication models）和溝通理論是討論符號學、語言學和哲學詮釋學等的架構。思惟理論、符號學、語言學、哲學詮釋學等都適用在人和人之間傳遞訊息的過程中。該書總論中指出：「在做任何文本解讀之前，首先要建立一個有權威靠的版本；隨意使用一個有問題的文本，必會影響到詮釋的有效性」。張漢良認為符號學與詮釋學都是建立關係的知識系統。訊息（message）構成文本，語碼（code）建構訊息。翻譯的過程中，訊息、符碼（語碼）都產生質變，即符碼（語碼）1（code 1），變成符碼（語碼）（code 2）（如圖6-1-圖6-3）。

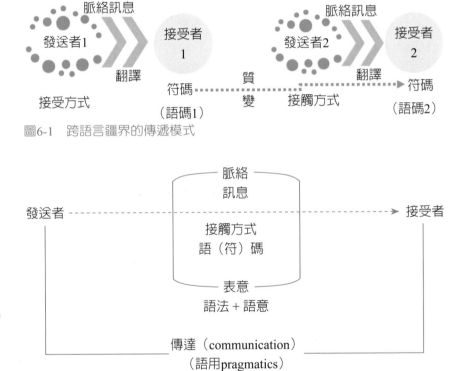

圖6-1　跨語言疆界的傳遞模式

圖6-2　符號學的表意過程與意義傳遞過程。訊息透過語碼建構的過程，即文本建構與表意過程，產生表意（signification）。符號行為包括表意（signification）與傳播（communication）行為。

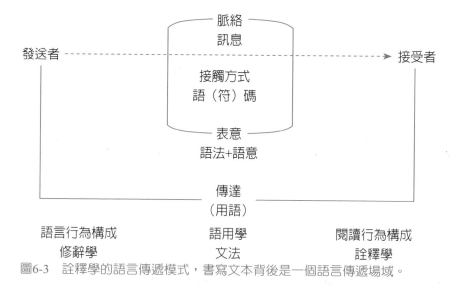

圖6-3　詮釋學的語言傳遞模式，書寫文本背後是一個語言傳遞場域。

　　每一個說話行為都和語言整體有關，也都和說話者的思想整體有關。因此要了解一句話往往包括兩個步驟；一是透過語言的脈絡以及語言的種種可能性去了解這句話；二是要了解這句話反映出說話者的思考。

　　訊息家的語言行為（或言談），都和語碼或語言系統有關，也都和訊息的逆轉還原為思考有關，因此要了解訊息或言談，往往包括兩個步驟；一是透過語言的脈絡，以及語碼去了解這句話，二是要了解這句話反映出語言行為，暗示思考和語言有連續性。

　　人類與其他生物、機械、電腦間傳遞指令的過程也近似前述的溝通模式和溝通理論。下圖是一個簡單的環境解說溝通模式，稱為傳遞者—資訊—接受者模式（SMR Model）（如圖6-4）。

　　傳遞者包括教師、解說員、神父、牧師、詮釋者……；訊息（message）指語言、文字、圖畫、字碼等，含有某種意義，將傳遞給接受者；接受者即傳遞訊息的對象。在這些單元中，訊息流動的理論包括思惟理論、符號學、語言學、哲學詮釋學等。

　　談到環境教育，總是脫離不了基本的教育理論。教育發生在教與學之間，兩者間的互動即是溝通的範疇，溝通的題材是概念，

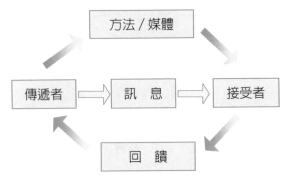

圖6-4　傳遞者─資訊─接受者（SMR Model）模式。

概念是溝通前主體思惟的內容，溝通的媒介主要是語言、文字。學習的人（也就是溝通的接受者）能否理解傳來的語言或文字（主體思惟的概念）就屬於受體詮釋的範疇了。換句話說，接受到傳來的概念之後，怎麼想（思惟）是受體的問題。單靠語言或文字的溝通下，會錯意似乎是常有的事。這是什麼道理呢？

　　人類思惟依賴語言進行，思惟的主要內容則是概念。語言只不過是人類用來表示概念的符號。因此，思惟、符號、語言、概念等組成了密切相關的一組辭彙。人類也使用身體語言（眼色、手勢等），進行傳遞（溝通、傳意）訊息，但是應用的範圍不廣；使用文字等符號來傳遞訊息（概念）則是另外的一種重要方式。語言和文字等符號傳遞的訊息就是他的思惟內容，也就是概念。人又如何進行思惟呢？

　　第五章所談的思惟與思惟模式（發生在傳遞過程之前），說明如後：

一、思惟傳遞

　　你怎麼想事情，用心還是用腦？古人以為人是用心想，今日已經明白，是用腦在想。「思惟就是思索、思考的意思《詞源》」。「思惟科學認為，思惟是人接受信息、儲存信息、加工信息以及輸出信息的活動過程，而且是概括地反映客觀現實的過程，這就是思

惟本質的資訊論觀點」。

今日研究思惟的學者指出七種重要的思惟方式，即靈感思惟、邏輯思惟、發散思惟、系統思惟、辯證思惟、形象思惟、逆向思惟等。這些現代研究成果是不存在於古代中國世界的。古代中國人的思惟只是如孔子說的：「學而不思則罔，思而不學則殆」《論語·為政》。《中庸》又有「博學之、審問之、慎思之、明辨之、篤行之」的學習方法。可見儒家思想是要求學習的時候要多多思考。但是漢武帝設五經博士之後帶來的考用制度，卻扼殺了中國人多面向思考的能力。隋唐科舉制度的內容延伸至明清的八股文，更是徹底不要人思考。

張大松主編（2008）的《科學思惟方法論導論》一書列出了下列的方法：解題思惟、求異思惟、形象思惟、直覺思惟；比較、類比與隱喻思惟；溯因思惟、歸納思惟、演繹思惟、數理思惟、次協調思惟、系統思惟、辯證思惟、理論建構思惟、理論檢驗思惟，以及理論評價思惟等。這些也都不存在於古代中國世界。春秋戰國時代，墨家和名家的邏輯思惟一閃即逝，影響不大。易經帶動的辯證思惟倒是留存下來，影響深遠。

一般而言，思惟包括概念活動、知識的表徵與獲得、推理、問題解決、決策、言語活動等。其中的概念和言語、語言等的定義說明如後。

二、概念傳遞

概念本身在現實物理世界中是不存在的，存在的是概念代表的對象（所指，即該事物的實體），對象又組成了真實的世界。

概念有簡單的、有複雜的，他們之間可能各自獨立、沒有邏輯關係。但是在排列、比較和系統化處理的時候就必須顧慮到他們之間的邏輯關係，包括概念的內涵、概念的外延以及從屬關係、並列關係、邏輯斜線關係等。透過概念的「限定」、「合取」、

「析取」和「聯取」，即可將簡單概念組成複雜概念（馮志偉，2008）。

　　語言和文字也是抽象的，語言傳達的是思惟的事和物的概念。由於語言和文字是簡單的符號，常常無法充分表達完整的概念或是涵括所有的複雜概念，因此語言和文字常常是不足以表達思惟和心意的。

三、語言、符號傳遞

　　語言是一種符號。符號學（一切記號系統的科學）的創始人羅蘭巴特（李幼蒸譯，2008），也是結構主義運動主要代表者之一。他指出符號學的基本內容（按照結構語言學）可劃分為：
1. 語言和言語。
2. 所指和能指。
3. 系統和組合段。
4. 直指和涵指。

　　本研究只探討符號學中與語言學相關的部分。語言學的前輩大師索緒爾已經提出「能指與所指」（signifier and signified）的議題。

　　學者們通常區分語言和言語，言語指說話的行為，不一定符合社會規範。例如幼兒學說話的初期，他說的話是一組音的組合，是大人聽不懂的言語。如果言語符合了當地的社會規範，有了一定的結構，就成為語言。

　　語言是抽象的，是人類用來指稱某件事物的符號工具，它「能指」某件事物（所指）。不同族群（或地方）的人隨意地創造他們自己的語言來指示他們心中的事物，因此各族群（或地方）的人使用各自不同的語言（我們稱呼的西瓜，英國人稱watermelon）。語言（結構）是一種多樣化的社會制度，是一種集體性的契約，只要人類想進行語言交流，就必須完全受其支配。這個社會的產物如果

不經學習是無法掌握它的。因此，語言承載了文化意義。中國古文字重象形，無形中建構了中國古人習慣於形象思惟的文化傳統。

四、詮釋：理解與解釋（understand and interpret）

詮釋學探討「理解」、「領悟」、「認知」的理論與方法，課題如：

「我們如何理解語言？」

「你怎麼能懂他說的意思？」

在舊詮釋學的觀念中，理解就是從思想上、心理上和時代環境上「設身處地」體驗並恢復作者的「原義」，理解和解釋都回到文本作者的本意。

哲學詮釋學者加達默爾反對這樣的觀點。他認爲理解不可能離開現在的視界去看待過去。在時間的移轉過程中，人類都能個別的領悟周遭發生的事物變化，包括大自然的、人間事務的以及政治、社會、經濟的改變。因爲每個人的生長環境和經歷不同、發展出的認知能力、偏好不同，對這些變化的領悟也不同。當然，不同時代、不同地方的人也會有不同的領悟。因爲領悟不同，便形成思惟和行爲很不同的多元化社會。不同的人擁有的自然環境思想是不會相同的（如果能有脈絡出現，就不錯了。只是這個脈絡也難跳出演化的規則；偶而出現突變也是可能的）。

詮釋學是本研究中時時注意的理論。務求在理解和解釋自然環境思想文獻的時候，能站穩立場；務求本研究的詮釋是恰當的。其實，自然科學新思惟中的複雜性科學，包括一般系統論、控制論、資訊論、混沌理論、耗散結構理論、協同學等，對人文學科的研究也都有著深刻的影響（常寧生譯，2005；張漢良，2010）。今人在詮釋古代文獻的時候，這些新的思惟都已經預存在詮釋者的腦海裡了。

第二節　西方美學理論

　　本章第一節討論了環境傳播，第二節依據西方文化的論述，從自然、社會、藝術、科學、制度等探討美的本質，依據現象－本質為基本結構進行論述，探討了美學。

　　美是什麼？

　　美學（aesthetics）原字義是感受學。美是人類文化中最為複雜的現象。

　　美的問題可以從下面的三個敘述開展：

　　這花是圓的：是客觀存在的、人定義的。

　　這花是紅的：是客觀存在的、人定義的。

　　這花是美的：客觀性卻無法證明。

　　休謨（Hume）提出：美究竟在何處？既摸不著，也掌握不住！因此，美不是屬於自然科學範圍內的客觀存在。因此，美學（aesthetics）把要點放在你確實感受到美的這種感受上。

一、美學的早期發展

　　西方美學（aesthetics）的發展可劃分為三種範型，迴盪在理性主義與浪漫主義、唯心與唯物思惟之間

　　古希臘美學一開始就把美從人類那裡分開，認為有一種先於人的審美活動，而存在的實體，例如「美本身」、「數」、「形式」等。在認識領域，美學中的自然主義態度，表現為對於美感的本源問題的知識關切。如近代經驗論和唯理論美學，一開始就將美的本源問題，當成一個自然科學問題來探討，並且極度借用自然科學的方法論，來針對這種「先於」認知主體之外的客觀世界，進行無偏見、精確化的掌握（戴茂堂，2005）。

　　也就是說，古代希臘哲學代表的自然主義者，依主客二分的角度思考問題，即先設定一個對象的客觀存在，然後排除主觀因素，準確地加以把握。自然主義者認為自然具有先在性和優先性，將人

類與自然絕對分離開來。卻忘了自然是透過人類的反思和實踐活動而確認的。美學中的自然主義態度，表現在對美感的本源問題的知識關切。

(一)亞里斯多德詩意美學觀

亞里斯多德認為各種藝術的創作過程，都是摹仿自然。他所說的摹仿，是一種再現和重新創造的意思。他認為詩人應該創造合乎或然律，或是必然律的情節，反映現實中本質的、普遍的東西。所以藝術應該比普通的現實成分更高，詩歌也比歷史的精度更高。這種摹仿既然要揭示事物內在的本質和規律，因此藝術可以幫助人更好地認識客觀現實。這個看法是亞里斯多德對於美學思想最有價值的貢獻之一。

亞里斯多德把文藝作品的創作過程看作一種理性活動，而不歸功於靈感。他所要求於詩人的是清醒的頭腦。亞里斯多德認為感情是人類所不可少的，是對人類有益的。他說，悲劇的功用在於引起憐憫與恐懼的感情，使這種感情得到宣泄（或淨化），這樣，人的心理就恢復了健康。另一種解釋是，使這種感情得到陶冶，也就是說，使憐憫與恐懼保持適當的強度，藉此獲得心理上的平衡。總之，亞里斯多德認為悲劇對社會道德可以起良好的作用。

亞里斯多德指出，人對於摹仿自然的作品總會感到快感，悲劇能給人以快感，情節的安排、色彩、文字、音樂的美都能給人以快感，他這樣肯定了藝術的價值。亞里斯多德又指出，悲劇藝術的組成包括故事情節、人物性格、語言、思想（指思考力）、形象（指面具和服裝）和歌曲。其中最重要的是情節，所謂情節，指事件的安排。他強調文藝作品應是一個有機整體。他說：「悲劇是一個嚴肅、完整、有一定長度的行動的摹仿。」情節要有一定的安排，要有內在的密切連繫，而且要完整，就是說要有頭、有身、有尾。任何部分一經挪動或刪削，就會使整體鬆動脫節。要是某一部分是可

有可無的，變動它並不引起顯著差異，那就不是整體中的有機部分。亞里斯多德只強調情節的統一，這是戲劇創作的一個重要原則。至於後世提出的「三一律」中的「時間的統一」和「地點的統一」，則是出於對《詩學》的誤解。

亞里斯多德認為劇中人物的性格必須善良，性格還必須適合人物的身分，必須與真人相似，而又比一般人更好、更美，也必須合乎事物的必然律，或是或然律。

亞里斯多德創造的《詩學》，在古代曾長期被埋沒。對後世歐洲文學的影響開始於十五世紀末葉。十七世紀的法國文藝理論家布瓦洛的《詩藝》，就是摹仿亞里斯多德的《詩學》寫成的，成為權威性的美學經典，在古典主義文學運動中起了決定性的作用。在馬克思主義美學產生以前，亞里斯多德的理論成為西方美學概念的主要根據。

(二)奧古斯丁美學觀

奧古斯丁（Aurelius Augustinus, 354-430年）是羅馬帝國時期的基督教思想家，歐洲中世紀基督教神學、教父哲學的重要代表人物。在羅馬天主教系統裡，他被封為聖人和聖師。奧古斯丁主張藝術應拋棄現實世界而反映上帝，達到為宗教服務的目的，造型藝術用於裝飾教堂，詩和音樂應讚美上帝。對於新教教會，特別是喀爾文主義，他的理論是宗教改革的救贖和恩典思想的源頭。他的美學思想主要體現在他的神學著作和《懺悔錄》之中。

奧古斯丁認為一切美源自天主。美是分等級次序的，最高的、絕對的美是上帝，其次是道德美，形體美是低級的、相對的美。低級有限的形體美本身並無獨立價值，只是通向無限的絕對美的階梯。美體現為整一、和諧，這是上帝按照數學原則創造出來的，因而美的基本要素是數。這個觀點明顯地是受到畢達哥拉斯學派的影響。在美和醜的問題上，他主張美是絕對的，醜是相對的。孤立的

醜是形成美的積極因素。這種看法具有辯證性。

　　人類欣賞藝術作品，實際上是欣賞藝術作品中所包括的上帝的理念。奧古斯丁認爲世俗藝術都是不眞實的，這些世俗藝術能挑逗了人類的邪惡欲望，使人類遠離絕對美學的上帝。奧古斯丁的宗教神祕主義美學思想，對於後世產生了很大的影響。

(三)康德的美學觀

　　康德（1724-1804年）的美學，被視爲唯心主義和形式主義。美學的欣賞，是從美的本質轉到美感的本質，以主體—客體爲基本結構進行研究。也就是說，美的研究，從客體轉到主體的心理、感性認知。

　　這個美學範型的代表，是康德的「判斷力批判」。康德突破自然主義（註：古代希臘哲學即自然主義哲學），正是在美學體系潛藏著，而且不斷暗示出來和透露出來的特別資訊。康德將知識和道德嚴格區分，反對「美德即知識」的知識論傳統。康德區別現象和「物自體」，認爲知性力只能運用在現象界，不能運用在超驗的物自體。

　　1790年，他提出的第三批判（Critique of Judgment，即判斷力的批判），包括「審美的判斷力」與「目的論判斷力」（teleological judgment），處理有關人的「品味」或「欣賞」的問題，也就是「美」的問題。康德美學必須放置於他的整體哲學之下來研究，康德認爲美學的根本目的是解決人的自由問題，他認爲人的自由不應該受經驗世界的支配。

　　康德在第三批判中，提出透過審美活動（自然美）可以實現人的感性自由，從而將自然和自由統一起來。總的來說，在無利害性的審美活動中（自然美），人類才能統一知情意和眞善美。在欣賞大自然之美的時候，依據合目的性原則，大自然展現出的規律也就是我們形成道德自律規範的依據。其實，這也就是我們主張向大自

然學習的道理，也就是主張自然全美的道理。應該也就是盧梭撰寫的「愛彌兒」所提倡的自然教育理念的核心價值。

第三批判中的「目的論判斷力批判」連結第一與第二批判所處理的知識與信仰或現象與物自身，或實然與應然，或自然與自由，或理論與實踐等兩個世界之間的鴻溝。康德認為審美之路跨越自然與自由之間的鴻溝。透過感性的審美活動，使道德實踐的自由概念在感性世界中成為現實。因此，自由最終是與審美連繫在一起的。

康德提出「無利害的靜觀」（disinterested contemplation），依康德的經典表述來說，這種審美模式不涉及對象的任何功利、概念、目的，只涉及對象的純粹形式。也就是說，在這種審美模式中，欣賞者完全外在於審美對象，欣賞者要與審美對象保持必要的心理距離。

康德認為美感（第三批判），是知識（第一批判）和道德（第二批判）之間的樞紐帶，自然形式的美感與道德情感間有類比關係，將「美作為道德善的象徵」。他認為，「審美」是「認知」與「實踐」以外的另一種心靈能力，是一種判斷力。美的鑑賞主要關涉的是人類快樂及不快樂的感覺，是一種判斷對象是否能引發自己的滿足感的能力。康德說的美是自然的形式美，不含內容美。他提出的重點包括

1. 審美判斷不是一種知識，不是一種認知活動，而是一種感覺。
2. 「審美的」是「主觀的合目的性」，即主體（我）對於事物的某種形式在情感上隱約地感到愉悅的；它不涉及帶有利益的目的在，也不是對明確的本質或客觀效用的認識，故又稱為「無目的之合目的性」。
3. 「純粹美」則是不涉及概念、利害計較、符合目的性而無目的的純形式之美，它的美來自於事物本身。
4. 「依存美」涉及概念、利害計較和目的等內容意義，即依存在他們之中，這種美受制於某種特殊目的。

康德在《判斷力批判》第十四節中指出「在繪畫、雕刻和一切造形藝術裡，在建築和庭園藝術裡，就他們是美的藝術來說，本質的東西是圖案設計。只有它才不是單純地滿足感官，而是透過其形式使人愉悅。因此，只有它才是審美趣味最基本的根源。」康德把著重形式的圖案設計地位，提升至帶有內容主題的造形藝術之上，這也使得他的學說有著形式主義的意味在。《審美判斷力分析》第一部分〈美的分析〉第十七節，論述了「理想美」，認爲：無生命的、沒有內容的純形式之美不能成爲理想美，只有涉及到人的依存美才是理想之美。對藝術品與自然的不同，他指出：

1. 藝術不同於自然：藝術產品不同於自然產品，「正確地說，人類只有把透過自由，即透過理性爲基礎、爲所欲爲而製造出來的東西稱爲藝術。」即藝術是有目的性的自由創造活動。
2. 藝術不同於科學：藝術是人的一種技能，一種實踐能力；科學只是一種知識，一種理論能力。先有知識不一定能做，需加上技能來作方能稱爲藝術。
3. 藝術不同於手工藝：藝術是自由的，而手工藝則受制於報酬。人類把藝術看成是一種遊戲，它本身就是令人愉快的目的。但手工藝是一種勞動，它本身經常是令人不快的，如勞累辛苦。

　　康德對自然美推崇有加，他認爲自然美具有藝術美所缺乏的道德內涵，因爲人類在對自然的審美判斷中不受任何外在的規則與功利目的的限制。自然的審美判斷中蘊涵著自由，它使人類回歸到道德世界的中心。人最終能否獲取自由，就在於人是否能超越自身自然本性的他律限制。在第三批判中，康德將自然美與道德密切連繫起來。在自然的審美判斷中，我們的德行才透過自然美呈現出來。

　　自然美展示的不只是純粹的外觀形式，更重要的是道德內涵，即崇高、勇敢、坦誠、友愛、謙遜、堅強、溫柔等。自由提供了一個感性顯現的空間，於是我們的先驗自由理想在自然之中感性地顯現出來；眞、善、美與知、情、意得到統合。透過審美活動實現的

人的感性自由，將自然和自由統一起來。

　　康德美學影響了現象學的發生。胡塞爾的現象學主張停止利用任何自然知識、中止自然思惟，走現象學還原之路；徹底揚棄本體論的思想。現象學不承認除了經驗的學問外還有一個超經驗的學問。反對自然主義則是胡塞爾現象學的基本主題。

㈣黑格爾的美學觀

　　黑格爾（Georg Wilhelm Friedrich Hegel, 1770-1831年）被認為是絕對唯心主義者，以美—藝術為基本結構，進入到藝術本質的討論。

　　黑格爾認為世界的本原是精神性的理念，整個世界不外是絕對理念自我認識、自我實現的過程。藝術的根本特點，是理念透過感性的形象來顯現自己、認識自己；「美是理念的感性顯現」成為黑格爾美學思想的核心。

　　黑格爾認為自然界的物質是精神「為己」必經的過程，大自然本身沒有價值。為了回歸自己，必須先離開自身。黑格爾認為整個宇宙是一個精神體，因此就沒有所謂的自然美了。自然沒有美了問題，它只是存在而已，是作為精神的活動場所。自然只是意識的媒介，本身無價值。精神是活動的，本身不斷變化，必須死亡（去到自然界）才能再生。精神代表自由，自然界就是必然的、不自由的。黑格爾認為美就是精神以感性的方式顯示它的外表；美感來自人類的感受能力。藝術工作是在感性形式裡把概念呈現給直接的直觀；藝術的根本是理想的內容與感性的形式。

　　在《自然哲學》導論中，黑格爾寫道「自然是作為它在形式中的理念產生出來的」，本質上是一種觀念性的東西。黑格爾的自然哲學是與機械論相對立的德國自然哲學發展的結果。他認為五彩繽紛、千姿百態的自然現象只不過是理念的表現形態。自然作為精神的外殼只是一種暫時而不真實的存在（吳瓊、劉學義，2006）。

黑格爾認為超越形式的詩是藝術最高境界（詩以文字表達，較具體），超越感官世界的範圍，接著就要進入宗教的境界。

　　黑格爾的美學思想主要反映在他的《美學講演錄》一書中，這是他整個哲學體系的一個組成部分，也是他的哲學體系在美學和藝術領域中的具體表現。黑格爾認為世界的本原是精神性的理念，整個世界不外是絕對理念自我認識、自我實現的過程。從而歷史不再是一堆偶然的現象，而是合乎規律、合乎理性的發展。藝術、宗教、哲學，便是絕對理念在精神階段發展中的最高階段。藝術的根本特點，是理念透過感性的形象來顯現自己、認識自己，「美是理念的感性顯現」成為黑格爾美學思想的核心。

　　「美是理念的感性顯現」，肯定了美是理念。但美的理念不同於一般的理念。一般的理念是抽象的、概念性的，美的理念卻必須具有確定的形式，與現實的具體特徵結合在一起。只有具體的理念，才能顯現為感性的形象。例如畫家畫蘋果，不能把蘋果當成抽象的概念來畫，必須結合顏色、形狀等，把蘋果當成具體的形象來畫。美的理念要透過感性的形象來顯現，因為當理念發展到精神階段，人的自由理性要把內在世界和外在世界作為對象，提升到心靈的意識面前，以便從這些對象中認識自己。即人要透過感性形象來認識和觀照自己，以便把自己再現出來。感性形象，是理念自身顯現出來的，並不具有自然的物質存在，而是心靈化的東西經過感性形式來表現的。畫家所畫的蘋果，只是一種感性形式，並不是真的蘋果，並不和人類發生任何物質的功利關係。感性形象既然是理念的自我顯現，二者的統一是必然的。西方美學史中關於理性與感性、內容與形式、一般與特殊的爭論，到了黑格爾，才從唯心主義的角度，透過「美是理念的感性顯現」，把本來相互矛盾的兩個方面統一了起來。

　　在黑格爾看來，自然顯現理念不充分、不完善，不是真正的美。只有藝術美，才是心靈的產物，才能「把每一個形象的看得

見的外表上的每一點都化成眼睛或靈魂的住所，使它把心靈顯現出來」。只有藝術美才是眞正的美。美學研究的「範圍就是藝術」，美學這門科學的正當名稱即是「藝術哲學」，更確切一點，是「美的藝術的哲學」。

黑格爾分別對藝術的性質和特徵、藝術發展的歷史類型和各門藝術的體系，進行既是邏輯的又是歷史的分析。邏輯方面，他建立了一個龐大的有關藝術的唯心主義哲學體系；歷史方面，他開創了藝術社會學的研究，展示了宏偉的歷史觀。

黑格爾認爲，在藝術中，理念既要顯現爲個別形象，出現在感性世界及其自然的形狀中，同時又要清洗掉外在世界中那些偶然性的東西，使它達到普遍性的高度，揭示出心靈的意蘊，符合心靈的旨趣。這在黑格爾看來，就是「理想」，「理想就是從一大堆個別偶然的東西之中所揀回來的現實」。理想藝術的出現，要有一般的世界情況，要有導致衝突的情境，要有作爲「理想藝術表現的眞正中心」的人物性格。因此，人物性格成了黑格爾研究藝術美的中心。

黑格爾探討了藝術發展的歷史類型。他從理念的精神內容與其物質表現的感性形式的關係出發，把藝術的歷史發展分爲3種類型：

1. 象徵主義類型：物質表現形式壓倒精神內容，物質不是作爲內容的形式來表現內容，而是作爲一種象徵來象徵內容的某個方面。埃及的金字塔，是象徵型藝術的典型代表。

2. 古典主義類型：物質表現形式與精神內容達到高度統一，藝術美的理想得到眞正的實現。希臘的雕刻是其代表。

3. 浪漫主義類型：理念不斷克服物質的障礙，不斷回復到它精神性的本性，精神內容終於壓倒物質的表現形式。中世紀的基督教藝術，近代的戲劇、小說、詩歌等，都是浪漫型的藝術。

黑格爾建立了各門藝術分類的體系，認爲理念透過不同的感性

材料顯現出來，成為不同的藝術。感性材料是區分各門藝術的一個標誌。在藝術分類中起決定作用的，仍然是理念。建築的物質材料超過了精神內容，不宜於充分顯現理念，在黑格爾看來，建築是最低級的藝術。反過來，詩差不多去盡了物質材料的痕跡，變成了語言，最適宜於顯現理念，因此是最高級的藝術，在詩裡面，詩劇又最高，因為它既有人物、情節，具有客觀性；又有個人自我意識和人格的獨立性，具有主觀性。在這主觀性與客觀性的統一中，中心是人物性格。悲劇中的人物性格，各自代表某種普遍力量，相互衝突，終於同歸於盡，從而永恆的正義取得了最後的勝利。這最符合黑格爾辯證法的規律，因此在各門藝術中，他把悲劇看得最高。

黑格爾的美學思想在西方美學史的發展過程中，起了劃時代的作用，成為古典美學的集大成者。

二、近代實在論美學

在馬克思主義美學（社會功能）產生以前，亞里斯多德的理論成為西方美學概念的主要根據。在馬克思眼中，藝術的「美感」，是屬於意識型態的；社會標準可接受的美感，來自於強勢階級的教化，因為他們掌握了經濟的生產，並進而生產文化與認同。馬克思看待藝術作品的態度是他們能否對經濟、政治、社會的改變有正確的反應。將藝術放進政治、經濟等結構裡看待，開啟了藝術研究的另一種面向。共產黨或威權與獨裁政黨執政下的藝術創作，尤其強調藝術的社會功能，結果藝術成了官方的宣傳工具；崇尚社會主義美學的創作者，希望藝術是對社會有用的，具備功能性的，而且內容是具備社會性的，可以被大眾閱讀欣賞。寫實主義往往是他們堅持的風格。

(一)馬克思主義美學

馬克思（1818-1883年）主義美學是當代最有影響的美學思潮

之一。但是，馬克思主義美學又是後人在一定的社會背景之下，根據某種知識框架對馬克思主義美學的重新理解和重建。

黑格爾開啟的美學觀，深深影響了馬克思與馬克思主義，黑格爾認為雖然美學著重在形上思惟，但它的材料除了來自思想家的文本外，也來自現實藝術作品的表現，而作品的表現，受到社會文化各個層面的影響。這就是後繼受馬克思影響的學者，如班雅明、阿多諾、馬庫塞、盧卡奇、羅蘭巴特、李歐塔等當代思潮的理論家，都將藝術與作品的探討放進社會脈絡裡作剖析的原因。

在馬克思的美學思想裡，他特別著重意識型態的問題。他認為，強勢階級就是那些在某特定時代擁有生產力的階級，而他們的觀點就是那個時代的強勢觀點，不屬於這階級的人就必須忍受他們的美學觀觀。而強勢階級的意識型態，主要是透過經濟的異化而強加在社會的，包括宗教、國家、道德、科學、藝術、家庭等種種一切。對馬克思而言，這些都屬於特殊的生產方法，都可歸於生產的一般法則下。也就是說，在他的眼中，藝術的「美感」是屬於意識型態的。社會標準可接受的美感，來自於強勢階級的教化，因為他們掌握了經濟的生產，並進而生產文化與認同。後續的馬克思主義者未必如馬克思一樣，只看待藝術作品對經濟、政治、社會的改變是否有正確的反應。將藝術放進政治、經濟等結構裡去看待的論述，開啟了藝術研究的另一面向。共產黨或威權與獨裁政黨執政下的藝術創作，尤其強調藝術的社會功能，結果藝術成了官方的宣傳工具；崇尚社會主義美學的創作者，會希望藝術是對社會有用的、有功能性的，內容具社會性的，可被大眾閱讀的，寫實主義（Millet, 1814-1875年）的《拾穗》、梵谷的《吃洋芋的人》往往是他們堅持的風格。當然，這樣的創作思考，則是將理論套在創作上，先預定了教條準則，再來創作，這有它的歷史環境與背景。不過據了解，馬克思本身最喜歡的藝術，是浪漫主義風格的作品，或許這也可以說明馬克思強調的，馬克思不是馬克思主義。另一方

面，馬克思主義產生唯物史觀，具有這種看法的人會從技術的演進來看待藝術史，將藝術風格的轉變看作是技術、工具的改革。

(二)自然實在論（Realism）

桑塔耶那（George Santayana, 1863-1952年）著有《*The Sense of Beauty*》（1896）、《*Reason in Art*》（1905）、《*Life of Reason*》（1906），是近代美國自然主義的代表人；並提出「創造性想像」的概念，這是相對於觀念論（Idealism）或唯心論的主張。他認為，人類所有的理想都有其自然基礎，唯一的現實存在就是物質。物質領域先於其他任何領域而存在，人對物質的經驗和反應產生了諸如科學、藝術等其他事物，依據社會發展演化的過程，在人類社會生活之中，進行了理性生活探討（張源譯，2008）。

自然主義的形而上學：人類本能衝動適應其外在物質環境並逐漸與之和諧化進而獲得「至善」的過程。桑塔耶那認為美感是具有生理－自然基礎的，是一種「主觀的特性」。他認為美只存在於人的經驗之中，離開了主體的知覺和快感，就無所謂美。美是一種價值，是一種最高的善。桑塔耶那的審美快感說最終走向了生理機能主義。桑塔耶那熱愛自然超過一切。他認為從大自然中才能找到真正令人心醉神往的美。他將自然主義美學引導向科學性。

他認為藝術不是本能衝動的直接宣洩，而是本能的理性化結果。任何使客體人性化和理性化的行為都被稱為藝術。藝術的本源是本能衝動，但藝術的產生卻是理性指導的結果。即，藝術體現為本能衝動有意識的目的化、功用化，從而顯示出理性的規定。

「創造性想像」的概念認為想像是一種傾刻間的頓悟，是被賦於了形式的理智；想像的價值就是所謂的審美價值。正因為「創造性想像」的存在，人的生命才獲得不囿於自然環境的超越性，亦即從理性演化而來。審美想像對人類精神自由極其重要。所有的藝術都是有用的和功利性的。事物的審美功能都不能與其實用功能和道

德功能相分離。他將眞善美統一起來，認爲科學和道德本身就是藝術。藝術必須立足在此岸的社會人生，必須承擔起某種道德義務；唯有如此，藝術才是理性生活的一部分。

　　桑塔耶那主要論點如下：
1. 自然主義。
2. 人類所有的理想都有其自然基礎（生理機能主義）。
3. 唯一的現實存在就是物質。
4. 人類對物質的經驗和反應產生了科學、藝術。
5. 藝術的基礎在於本能和經驗（本能衝動），但經理性指導的結果。

　　人類本能衝動適應其外在物質環境並逐漸與之和諧化進而或得「至善」。理性的功能使趨利衝動和諧化，從而使趨利衝動變成善。我們的理性由於我們的性能和我們的經驗之間的和諧而得到滿足。

　　桑塔耶那認爲美感教育是想像與現實之間的一座橋梁，這是創造性想像。

三、近代浪漫主義的自然美學

㈠盧梭的愛彌兒

　　法國人盧梭（Jean-Jacques Rousseau, 1712-1778年）在政治主張中提倡民權。他的《民約論》（1789）對法國大革命有極大的影響。他在教育界裏，則被認爲是自然主義教育哲學的代表人。在他著作的《愛彌兒—論教育》（Emile）一書中指出，他反對「人爲」而崇尚自然。他主張像愛彌兒一般，離開社會，在自然中去生長，才能成爲一個自然的、眞正的、自由的人，將來是一個「新人」。新人可以建立一個合乎自然法則的社會，不會做出「壞事」。他所說的教育，就是啓發愛彌兒在自然中學習，不用禁止或懲罰，一切都讓他自己去體驗（李平漚譯，2012）。盧

梭主張從「做中學」，並且鼓勵和實物接觸以及從事觀察和探索（Rousseau, 1762）。

㈡浪漫主義的自然美學

　　浪漫主義的自然美學在工業革命後興起，在印象派繪畫、風景畫（Dutch and English landscape painting）、以及浪漫主義詩歌文學的潮流之中，留下深刻的影響。渥茲華斯（William Wordsworth, 1770-1850年）是英國浪漫主義詩歌的主要奠基人，他和柯立芝（Samuel Taylor Coleridge, 1772-1834年）共同開創了英國文學的浪漫主義時代，在詩藝上實現了劃時代的革新。他提出「一切好詩都是強烈感情的自然流溢」，為英國乃至整個歐洲的浪漫主義詩歌定下了基調。他是「謳歌自然的詩人」（雪萊語），他以飽蘸感情的詩筆詠贊自然，詠贊自然界的光景聲色對人類心靈的影響；在自然與上帝、自然與人生、自然與童年的關係上，他用詩歌表達了一整套新穎獨特的哲理。他終生定居在田園鄉野，他的詩歌持續地塑造了英國人熱愛鄉村景觀的文化。浪漫主義也影響了超越主義思想家：愛默生、梭羅、謬爾等人。愛默生和梭羅是超越主義（transcendentalism）的代表人物：他們主張精神超越物質；愛好自由、反對一切黨會和社團；講自信；極端的個人主義。他們的思想塑造了美國人的性格，至今不衰。

沃茲華斯《致蝴蝶》
請待在我的身邊不要飛走，
讓我再多看你一些時候。
我想，你該有不少話想對我說，
至少你曾為我把童年的記憶留。
在我的身邊飛吧，但請不要飛走！

沃茲華斯《致布穀鳥》

啊！快樂的新客！

聽到你鳴囀，

我雀躍、歡欣；

啊，布穀鳥！

該稱你鳥嗎？

或為繞梁樂音？

當我躺在草地上，

聽到你們重唱：

從這山傳到那山，

似在咫尺，又在遠方。

你的歌聲在山谷迴盪，

伴著繁花和陽光；

你帶我進入往事的玄想。

㈢分析美學

十八世紀以來的審美概念受到康德論述，強調無利害性概念（disinterestedness），以及後來的如畫性（picturesque）欣賞模式的影響。後者將注意力完全放在感性外觀與形式構圖。這個影響一直延伸到二十世紀。

二十世紀初的「心理距離說」以及「藝術形式主義」理論，更加劇忽視對藝術之外的審美欣賞。

一九○○年代興起的分析美學，打破了美的本質論，分析美學主「結果是將……化為……」，形成了一種「無意義論」。1900-1915年興起了移情論、直覺論、內模仿論、距離論等為代表的審美心理諸流派。1915-1950年興起的形式主義，以及新批評為代表的藝術潮流，使西方美學走向更大的分裂。

分析美學之下的美感，來自於景觀中存在著特殊的組成事物，

也可能來自於整體的和諧和秩序感。景觀的品質可以分別就主要景觀組成（地形、植生、水體、人造物）的生動性、繁雜性、稀少性，以及整體景觀的統一性、完整性，給予分析評定。構景元素指畫面的：線、形、色、質特徵。景觀組成指畫面的物質組成：包括大氣、水、土地、生物、人造物等。

形式美學討論的內容包括

1. 景觀組成：大氣、地形、植生、水體、人造物。
2. 構景元素：線、形、色、質。
3. 構景原理：對比或反差、視覺序列、軸向、會聚、並列、框景等。
4. 觀賞景觀的環境因素：運動、光線、天氣狀況、季節、觀察距離、觀察位置、景物規模、觀察時間等。
5. 景觀品質：生動性、繁雜性、稀少性、統一性、完整性等。

景觀組成指大氣、地形、植生、水體、人造物（或說是氣、水、石、生物以及他們建造的事物）等物體。這些景觀組成展現成線、形、色、質四種可見的基本形式，稱爲構景元素。例如紗帽山、七星山等的輪廓線條。

線、形、色、質四種基本形式，在空間的排列組合方式（關係），稱爲爲構景原理。一般包括對比（或反差）、視覺序列、軸向、會聚、並列、框景等關係。

這些形式美學，又受到觀景者（審美主體）觀賞景觀時的環境因素影響而產生不同審美效果（美感）。常提到的觀賞景觀時的環境因素，包括主客體是否在運動、光線、天氣狀況、季節、觀察距離、觀察位置、景物比例尺（規模）、觀察時間等。最後是觀賞者（審美主體）的美學素養，以及觀景時的心理因素。

在分析景觀美質（客體）的時候，選定的因子也就是形式美中的形、線、色、質特性、其他影響認知過程，以及應該要注意的景觀特徵等。例如反復與齊一、對稱與均衡、調和與對比、黃金比例

等等。景觀品質的好壞則常用生動性、繁雜性、稀少性、統一性、完整性等評量。

當代環境美學家Carlson（2009）認為：自然的美學欣賞除了在純粹形式層面之外必須加以概念化，在某種程度上還應包括自然環境的表現屬性。Carlson認為在自然審美欣賞中占據中心位置的知識，應是如地理學、生物學、還有生態學所提供的知識。將適當的自然審美欣賞，建立在科學知識之上的基本觀點，豐富著環境美學的研究領域。

Carlson（2009）闡述了審美對象的擴展進程。這種進程是不斷突破審美欣賞，只限於藝術這一教條的過程。過去的美學，太多關注於藝術作品的審美問題，以至於這成了美學的一切。二十世紀後半葉，美學發展的兩種趨勢之一是，完全拋棄了欣賞中其他任何殘餘的審美興趣，這種拋棄透過將哲學美學與藝術哲學在事實上加以等同而習俗化。在該視野之中，竟然沒有自然美學的任何痕跡。進而，分析美學家們提及自然的時候，主要在主觀上對自然欣賞進行展開，並且認為與藝術相比，自然欣賞無任何興趣可言（Carlson, 2009）。

Ronald W. Hepburn的論文《*Contemporary Aesthetics and the Neglect of Natural Beauty*》指出，自然世界實際上是一種具有不同類型、暗含潛力、極端豐富的審美體驗的泉源，沒有被有意圖的設計者、藝術史傳統和藝術批評實踐所束縛，因而使得我們對自然的欣賞更容易成為一種開啟的、參與式的和創造式的審美欣賞。他強調，這種欣賞必須由自然世界的真實本性所指引（Hepburn, 2004）。

自然的美學欣賞，除了在純粹形式層面之外必須加以概念化，在某種程度上還應包括自然環境的表現屬性。Carlson認為在自然審美欣賞中占據中心位置的知識，應是如地理學、生物學、還有生態學所提供的知識。將適當的自然審美欣賞建立在科學知識之上的

基本觀點，豐富著環境美學的研究領域。

美的欣賞模式

1.分離模式

　　這是康德的經典審美模式，也稱為無利害的靜觀（disinterested contemplation）。用康德的經典表述來說，這種審美模式不涉及對象的任何功利、概念、目的，只涉及對象的純粹形式，更具體地說，就是對象的純粹形式所引起的想像力和知解力之間的和諧合作。也就是說，在這種審美模式中，欣賞者完全外在於審美對象，借用布洛的術語來說，欣賞者要與審美對象保持必要的心理距離。代表分離模式的是環境美學中的形式主義一派，包括某些哲學家，以及絕大多數景觀設計師絕對理性的概念。

2.介入模式

　　介入模式和分離模式相反，就是全面介入對象的各個方面，與對象保持最親近的、零距離的接觸。包括了柏林特（Arnold Berleant）介入模式（engagement model）、卡爾森（Allen Carlson）自然環境模式（natural environment model），甚至包括卡諾爾（Noel Carroll）喚起模式（arousal model），都可以歸入介入模式一類。

3.自然環境模式

　　又稱為喚起模式、在場美學，或顯現美學。根據顯現美學的構想，環境的美不在於環境的形式、功用、或物理特徵，而在於環境在與觀察者遭遇時剎那現起的「象」。美學意義上的美，是一種境界美。「顯現美學」（aesthetics of appearing），認為美不在於事物的本質，也不在於事物的外觀，而在於事物的顯現過程，在於事物顯現為事物的那一剎那。剎那在場的感覺整體，用中國古典美學的術語來說，就是「象」。「象」本身就包括有「顯現」的意思，《周易・系辭上》就有「見乃謂之」。易中天在《破門而入—易中天講美學》〈第七講美學問題的歷史解答〉，談到了藝術是情感的對象化形式，也是一種情感的傳達，甚至也是對於個人知情意的確證，這就是一種境界上的美學形式（易中天，2007b）。

第三節　生態美學：人與環境關係

　　隨著當代人類環境意識、生態意識的覺醒以及生態環境、生態文明建設的發展，環境和生態問題的研究不僅在自然科學領域占據了重要地位，而且在社會科學、人文科學中也受到極大重視。更值得注意的是，爲了深入探討並解決人類生態和環境問題，自然科學和人文社會科學互相結合，形成了許多綜合學科、交叉學科、新興學科，如生態人類學、生態經濟學、生態倫理學、生態社會學、生態心理學、城市生態學、文化生態學等。其中，正在形成中的生態美學，可說是一枝新秀。

一、生態美學的研究對象和內容

　　生態美學，顧名思義，應是生態學和美學相交叉而形成的一門新型學科。生態學是研究生物（包括人類）與其生存環境相互關係的一門自然科學學科，美學是研究人與現實審美關係的一門哲學學科，然而這兩門學科在研究人與自然、人類，以及環境相互關係的問題上，卻找到了特殊的結合點；生態美學就生長在這個結合點上。作爲一門形成中的學科，可能向兩個不同側重面發展，一是對人類生存狀態進行哲學美學的思考，一是對人類生態環境進行經驗美學的探討。但無論側重面如何，作爲一個美學的分支學科，它都應以人與自然、人與環境之間的生態審美關係爲研究對象。

　　生態美學研究人與自然、人與環境的關係，首先是將其作爲一個生態系統的整體來看待。生態學認爲，一定空間中的生物群落與其環境相互依賴、相互作用，形成一個有組織的功能複合體，即生態系統。系統中各種生物因素（包括人類、動物、植物、微生物）和環境因素，依據一定規律相連繫，形成有機的自然整體。正是這種作爲有機自然整體的生態系統，構成了生態學的特殊研究對象。生態學關於世界是「人類──社會──自然」複合生態系統的觀點，構成了生態學世界觀。這一種觀點推動了人類認識世界的思惟

方式的變革，把有機整體論帶到各門學科研究當中；這一點對於確定生態美學的研究對象十分重要。生態美學按照生態學世界觀，將人類與自然、人類與環境的關係當作是生態系統和有機整體進行研究，既不是脫離自然與環境去研究孤立的人；也不是脫離人類，去研究純客觀的自然與環境。

美學不能脫離人（易中天，2007b）。生態美學把人與自然、人與環境的關係，作為一種研究對象，這表示所研究的不是由生物群落與環境相互連繫形成的一般性生態系統，而是由人類與環境相互連繫形成的人類生態系統。人類生態系統，是以人類為主體的生態系統。以人類為主體的生態環境，比以生物為主體的生態環境要複雜得多，既包括了自然環境（生物的或非生物的），也包括人工環境和社會環境。所以，生態美學不限於研究人類與自然環境的關係，而應該包括研究人與整個生態環境的關係。人類生態環境問題，應是生態美學研究的中心問題。

當然，由人與環境相互作用構成的人類生態系統以及人類生態環境，不僅是生態美學的研究對象，也是各種以人類生態問題為中心的生態學科（如生態經濟學、生態倫理學等）的研究對象，所以，要確定生態美學的研究對象，還需要再作區分。生態美學畢竟是美學，它對生態問題的審視角度應當是美學的。它不是從一般的觀點，而是從人與現實審美關係這個獨特的角度，去審視、探討由人與自然、人與環境構成的人類生態系統以及人類生態環境問題。從美學的觀點看，人與現實的審美關係具有特定的內涵，它是作為主體的人與作為客體的對象以審美經驗為紐帶相結合，相互統一形成的關係。就作為審美客體的對象說，必須對人具有審美價值；就作為審美主體的人說，它必須對對象具有審美感受能力。審美經驗就是由對象的審美價值和主體的審美能力相結合、相互統一而產生的審美情感體驗。生態美學需以審美經驗為基礎，以人與現實的審美關係為中心，去審視和探討處於生態系統中的人與自然、人與環

境的相互關係，去研究和解決人類生態環境的保護和建設問題。其研究的主要內容應包括人與自然關係的美學意義、生態現象的審美價值和生態美、生態環境的審美感受和審美心理、人類生態環境建設中的美學問題、藝術與人類生態環境、生態審美觀與生態審美教育等等。

自然美學應具備的必要條件

1. 萬物皆可觀賞說。
2. 如同自然般加以限定。
3. 一元化美學的要求。
4. 嚴肅美的直覺知識。
5. 客觀化的訴求。

二、生態美學和環境美學有密切關係

生態美學和環境美學這兩門新興交叉學科都是從人與現實審美關係的角度研究人與自然、人與環境的關係，都以「人與環境結合的審美領域」作為研究對象。但環境美學側重在環境（自然環境、人工環境等）本身的研究，而生態美學則更強調人與環境作為生態系統的有機整體性。生態美學把生態學理論和生態價值觀引入美學領域，深化了人類對人與環境互相依存、和諧共生關係的認識，形成了生態美、生態審美、生態藝術等新概念，進一步拓展了美學的研究範圍。

生態美學研究可以幫助人類形成正確的生態審美觀，進而促使人類形成正確的生態價值觀。生態審美觀是人類對於生態現象的審美價值和生態美的認識、感受與理解，它決定著人類對於生態現象、生態環境的審美評價、審美態度。在中西優秀的文化傳統和美學傳統中，都把人與自然的和諧統一作為一種審美理想。2002年2月19日《光明日報》談到，馬克思在《1844年經濟學哲學手稿》

中，對人與自然的辯證統一關係作了全面闡述，提出了自然主義和人本主義互相結合的重要思想。這是對人與自然和諧共生的哲學觀、生態觀、美學觀的深刻揭示。人與自然的和諧統一，既是生態美形成的前提和基礎，也是對生態環境進行審美評價的最基本標準。這也是建立正確的生態審美觀所要解決的最基本問題。生態美學對生態審美價值和生態美的研究，將會對形成正確的生態價值觀起到促進作用。

其次，生態美學研究在生態環境建設中可以起到指導作用，建設一個適宜於人類居住、生活、工作的優美環境，始終是生態環境建設追求的目標。因而，環境的美化也就必然成為環境建設的一個重要內容和重要方面。在這方面生態美學大有用武之地。不僅生態審美觀所體現的人與自然和諧統一的理念，應成為整個生態環境建設的指導原則，而且可以透過對生態美和生態審美心理的研究，深入探討生態環境建設的美的規律，以便對生態環境建設進行具體指導。

三、生態美學與環境生態

如果我們要適當地審美欣賞人類環境，就必須將目光投向生態。景觀生態學的一個中心原則是：人類創造的環境是我們生態系統中一個重要組成。生態途徑強調生態因素可作為欣賞自然環境的一種方式。在一個生態系統中沒有一個成分能夠在孤立的狀態下予以充分欣賞。

每一個成分都必須依據其尺度更大一些的整體彼此間適合來進行感知。景觀變成為一處棲息地、一個範圍乃至一整片領域，有生命居住、攝食和維生的空間與場所。如果有機整體能夠成為審美概念之核心，那麼「功能上的適合」也能成為審美概念之核心。生態途徑嘗試將我們的人類環境作為一個類似於相互連鎖的生態系統的組合體來進行感知，將「功能上的適合」作為為審美概念之核心，

從而欣賞他們。生態和進化的驅動力塑造出人類環境，使他們看起來應該如此。事物看上去如同其應該如此的這一概念是普適的環境美學的核心要素。

人類環境的絕大多數實際上並不是按照某種意圖進行的設計。透過生態途徑來欣賞人類環境，就部分牽涉到欣賞這些人類環境所表現的生活價值。

人類被視為是「自然－文化生態。系統」的組成部分，並且生活在其中。環境是動態的，不僅僅是處於過程之中，也是一種過程。這不僅僅有空間維度，還有了時間維度。我們實際上被一個相互交織的網絡和交互的影響束縛於環境之中。這些影響根本不是束縛，而是像一個循環系統一樣的連接線，支持著人類有機體和其環境之間的不斷的交換，也就是複雜調適性系統。

四、生態美學的源頭：浪漫主義、超越主義的自然美學

(一)浪漫主義的自然美學

浪漫主義的自然美學在工業革命（十九世紀）後興起的印象派繪畫、風景畫（Dutch and English landscape painting），以及浪漫主義詩歌文學的潮流中，留下了深刻的影響。華茲華斯（William Wordsworth, 1770-1850年）是英國浪漫主義詩歌的主要奠基人，他和柯立芝（Samuel Taylor Coleridge, 1772-1834年）共同開創了英國文學的浪漫主義時代，在詩藝上實現了劃時代的革新。他提出「一切好詩都是強烈感情的自然流溢」，為英國乃至整個歐洲的浪漫主義詩歌定下了基調。他是「謳歌自然的詩人」（雪萊語），他以飽蘸感情的詩筆詠贊大自然，詠贊自然界的光景聲色對人類心靈的影響；在自然與上帝、自然與人生、自然與童年的關係上，他用詩歌表達了一整套新穎獨特的哲理。他終生定居於田園鄉野湖區（lake district），他的詩歌持續地塑造了英國人熱愛鄉村景觀

的文化。浪漫主義也影響了超越主義思想家：愛默生、梭羅、謬爾等人。愛默生和梭羅是超越主義（transcendentalism）的代表人物：他們主張精神超越物質；愛好自由、反對一切黨會和社團；講自信；極端的個人主義。他們的思想塑造了美國人的性格，至今不衰。

(二)超越主義的自然美學

1. 愛默生

愛默生（Ralph Waldo Emerson, 1803-1882年）特別強調人與自然的和諧，教人要拋棄傳統的束縛，要自立自信；要致良知。他認為大自然的功能是：商品（為人服務的所有大自然中的現象）、美（自然就是美）、語言（象徵的符號、天地無語）與紀律（自然教室、萬物靜觀皆自得、自然善知）（取自《論自然》）。他說：

> 擁抱著大自然的季節，讓其生命的汪洋大水流過我們的周圍；甚至滲透我們的身體，以它的力量打發我們與大自然互動……。
>
> 我是傍山而居，有時站在山頂上觀賞早晨的景致，從破曉一直到太陽升起，心中油然而生一種天使般的情感。細長的條形雲像一條條魚兒在深紅色的霞光雲海裡游動。我站在大地上如同站在海岸邊，眺望著那沉寂的雲海。我似乎被捲入它迅速的變幻中；一陣陣狂喜淹沒我的身軀，我感到我的生命在擴展，它與晨風交融為一。自然就是用這樣少、這樣常見易得的要素來給我們的生命灌注神性。
>
> 在森林中，我們回歸理性與信仰。那裏我感覺沒有任何事情降臨在我生命中，——沒有恥辱，沒有災難……這些大自然無法修繕。站在無遮蔽的草地上，我

的頭沐浴於愉快的空氣中，向上進入無限空間，──所
有卑賤的自我完全消失。我變成透明的眼球。我變成空
無一物。我什麼都看見。普遍超然的氣息流過我；我變
成神的一部分或一粒子。

2. 梭羅

梭羅（Henry David Thoreau, 1817-1862年）《湖濱散記》的自
然思想，可以概略成四大內涵：

(1) 簡樸的生活：梭羅認為自然簡樸的生活有助於體會生命的真
諦。他搬到森林深處的華爾騰湖旁住了下來。自力更生，過
著與大自然為伍的生活，他到森林的目的不是逃避，而是要
體驗簡樸生活的情境。

(2) 擺脫俗務：梭羅首先證明了人類生存所需的基本物質是很少
的。我們只是把一切都弄得太複雜了。他指出擁有財產的唯
一後果是被那些財產捆死。他也告訴我們學會品酒之後，我
們忘記了白開水的甜美。梭羅說：

> 我到森林去，因為我希望用心的過生活，只去面對
> 生活的必要部分，看我是否能夠學取它所教導的，而不
> 要在我死的時候發現我沒有活過。

(3) 欣賞大自然：梭羅非常喜歡大自然，梭羅描述大自然如下：

> 我工作的地點是個悅人的山坡，遍布松木，從樹間
> 我向外看到華登湖，和一小塊林間空地，松樹苗和山核
> 桃正在那裡長起。

(4) 更生與新生：梭羅認為大自然簡樸的生活，有助於體會生命

的眞諦，更能夠產生了新生的喜悅。梭羅說：

> 吸引我住到林間的原因之一是我可以有閑又有機會
> 看春天的來臨。池上的冰終於開始成蜂巢狀了，當我在
> 上面行的時候，我可以把腳後跟放進去。霧，雨和日漸
> 溫暖的太陽慢慢把雪融化了；白天變得可以察覺得到的
> 長了。

3. 繆爾

繆爾（John Muir, 1838-1914年）的思想脈絡多少承繼了梭羅
（《湖濱散記》的作者）的影響。但是在他前無來者的熱誠和強力
推導下，更拓展了熱愛大自然的浪漫思潮，也引起更多的人注意和
關懷。在美國人就推廣「原野地」（Wilderness）的觀念來說，繆
爾是第一人。繆爾曾說：「進入森林就是回到了家，我認爲人類本
是源自森林的」。繆爾認爲荒野地有著鼓舞、淨心的神奇力量。他
勸人類多登山，尋找這些美好的泉源。他說：

> 當你進入山林的時候，大自然的平和之氣將會流布
> 你的身心，正如同太陽光流淌在叢叢的綠樹之間。風將
> 刮起一陣清新流向你，暴風將灌入你身體無限的能量；
> 關愛將如同秋天的落葉一般，片片地灑落滿地。

對繆爾來說，狂風暴雨中也充滿了和諧和秩序。因爲這些都
是上帝的傑作。他和梭羅的看法一致。都認爲偉大的詩篇和哲學常
來自於和山林的接觸。他認爲原野地的價值在於保存一個毫無干擾
的和諧環境——，這是一個完整的、上帝創造的成果。1914年，
當他過世的時候，人類稱呼他是：「美國最令人敬佩的大自然熱愛
者；傳布戶外福音的最傑出布道者」。繆爾在後人的心中是一位熱

愛自然，能夠如詩般敏銳觀察自然的人，他也是大自然保留派的領導人士；尤其是保留美好風景的倡導推動人士。

(三)生態美學（新自然美學）

浪漫主義、超越主義的自然美學，雖然也包括自然觀察的科學知識，但是在李奧波（Aldo Leopold，1887-1948年）之後，卻納入了大量的生態學知識，重點轉向生態美學（新自然美學）。李奧波出生於美國愛荷華州（Burlington, Iowa），和繆爾齊名，他在環境保護上的貢獻不遜於繆爾。由於他在學術上具有一定的地位，而且又曾擔任官職，因此有機會將他的主張化爲具體的政策或行動，所以有人稱他爲美國的自然保育之父。李奧波大學畢業後的專長在於森林經營，他曾在森林署服務。在他擔任公職期間，他的關懷面向漸漸的不再只侷限於森林經理，更將觸角深入其他的課題，他的貢獻不僅在森林經理上，更包括了大地倫理、大地美學、野生物保育、原野地的保護等。

在他1923年的〈*Some Fundamentals of Conservation in the Southwest*〉中，已可看到他採用了俄國神祕哲學者鄔斯賓斯基（Peter D. Quspensky, 1878-1947年），及後來其他學者所發展出來的「生態學的機體世界觀」（organismic world view of ecology）具有關聯性。這種世界觀建議我們將整個地球視爲一個單一的、活生生的整體。這和最近二十年來英國學者Lovelock所提倡的蓋亞假說（Gaia Principle）（Lovelock, 1988）有頗多相似之處。

李奧波倡導的「大地倫理」有幾個重要論點，分別說明如下：

1. 大地社區的觀念（The community concept）

人類從征服者的角色轉變爲只是大地社區的一分子，這樣的角色轉變如果早深植人心，也許今天就沒有這麼多的環境問題。這個觀念下的人類和其他成員共享環境，而不擁有對它絕對處分的權力，這個環境也不是靠征服得來的，因爲征服來的事物人類會那麼

不珍惜。況且，我們永遠也無法征服環境。大地社區中的成員，在大地上生活所應有的行為準則及道德規範稱為大地倫理。他說：

> 大地倫理的哲學改變了人類在地球上扮演的角色，從征服者轉變為整體中的一個成員。這也暗示著，人必須尊重和他一起生存的其他成員，以及尊重這樣一個社區（Leopold, 1949）。

李奧波也提到，由人類的歷史得知，征服者的角色往往是不利於自己的，而且往往會被自己的勝利擊敗。因為人類往往不了解被他所征服的事物的真正意義是什麼，更遑論珍惜、愛護。人類也往往將自己的價值觀加諸於被征服的對象，使人類無法與被征服者長久和平共存。所以當人類採取了征服者的角色，也就種下了埋葬自己的種子。因為我們必須生活在我們自己所征服的環境中；我們只是整個環境中的一分子，不是主宰者。對於這個社區而言，我們和其他成員一樣享有生存的權利，也一樣需盡義務。社區的健康、安全及未來都和各個成員的所作所為都有關。

2. 大地金字塔（Land Pyramid）和食物鏈的觀念

這是物種複雜性與穩定性的觀念。這個觀念並不是李奧波所發明的，而是他引用其他學者的學說之後發展形成的。金字塔和食物鏈的觀念源自於他的好友Charles Elton（Elton, 1926）；而物種複雜性與生態系穩定性的觀念則是他比較西南部地區殖民前後的情形後所發展出來的（Flader and Callicott, 1991）：

> 土壤居最下一層，再上依次是植物、昆蟲、吃蟲的鳥以及囓齒動物、草食性哺乳類動物、吃鳥和囓齒動物的哺乳類動物，最上一層則是肉食動物。往上的連繫是

靠食物鏈來傳達能量的流動。而最後，所有金字塔上的消費者，都將回歸到土壤中。這樣的能量循環應該是穩定的，而且食物鏈、金字塔都有趨向複雜的趨勢。在這漸趨複雜的體系中，整體的狀況會更穩定。

也許金字塔中的某些成員曾經無意的截斷了一些食物鏈；但人類是第一個主動去縮短食物鏈的成員。而且人類發明的工具使得人有能力造成在程度、速度、範圍各方面前所未有的改變。這是以往進化緩慢的自然界中所未見的。大量單一作物的耕種，單一經濟樹種的種植，肉食動物的捕殺……等，已使得大地金字塔的根基不穩了。

歷史和生態學的證據似乎都能支持一個推論：人為的改變越不激烈，則在金字塔中，成功適應的機會較大。這個論點和一些無限量發展的哲學相反。後者認為人類的科技沒有止境，發展可以使人的生活更好，因此無限量的發展就可以無限量的改善生活。例如綠色革命，使這些無限量發展論者以為他們的主張能夠實現。但後來的研究顯示，當初的短暫的成就是建築在土壤的透支之上，如今土壤已用盡了儲藏。因此唯有人順著自然演化的方向、速度，人類才可以適應生物社區的生活。人類在運輸上的成就，不僅使人可以方便的旅行各地，也使動、植物發生世界性的流動。

在這全球性的動植物移動中，有些種類超出原生活區域而成為害蟲或疾病；有些則完全消滅；有些甚至改變了人類的歷史，例如臺灣省低海拔的原生林因馬櫻丹的入侵而日漸減少；馬鈴薯輸入歐洲，使貧瘠的土地上也能養活相當的人口，因而造成歐洲人口大量增加；馬和天花的輸入美洲，帶來了拓荒者方便的交通工具和作戰的工具，天花卻成為使美洲原住民大量死亡的疾病。這些都是全球動植物移動所造成的結果，而這些結果很少是當初刻意造成的，或

是能事先預見的。

　　大地金字塔表達了三個基本觀念：大地（land）不只是土壤而已；本地生的動、植物使能量循環維持開放（open），外來的動植物就不一定了。人類所造成的改變和進化所造成的改變在規模上是不相同的，而人為活動造成的影響也比原來所計畫或所預見的更為廣泛。

3. 生態良知（Ecological Conscience）

　　生態良知（Ecological Conscience）的概念是土地利用不再以經濟利己利益為唯一。當生態的觀念還沒有深入人的價值體系以及道德體系時，要使人類對土地使用的基本看法有重大的改變，幾乎是不可能的。也就是說，要使生態良知成為人類的良知的一部分，才能改善這種情形。這也許要靠教育，才能達到這個目標。李奧波也注意到，當時美國的環境教育雖然在量的方面有顯著的增加，但在內容方面卻仍需改善。

　　　　在我們對智識上強調的重點、忠誠、情感和信念等沒有內部的轉變前，倫理的重要改變是不可能成就的。保育活動還不曾接觸到這些行為基礎的事實，可由哲學和宗教言論上還不曾聽到它的事實來證明。教育必須走在「規則」之前，但是進行中的教育並不曾提到除了利己外，人類對於土地應有的責任。

　　李奧波提到：當時美國的教育中常有和保育觀念背道而馳的內容。他對私有地主在保育上所扮演的角色有所期待。因為當時美國有把保育的工作全歸給政府的傾向。但是需要保育的土地大部分卻常位於私有地之上。所以，只靠政府單方面的努力，通常效率不彰。他希望私有土地擁有者能負起相當的責任，使保育工作的成效更好。這也要靠教育的力量，教導社會大眾不再將土地使用的經濟

利益視爲唯一，而加入生態的考量。

4. 生物的繼續生存，是他們擁有的權利，不需要其他的理由

　　李奧波的觀點中和最近保育學界流行的「深層生態學」的一些論點不謀而合，都強調生物的基本生存權利。他們不是因爲人類的需要才有存在的價值。這句話有很深的含意。因爲當人類是爲他自己的利益、生存才去保護這些物種時，還是跳脫不開人類自我中心的考量，無法以平等的心態去看待其他生物。最明顯的例子便是保護物種多樣性的口號是：「這些未知的物種中，有些可能有治癒人類疾病的潛在能力，例如治癒愛滋病的藥可能就在這些物種中」。他說：

　　　　基於經濟動機的保育制度有著基本上的弱點，即認爲大地社區的多數成員都沒有經濟價值。

　　　　這個大地社區的穩定性是完全靠這些成員的完整性時，它們應該有繼續生存的權利現今我們比較接近承認鳥憑其生物權利，便應該繼續生存，無論經濟利益是否有利於我們。

　　從上面幾段節錄下來的文字，可以發現萬物皆有其生存的權利，而這個權利並非人類所賜與（Leopold, 1966）。保護他們理由也必須是以這個觀念爲出發點。保育的工作是要靠長久的努力才能做得好，如果想一蹴可幾，那是不可能的。美國在上個世紀，已經推廣保育觀念、進行保育行動。但現今仍有許多棘手的問題，所以保育是一項長久的事業。

第四節　邁向環境美學：人與環境互動

　　環境美學在西方美學界正引起越來越多的關注。一九七〇年代，隨著環境主義運動的升溫、環境主義思想的勃興，被忽視了多

年的自然美學重新得到關注，環境美學也隨即開始在美國興起。在過去五十多年，美、加、英等西方國家的一些學者對這個領域的發展投入了很大熱情。

環境美學並不是脫離其他領域的研究獨立存在的，它從哲學、人類學、心理學、文學理論和批評、文化地理學、建築學、和環境設計以及藝術中吸收了很多營養。

環境美學家重視的，不是自然中直觀的、屬於優美景致的方面，而更多的是自然中由進化理論和生態學揭示出來的概念性方面──自然環境的多樣性、整體性、物種稀有性、物種的相互影響、本土性等（已經融入生態美學與倫理美學）。

平常的自然環境也有著美。正如李奧波分析的，一個沼澤從形式上看可以是「被廢棄的、被上帝遺忘的蚊子坑」，但當我們考慮到「有機體之間的生態關係，進化和地質學的歷史等」的時候，也就是說，當我們把這個沼澤看作沙丘鶴（*Antigone canadensis*）的棲身之地而欣賞它，當我們認識到這些鳥兒源自遙遠的地質年代，當我們認識到沼澤中所有的有機體具有內在關聯的時候，沼澤就變成「一個具有稀有之美的事物」（Leopold, 1966）；相反的，表面上吸引人卻並非源自本土的植物和動物，因為他們破壞了自然的平衡，被看作是非和諧的闖入者。生態學、歷史、古生物學和地理學，各自穿透了直接感覺經驗的表層，為景色提供實質。浪漫主義的、風景的美學，與生態的土地審美相比，是膚淺而且毫無生氣的。

大多數人認為環境是為了控制而設計的，指導著我們的身體行動、我們的選擇，有時候還指導著我們的信仰。但是，在審美的社會環境中，不應該存在階層和控制。審美模式提供一種選擇，一種包括了許多與真正民主社會精神相連繫的特性的選擇：歡迎差異的出現，重視個性，認識到行動與目標同樣的重要性。我們要設計促進這些特性發生的環境。

環境美學研究兼具緊迫性和重要性—這是應用美學的一個重要分支，具有理論和實踐兩方面的意義：在越來越多的學者看來，環境美學是考察與研究美學的觀點如何影響環境設計、廣告、產品設計、室內裝潢、服裝時尚、園藝、烹調、流行文化甚至是社會關係的；並且試圖指導這些概念的實際應用。應用美學的潛在作用可能在於讓人類認識到美學對人類活動的社會領域——諸如城市規劃和經濟發展項目中所產生的影響。以下結合了生態美學、景觀美學、環境美學，進行更深入的論述。

(一)意境美學：言、象、意

意象、意境、境界是中國傳統文化藝術共同追求的準則。意象幾乎是一切思惟（含形象、邏輯、綜合）的基本單元，其中有意有象，主客兼具。思惟的工具是語言和圖像，意象的形成與表現都與形象思惟有關，是「意」（情、理）與「象」（事與景）的結合及其表現。意象的組織則是意象（意與意、象與象、意與象、意象與意象）的排列組合。南朝的宗炳《畫山水序》曾經談到：

南朝宗炳《畫山水序》

聖人含道暎物，賢者澄懷味像。至於山水，質有而靈趣，是以軒轅、堯、孔、廣成、大隗、許由、孤竹之流，必有崆峒、具茨、藐姑、箕、首、大蒙之遊焉。又稱仁智之樂焉。夫聖人以神法道，而賢者通；山水以形媚道，而仁者樂。不亦幾乎？……夫理絕於中古之上者，可意求於千載之下。旨微於言象之外者，可心取於書策之內。況乎身所盤桓，目所綢繆。以形寫形，以色貌色也。

黃永武（1979）認為「意象是作者的意識與外界的物象相交

會，經過觀察、審思與美的釀造，成為有意境的景象」（《中國詩學》第三頁），他們認為文章（詩詞與自然寫作）的主旨與風格即意與象（陳銘，2001；張乾元，2006；黃永武，1979；賴賢宗，2003）。

㈡王國維論境界

　　唐代詩人王昌齡在〈詩格〉指出「詩有三境」：即「物境」、「情境」、「意境」。其實早在莊周夢蝶裡，以經出現了道家無我之境的境界意含。王國維（1877-1900）在《人間詞話》中說道：「詞以境界為最上」。有境界則自成高格，自有名句。又說：

　　　　有造境，有寫境，此理想與現實二派之所由分。……文學之事，其內足以己，而外足以感人者，意與境而已。

　　他舉出良兩個著名的例子：紅杏枝頭春意鬧；雲破月來花弄影。王國維用三段詞說明治學的三境界，即「昨夜西風凋碧樹，獨上高樓，望盡天涯路」、「衣帶漸寬終不悔，為伊消得人憔悴」、「眾裏尋他千百度，回頭驀見（驀然回首），那人正在，燈火闌珊處」。王國維認為，賞景的三個境界也表現在下述的禪句裏：

　　　　幡動、風動、心動。
　　　　看山是山，看山不是山，看山又是山。

㈢王秀雄的觀畫三層次（Three strata of subject matter or meaning）

　　王秀雄（1998）在〈美術作品的意義與內涵的解釋原理探釋〉一文中，指出「美術作品除同時含有作者之性格、藝術觀之

外，亦反映該時代之宗教、哲學、社會、政經等內涵」。他認為美術作品的第一層次意義與內涵猶如你在作品所見的主題與圖像所直接表達的意義，一般人都能見到。第二層次的意義和內涵，就必須讀者先具備某些方面的知識了。例如送「蘿蔔」表示送「好彩頭」等。許多傳統的信號和符號代表（象徵）的意義是必須先知道，才能解釋美術作品的意義。第三層次的意義與內涵是形式、內涵與時、空背景的統合與敘述。讀者能從美術作品中讀出背景內涵，即作品背後的各種不同時代與社會狀況。

其實一般賞景和解說，或是關懷土地、自然、都市、鄉村、人文景觀；甚至讀書、聽人說話的時候，也能從這三種層次上詮釋所見所聞。

王秀雄也指出了「作者中心主義」與「讀者中心主義」。兩者在解釋美術作品的時候是有差別的。前者要從作者在作品中所敘述的內涵中探求，後者則認為作品的意義在讀者與作品的對話中產生。讀者先前的學習經驗、概念、知識與文化背景等，是理解與解釋作品的基礎。由於每一個人的知識和概念不同，所以解釋也不同，必然地產生個性化的理解與解釋（王秀雄，1998）。

㈣新自然美學

新自然美學結合了生態美學、景觀美學、環境美學，代表了人對自然進行審美觀照的三個維度，即以真為美，以美自身為美和以善為美。或者說分別強調了自然美的質、自然美的象和自然美的用，代表了以知性重解自然，以情感觀照自然和以意志再造自然的三種方式。

1. 生態美學強調自然美的質，以真為美，以知性重解自然。
2. 景觀美學強調自然美的象，以美自身為美，以情感觀照自然。
3. 環境美學強調自然美的用、以善為美，以意志再造自然。

生態、景觀與環境

傳統的「景觀」（landscape）一詞，突出表現了對象化的環境觀。一般定義為：從某人視野所見的自然風景。此一定義暗示景觀是視覺的、有邊界的，而且在遠處。中國當代美學討論生態、景觀、環境問題，至今已有近30餘年時間：

1.生態

首先，關於生態（Ecology）。這個概念在當代的提出和被使用，是和人對自然內在本質的重新認識密不可分的。在西方，自從近代科學在牛頓時代建立以來，自然被等同於自然物，人的活躍與物的死寂，人的主動與物的受動，被當成人、物二分的依據。但是，現代生物學和生態學透過一系列新發現，說明了不但人是生命的存在，而且自然對象也是生命的存在；其中的一些高級生命甚至具有審美和表情能力（Fang, Hu, & Lee, 2016）。因此，我們需要從人類─非人類的角度，重新考慮後人類主義本體論，以及超越人文主義和西方主觀性的組合，來學習哲學（Fang, Hu, & Lee, 2016）。在這種背景下，生態意義上的自然就不再與人異質對立，而是與人同質同構；生態意義上的自然美，就不是一種需要人單向度去「審」的美，而是具有自我開顯，自我湧出，自我綻放的主動性質。即：生態是自然生命的表現形態，生態美是生命的樣態之美。

從這種分析看，生態美學研究是建立在人對自然物性重新認識的基礎上的，暫時擱置了作為審美者存在的人的重要性，是對自然物自身之美的肯定。或者說，生態美學之所以成立，其前提是物性論的。它立足於對自然美何以可能的對象性考察，而不是首先在人與自然審美關係的探討中展開問題。它首先是「美者自美」，而不是等待著「人化」才成其為美。於此，自然作為一種自我完成的審美形態，具有獨立的美學意義。

2.景觀

其次，我們看景觀（Landscape）：從這一概念的內涵看，沒有對自然物的內在本質進行重新界定的企圖，而是關注自然外在形象的呈現。這種呈現預示著有一個隱性的他者存在，即為了理論探討的需要而暫時隱身的審美者。在中文中，所謂的「景」，意味著

只有審美觀照者的存在，對象才成其為景；所謂的「觀」，則更預示著這種形象的呈現對審美者虛席以待，使它的價值在「觀」中實現。在英文中，景觀（Landscape），可直譯為大地之景，明顯也具有對大地上的棲居者進行審美召喚的意味。也即這種景觀之美，不是「美者自美」，而是需要「因人而彰」。

從這個角度看景觀美學，對自然的考察就不是物性論的，而是現象學的；關注的就只是自然事物的表象形式，而不是物之為物的內在本質。進而言之，由於景觀的成立離不開作為審美者的人，它就明顯缺乏生態這一概念的自我完成性或獨立性，而是將自然向美生成的可能寄託在人的發現和觀照上。由此可以認定，與生態美學相比，景觀美學中人的位置在上升，自然的外在形式的意義壓倒了內容的意義，甚至本質和內容被作為虛妄的概念來看待。傳統的「景觀」一詞突出表現了對象化的環境觀。一般定義為：從某人視野所見的自然風景。此一定義暗示景觀是視覺的、有邊界的，而且在遠處。

3.環境

環境（Environment）比較言之，環境這一概念雖然指涉自然對象，但這裏的自然明顯以人為中心，以人的可居性體現其價值。即，它是自然對作為主體的人的「環繞」，或者指由周圍事物對人的環繞所形成的一個境域。在英語中，Environment的詞義與漢語相當，其中的en相當於in，指「在⋯⋯中」，viron意指環繞，ment是一個詞綴。從這種對Environment的拆分可以看出，英語中的環境像漢語一樣，需要一個人居於中心位置，需要其他事物的聚攏，從而形成一個對既定主體的環繞關係。由此看作為環境存在的自然，它的美就不再像生態美那樣具有自我完成的獨立性，也不像景觀那樣僅僅與人發生視覺和情感上的關聯，而是要進一步凸顯其為人而在的功利價值。有利於人生存的自然環境就是美的，反之則為醜。也就是說，環境美依托於人的價值評估，具有鮮明的目的性。

上面分析了生態，景觀，環境三個語詞的微妙區別。比較言之，生態美學側重對自然的定性研究（存在的本性），它的貢獻在於對自然內在生命本質的認識和發現。這種研究是哲學性的，屬於美的物性論，或是本質論。景觀美學帶有更多的審美意味，它更關注事物的外在表象，側重對自然呈示形象的觀照，屬於美的現象

學。環境美學側重自然與人的現實生存的關係，是以人為中心對自然進行價值定位和實踐再造，屬於美的價值論。這中間，如果說生態美學更偏重於對自然的求真，那麼，它在本質上就是對自然的知性把握，由此衍生的美就是一種以真為基礎的「真美」；如果說景觀美學更偏重於自然可以使人產生視聽覺愉快，那麼它對自然的把握就是感性或情感的，由此衍生的美就是美之為美自身。如果說環境美學側重對自然的價值考察，那麼自然就是主體意欲的對象，建立在這種功利主義基礎上的自然美就是以善為美。

從當今人類世的歷史來看。人類世強調的後人類主義。因此，我們要採用複雜性理論的關鍵概念（Wamberg & Thomsen, 2017），進行美學建構。

我們認為環境災難，也就是人類世產生的熵（Anthropocene entropy）（Wamberg & Thomsen, 2017）；由此，如果我們試圖實現對自然美的整體考察，就必須在生態、景觀和環境這三個維度之上，找到一個更具包容性和超越性的範疇。在這種尋找中不難發現，不管是生態、景觀還是環境，在根本意義上都指涉同一個對象，即自然。所謂三種美學形態，則屬於同一個整體性的自然美學。但是，自然美學這個稱謂，很容易與傳統人類世立於機械自然觀的自然美學發生混淆。這樣，我們不妨將這種人類世意義上關於自然的美學考察，稱為「新自然美學」。

小結

本章探討了傳播和美學的人文脈絡，主要以科學性的思惟，分析論述的概念、語言、詮釋的範疇。這是環境教育中，教與學之間的溝通基礎，同時表示了概念是溝通前主體思惟的主要內容。其次，本章梳理了生態美學、景觀美學、環境美學的價值內涵，分別代表了人對自然進行審美觀照的三個維度：即以真為美，以美自身為美，以及以善為美的本質。本章分別強調了自然美的質、自然美的象和自然美的用，代表了以知性重解自然，以情感觀照自然，以及以意志再造自然的三種方式。

根據本章的論述，只有對於自然內在生命本質的考察，就會忽略美必須寄託於感性形象的獨特現象；只有對於自然表象形式的觀照，自然內在生命的審美本質，就會遭到遺忘，從而使形式美，因爲失去內在生命的支撐而缺乏厚重。此外，環境美學，雖然強調了自然爲人而在的實用性，但是自然的審美本性卻往往遭到忽視。本章結論爲自然審美的三個維度之中，單單強調任何一個側面，都會失之片面，對自然完整審美形態之割裂。本章建立了三種美學形態的本體論，以整體性的自然美學進行建構，定義這種關於自然的美學考察，稱爲「新自然美學」。

關鍵字詞

顯現美學（aesthetics of appearing）

人類世產生的熵（Anthropocene entropy）

喚起模式（arousal model）

符碼（code）

傳播（communication）

溝通模式（communication models）

判斷力的批判（Critique of Judgment）

無利害性（disinterestedness）

無利害的靜觀（disinterested contemplation）

生態良知（ecological conscience）

生態（ecology）

介入模式（engagement model）

環境（environment）

大地金字塔（land pyramid）

景觀（landscape）

訊息（message）

自然環境模式（natural environment model）

語用（pragmatics）

實在論（realism）

表意（signification）

能指與所指（signifier and signified）

傳遞者─資訊─接受者模式（SMR Model）

目的論判斷力（teleological judgment）

超越主義（transcendentalism）

理解與解釋（understand and interpret）

環境倫理──古今環境思想與自然之道

第七章
邁向永續發展的倫理觀

天地者萬物之逆旅，光陰者百代之過客
爲天地立心，爲生民立命，爲往聖繼絕學，爲萬世開太平

學習焦點

　　本章探討介紹環境倫理的意涵之後，分析環境倫理的新思惟，建構環境倫理所討論的人類中心、生命中心，以及生態中心的理念和應用，依據歐美的學術論述，以及中華文化中的環境倫理思惟，以建構環境教育及永續發展的本土性論述，2020年至2022年，新冠肺炎的疫情對全世界都造成了巨大的衝擊，評估疫情的影響，更是要推動永續發展的工作。我們省思疫情衝擊之下，永續發展路徑的機會，需要在保護環境的條件下，「既能滿足我們現今的需求，又不損害子孫後代，能滿足需求的發展模式」。

第一節　倫理和道德的新思惟

　　目前全世界都面臨了嚴重的環境問題。這些環境問題的背後，攸關於人類未來的行爲選擇。有鑑於人類的認知受到世俗文化，以及社經背景的影響。人類依據認知而形成的態度、信念，以及自我認同的價值觀，展現了自身的行爲。因此，只要你具有行動的能力和知道怎麼做的方法，已形成的識覺就很直接地影響你的行爲（王鑫，2009）。價值觀和態度是理解環境議題的基礎，如果你的思惟中不在乎環境，那麼你也就難有讓人喜歡的環境行爲了。

在西方人的自然思想中，Rolston（1988）指出探討人類與自然，人與環境的倫理關係一直不是主流。直到今日，大學裡的倫理學課程討論的還是人與人之間的道德倫理關係。培養環境道德，了解人與環境間的道德關係，並且規範自己的道德行為以達成與自然和諧的關係（楊冠政，2011；王鑫、劉禹詩、劉昌武、許玲玉，2011）。生態倫理和環境倫理，也很少成為哲學系課程的內容。反到是和自然保育相關的地理學系、生物學系，以及環境教育研究所比較重視環境倫理的論述。一般來說，西方環境哲學發展的階段概括，分為人類中心主義、生命中心主義和生態中心主義。出現的關鍵詞包括大地倫理、生態哲學、動物權、深層生態學、生態女性主義、蓋婭理論、生態神學等（楊冠政，2011）。

人類中心主義一直是主流價值（聶珍釗，2020），凡事以人類的主觀利益作為評量的基準。這在歷史時代，東西皆然。王峰（2020）認為，需要超越人類中心主義，接續「後現代」與「後人類」生態中心主義，以約束日益強大的人類力量，對於自然生態的破壞。然而，「後現代」生態主義是觀念上的說服，想要克制現代化技術發展產生的種種負作用（王峰，2020）。目前，「後現代」生態主義像是生命中心主義，例如運用生命中心主義的觀點，出現在宗教哲學之中勸說和說服，尤其是佛教戒殺生、放生的守則和行為。此外，西方愛護動物的思想也逐漸發展成保護動物的行動。德國人史懷哲醫生在非洲的無私奉獻，以及對愛護生命的呼喚，確實感人，也為人類的文化演進立下了里程碑。總體來說，歷經近百年的思想發展，自然保育和生物多樣性保護已經成為當代普世價值之一，而且涵蓋的層面已經擴及一般生活。因此，生態中心主義是比較近期的發展，歸功於生態學者的研究發展。由於是基於科學的考量，少了情緒性的偏見，因此最具說服力（王峰，2020）。王峰（2020）認為，「後人類主義」（posthumanism）中的「後人類」透過技術，將人類發展重心從外部轉向內部，改造

人類的身體。此外，消弭人類向外部擴張的能量，從而可能達成人與自然生態的新的平衡。

進入二十一世紀，人類將自然生命視爲整體，從眞正科學觀和系統觀訴諸理性思惟，也就是說，將整體的而非個體的生命，納入到人類的關懷範圍之內，是非常晚近的事情；這完全跳脫了以往倫理學所探討的範疇。Rolston（1988）主張荒野轉向，認爲當代哲學應轉向人類與生態系統關係的反思。羅斯頓鼓吹自然的價值，他不僅一再肯定自然的價值，更要年輕人明白我們擁有的價值已經足夠了。二十一世紀經歷了新冠肺炎的疫情的風暴，人類開始省察價值觀念。Carney（2021）闡明價值信念，以及人類價值觀之間的關係，開始省思了貨幣衡量的價值關係，以及思考了人類面臨的危機：信貸風暴、新冠疫情，以及氣候變遷。Carney（2021）認爲二十一世紀的危機，會重建新觀念的價值機制，尤其是新冠疫情和氣候變遷帶來不確定的影響，會讓美國的價值觀重建，不再受到市場定價機制的金元影響，這也是聯合國推動生物多樣性公約和氣候變遷綱要公約的立論基礎。

因此，生態管理需要強調綠色會計的概念，重點是推動財務資源的管理。隨著時代的變化，政府需要制定在人類世（Anthropocene）之下組織管理的路徑。簡而言之，人類世用以描述人類行爲如何驅動地球系統發揮作用，例如氣候系統變遷，以及對於生物多樣性之影響。有鑑於這些影響越來越烈，生態管理應該強化財務目標之外的企業目標，以永續視角進行治理。此外，我們因應複雜的適應性系統所發生的棘手問題，需要透過合作，強化系統效果（Bebbington and Rubin, 2022）。

但是，目前的美國式自由民主，尤其是超越主義帶來的個人主義，可能是美國人面對「公共財的悲劇」（tragedy of commons），甚至面臨到金融市場價值錯位的爭論之時，開始亂了手腳，甚至導致利益操縱在少數人的手中，無法達成價值的極大化。目前面臨的

四大危機，包括了——全球金融危機、全球健康危機、氣候變遷，以及第四次工業革命——選擇個人利益，造成了優先傳統個人價值觀（Carney, 2021）。

在消耗環境資源方面，美國人更少因爲永續發展，而節制個人的消費及消耗能源行爲。啓蒙時代的工具理性，導致失控的科技文明，但也帶來人定勝天之後的嗒然若失。伴隨著啓蒙和理性而來的自由民主制度，是不是現代環境問題的根源呢！王曉華（2020）認爲，西方文化伴隨著人工智慧的成長，我們必須告別人類主義。未來的美學概念，不會拘泥於人類的判斷，也不會突出人類之主體性。而是特別注重個體性，以及人類和大自然的互補性。

如果說，未來世界是一種彰顯人類和機器連續性的價值，未來人工智慧的倫理鴻溝需要跨越，例如人類—機器、生命—技術、有機—無機的思考範圍需要進行深入的思考（王曉華，2020）。後人類主義的美學概念，是否重新思考東方的文化，是否將會具有更豐盈的形態呢。

面對新的自然價值，回頭轉觀我們豐盈的東方文化，強調推己及人。「仁」的觀念畢竟是中國文化的精髓。傳承善良固有文化傳統，是我們的責任；我們準備好了嗎？我們有沒有想到我們有一天，也有比西方人更高明的文化傳統呢？

從思惟的角度來看，中國人和西方人最大的不同之處，似乎就在於中國人習慣於整體性的「形象思惟」；不像西方人，比較習慣於「邏輯思惟」。不是說形象思惟不好，而是說，要有自知之明，要知道中國人的毛病是欠缺科學的、邏輯的思惟，沒有標準、不守規定。

中國古代傳統哲學的主導思想，是矇矓的「天人合一」；由於缺乏明確的「主客二分」觀念，不重視西方啓蒙以來的認識論和方法論，在缺乏邏輯、辯證，以及解剖分析等方法的背景之下，嚴重的影響了中國古代西方式科學的發展。今日，我們必須將西方啓蒙

以來的「主客二元」思惟方式適時加添進來，才能彌補上述中國古代傳統文化的缺點（林可濟，2010）。

　　簡單的說，中國傳統文化中，並不存在西方啓蒙運動以來發展的現代自然科學，我們祖先說的「自然」，是非科學的「自然」，是中國古代文化情境中的「自然」。中國人缺乏研究自然的傳統，我們關心的是人際倫理（孫彩平、周亞文，2021）。孫彩平、周亞文（2021）認為，這一種中國文化獨特的倫理認識方式，來自於道法自然的直觀明察，但是這不是在研究自然；當然，這也是一種價值秩序的空間延展和互動。孫彩平、周亞文（2021）強調，在抽象的意義中，新時代的教育，需要透過動態開放的精神世界，重新組建。我們抽絲剝繭，進行下列自然思惟的倫理架構分析和建構。

一、自然思惟的環境倫理

　　無論是地理科學還是自然科學，知識這種理性的東西，決不完全是人類原始的天賦，有一大部分是人類後天學習、研究的成就，也是人類智慧發展的終點。在現代地理科學範型形成之前，早就有一個大的歷史、文化背景塑造、生產、發展了的環境倫理學。此外，西方啓蒙時代以及科學革命之後，哲學的重心就轉向認識論問題。這種科學上的發展，不僅代表著一種新的認識方法，而且體現著近代世界人類的思惟方式。人類觀看世界的態度完全不同了。不幸的，中國錯過了這股洪流，過去依然在傳統之中徘徊停滯。清代中葉的革新運動、民國初年的五四運動，都興起了波濤狂流。但是直到中國大陸改革開放之後，才急速追逐西方市場經濟方式的生產消費型態。本書花了大幅章節，思索了中西自然思惟的差異，企圖根據各自的發展脈絡，探討差異的原因，並且分析當今面臨的科技發展與環境問題的本質，希望能據以摸索未來我們需要什麼樣的新型的環境倫理，才能重建和諧的人類與自然關係（亦即天人關係），需要強化思惟地理學。

(一)思惟地理學

人類依賴語言進行思惟。不同地方的人使用不同的語言，也就是說，各自思惟時使用的工具──語言──不同。由於語言是文化的載體，蘊涵了歷代傳承下來的地方文化基因。因此，說話已經是多元文化的表現。更由於語境（指語言形成的環境與其背景，或指言說者生存與活動的現實環境）不同，更擴大了語意（semantics，語文表達的意義）的差別，也因此出現思惟地理學。

Nisbett（2002）在《思惟的疆域：亞洲人和西方人思維方式的差異及其原因》（*The Geography of Thought: How Asians and Westerners Think Differently and Why?*）一書中詳細討論了東方人與西方人的思考方式為何不同。他的著作取名《思惟的疆域》（*The Geography of Thought*），明確指出文化產生的地理環境，是導致東方人與西方人思考方式不同的原因（劉世南譯，2007）。Nisbett（2002）指出，當代心理學家認為東亞人的思惟較為整體取向，關注整個場域及其間的因果關係，而且很少使用範疇和形式邏輯，仰賴的是辯證性推理。西方人的思惟則比較分析取向，主要將注意力放在主體對象及所屬範疇上，使用包括形式邏輯的規則來了解主體的行為。這些差異的來源可追溯到明顯的東西社會體系差異。

Nisbett是一位心理學教授，原有實證主義的傾向，認為科學定理必然是放之四海皆準的，沒想到他的中國學生老是有異議。他也發現東方人認為沒有先對整體（whole）全盤了解，是無法理解其中部分的；而西方人認為生活的世界是簡單地遵循決定論的（deterministic）。多次之後，終於讓他警覺到東方人與西方人的思考方式，還真是不同。有些科學定理竟然有地域性的適用限制。今日多元文化的研究指出，人類確實擁有不同的思想體系。

㈡中國人的自然思惟

《中國哲學簡史》第二章中國哲學的背景中指出，「在思想的時候，人類常常受到生活環境（自然的、政治的、經濟的）限制。在特定的環境，他就以特定的方式感受生活，因而他的哲學也就有特定的強調之處和省略之處，這些就構成地方性哲學的特色」（馮友蘭著、涂又光譯，2010）。馮友蘭指出，中國文化的精神基礎是倫理，不是宗教。不重視宗教是因為他們極其關心哲學，在哲學滿足了他們對超乎現世的追求。按照中國哲學的傳統，其功用不在於增加積極的知識，而在於提高心靈的境界。老子說：「為學日益，為道日損」，區別了為學與為道。為學的目的是增加知識，為道的目的是提高心靈的境界。哲學不給實際的資訊，科學給的是實際的資訊。哲學提供更高的價值。儒家哲學是入世的，直接或間接地講政治，說道德；重視的是社會、人倫、日用、人的今生。「內聖外王」，理論和行為統一就是聖人。由於哲學講的是「內聖外王」之道，所以哲學必定與政治思想不能分開。

道家認為道的根本屬性就是「無為」，「任其自然」。「道」其實就是「渾沌」。

《莊子・內篇・應帝王第七》

南海之帝為儵，北海之帝為忽，中央之帝為渾沌。

儵與忽時相下遇於渾沌之地，渾沌待之甚善。

儵與忽謀報渾沌之德，曰：「人皆有七竅以視聽食息此獨無有，嘗試鑿之。」

日鑿一竅，七日而渾沌死。

這個寓言告訴我們，渾沌性質的事物是不能搞清楚的。該糊里糊塗的時候，最好就是糊里糊塗的，什麼也不要作——無為。

最具代表性的中國哲學問題之一是天人關係，即天道與人道的

關係。「道」研究的是天人關係、人我關係和身心關係。天道與人道互為表裡，即儒家說的內聖（心身修養為本）外王。天、人、天人之際分別代表自然、社會和人、人和自然之間的關係（胡偉希，2005）。中國哲學的基本觀念包括天人合一、以人為本、自強不息、和為貴。天人合一的思惟方式提倡本體與現象的統一，不強調二分。

天道蘊涵著「道」的客體方面，如世界的本原、宇宙的化生、日月星辰的運行軌道等，是世界的存在及存在的形式，即通常所謂的自然觀、宇宙觀。人道蘊涵著「道」的主體方面，如人的價值、倫理道德、社會制度等，是人的存在及對客體的體認，即通常所謂的人生觀、倫理觀、歷史觀。對於天道與人道的關係有如天人合一、天人相通、天人相類、天人相分等（林可濟，2010）。

中國古代探討天道哲學面的文學作品不少，但是深入自然本體的就稀有了。莊子主張透過「坐忘」、「心齋」等忘我的經驗，取消一切區別，達到「天地與我並生，萬物與我為一」的「天人合一」境界。東漢的王充、中唐的柳宗元都有不同的看法（見本書第三章），明末清初的王夫之也明確地提出類似「主客二分」的主張。孫中山也有精神物質二元論的說法。但是，中國古代傳統哲學不重視認識論的研究，嚴重影響了科學的發展。

(三)東西文化差異的源頭

筆者認為，依據非線性（動態）系統研究，一個簡單系統在演化的過程中，只要出現微小的偏差，往後就會產生難以估計的變化。尤其在無數次歷經長時間的代代相傳之後，相去更遠。在生物學的演化世界之中，這是遺傳因子的演變。如果再加上系統本身對於環境調適引起的演變，這個世界就更加「混沌」了。

文化差異的淵源，也不外於乎在系統演化的發展過程。現代科學研究者倡議的「蝴蝶效應」、「混沌學說」，以及「複雜調適性

系統」概念，可以用來解釋東西文化差異的來龍去脈。

二十世紀六○年代初，美國著名氣象學家洛倫茲（Edward Norton Lorenz，1917-2008年）在利用電腦進行「數值天氣預報」試驗的時候發現，電腦中輸入的資料只要有微小的不同，那麼計算結果就會出現巨大的差異。這個觀察得到的現象演繹出——「蝴蝶效應」，後來又被用作「混沌理論」的範例。

在混沌理論敘述的非線性系統中，最初狀況的微小不確定，都會被擴大。複雜適應性系統中，最基本的元素和基本法則都非常簡單，在不斷的發展、轉換中，趨向複雜。系統中，擁有自由度的個體透過相互適應和對抗，都會不斷的自我組織，形成越來越大的結構，而且在每個組織層次，突現的結構都會形成新的行為模式。這種自行組織的結構在大自然中、在人類社會中無所不在。經濟和文化也都是自我組織的體系。

「一方風土養一方人」。風土是對某一地方的氣候、氣象、地質、地力、地形、景觀、社會情境等的總稱。風土離不開歷史，沒有主體的人類空間，一切社會結構便不可能成立；沒有社會存在，時間也不能構成歷史。人類不僅背負著一種普遍的「過去」，而且是一種特殊的「風土的過去」。不同地方棲居的人類在空間和時間的架構之下發展出文化。在過程之中，人類的生活經驗影響著思惟基模的形成，基模又回過頭來影響個人的思惟和行為。

這一切發生在某一個地方的千頭萬緒文化現象，構成了一個非線性系統，也就是一種複雜適應性系統。在蝴蝶效應作用之下，不同地方各自擁有不同的風土現象和文化現象，差異就出現了。

中西差異的源頭，是文化重心產生地區的自然地理環境。古人從生存環境之中，學習到人類與自然和諧相處的道理。中華民族發源地的地理背景、經濟背景與西方文明發源的愛琴海希臘地區大不相同。中國的黃河文明是一種平原文化。由於很多不同的民族聚居一處，因此他們所面臨的問題，就是怎樣與不同的人種融洽相處，

如何建立關係；隨之發展而成倫理思想，如孝道、仁義道德等。

西方文化發源地的古希臘人，生活在海洋環繞的自然地理環境之下，內陸生產力低，交通不便，卻能形成環愛琴海的生活圈。他們所面對的是海洋，面臨的是大自然的挑戰。他們所面對的首要問題就是如何征服大自然。西方人爲了要征服大自然，發展了理性的科學；又由於他們要通商、要計算，所以發展了數學。數學可以培養人類的抽象思考，對於發現大自然的規律，幫助甚大。他們強調追求「眞」和準確，致力於研究大自然和宇宙的本體和來源。西方人在探求眞相的過程中，不斷改造事物，以致帶來爲偉大的科學物質文明。商人也是城市中的人，屬於社會組織的一分子，不是以家族利益爲基礎，而是以城市共同利益爲基礎的社會。

這種說法是很有道理的。如果再考慮文化發展過程中的各種內、外影響力，那麼各地文化長期演化的結果確實造就了一種多元性文化並存的世界。西方世界發展的歷史和中國的是完全不同的。起始點不同、發展的路途不同，最後形成的文化當然不同了。

㈣中國人的思惟方式

1. 聽話的孩子？

一般來說，傳統的中國家庭喜歡孩子聽話，認爲這是歷代積德的報應。聽話的孩子不挑戰家裡大人的指示、要求，或是交待。因此滿足了祖先代代相傳的「孝順」、「孝道」。進入小學、中學之後，老師爲了維持課堂秩序，最常大聲說的話是「不要講話」。另外一句是「不懂的不要亂問，要好好聽課，否則罰站」。中學時候，背不完的功課、答不完的測驗題考試，更讓你沒時間思考。大專生在成功嶺當兵就更不用說了，聽命令是至高無上的要求。

歷歷數來，自從孔老夫子的儒家思想被漢武帝尊爲唯一的正典以來，歷代封建統制階級就都以講究「忠、孝、仁、義」的儒家經典爲科舉、選拔人才、任官的主要評量標準。在國要盡忠，在家要

盡孝道。

聽話的孩子看樣子是不需要很多思惟的，只要依照宗祠裡提示的、家中大人交待的祖先規矩行事即可，例如三字經、弟子規、朱子治家格言等。正像經驗主義學派說的「刺激—反應關係」一般，只是將家裡大人的話當作機械般的刺激—反應。孩子們從小就知道聽話有糖吃、不會挨罵挨打，那麼聽話不就是最好的行為策略了嗎！這麼說，聽話的孩子是頂聰明的囉！當然聰明的孩子也可能是背後頑皮的，早早學會了逃避主義和陽奉陰違。鄉愿、阿Q精神……都反映中國人是很聰明的！只是「是非」常常不分。

其實，人人都會思考，可是有些人頭腦清楚，有些人卻常被批評是頭腦不清楚。這是什麼緣故？思考需要方法嗎？有什麼方法可以幫助學生學習思考呢？

要搞清楚、講明白，是批判性思考的特性。一般來說，這種思考行為的方式是中國人比較不嚴肅對待的，因為怕傷感情、有偏差、製造不和諧。老祖先教我們致中和，說「中也者，天下之大本也；和也者，天下之達道也。致中和，天地位焉，萬物育焉。」一切行為要合乎禮的節制，「是非」是擺在後面的。

西方人比較習慣嚴肅的處理這些需要邏輯理性思考的議題。在蘇格拉底、柏拉圖、亞里斯多德等的古希臘時代，西方人就開始了「吾愛生命，更愛真理」的思辨，甚至發展到「吾愛吾師，吾更愛真理」。好公開辯論公共事務、教學採用對話和雄辯，是當時普遍的追求真理的方式。這在中國人看來是很不和諧的，容易失禮和製造紛爭。這個習慣至今依舊。不是常聽說中國學生上課很安靜、很少提問題嗎？當然，尊師重道也是祖訓。在1963年4月4日於香港公映的黃梅調電影作品《梁山伯與祝英臺》，由邵氏兄弟製作，導演李翰祥，樂蒂飾演祝英臺，凌波反串飾演梁山伯，這部片子來臺上映開始不久，私塾裡學生朗讀「大學之道，在明明德，在親民，在止於至善。知止而後能定、定而後能靜、靜而後能安、安

而後能慮、慮而後能得」的時候，中國古人學習的畫面，就會「說話」了。

2. 正確的思想

我們常說，逢事要三思而後行，多想想再行動。三思似乎是重複想三遍，並不是要腦筋急轉彎的去靈感思惟、邏輯思惟、發散思惟、系統思惟、辯證思惟、形象思惟、逆向思惟等等。你會用上述各種思惟方法進行思惟、思考嗎？

中國傳統文化說明我們比較習慣形象思惟。其實，人不僅藉由形象思惟，更能經由抽象符號、語言等進行邏輯思惟。邏輯思惟主要依靠概念、判斷和推理進行思惟。一切正常的人都具備邏輯思惟能力，但有高下之分。科學思惟一般即指抽象邏輯思惟。中國學生如果對老師用抽象符號、語言等邏輯思惟方式說話的時候，常被批評是不切實際、好高騖遠、緣木求魚、叛經離道、胡思亂想、胡說八道、有毛病等。無疑的，傳統思想主導了中國人的思惟方式，祖先們不鼓勵經由抽象符號、語言等進行抽象邏輯思惟。

西方文明在文藝復興、宗教革命之後，幾乎推翻了傳統教會對思想的壟斷。重建了愛智、好辯，以及實驗的精神。當時的神學院、大學讀什麼呢？決不是只有四書五經之類的東西。他們竟然必修雄辯術！培根、笛卡兒等更為現代科學扎根，導引出歸納法、重視觀察實驗的方法。科學思惟就這樣壯大，成為西方世界發展科技，橫掃天下的基本功夫。

3. 為什麼制度化在東方這樣難？

理性的抽象邏輯思惟如果付諸實現，就會導致制度化。西方人自古希臘傳承下來的愛智和理性思惟，受到基督教文化的調節；又在宗教革命過程中突破傳統思惟，發展出批判思惟、科學思惟等抽象邏輯思惟。立基於大量觀察、歸納、懷疑、批判、求證的行為模式，促進了物質文明的發展。歷經數百年的累積，這種思惟和行為，已經擴及各個面向，甚至形成各種制度化的待人處世和生活習

慣。這種文化特色又塑造了政治、經濟，以及社會制度。在西方先進國家中，各行各業如教育、工商業、製造業都有國家依法制定的標準（standard），因此社會上的各行各業都有共同規範可循，人民滿足了物質安全上需求，社會的供應有條不紊，沒有規格混亂的問題。看看商品的說明書和標籤（例如藥物、電器用品等；可謂資訊鉅細靡遺）就明白了，不論做什麼事都沒有太多的亂七八糟自由。西方國家的民主自由政治是建立在公益導向的法律制度之下的。絕不是無限自由的「只要我喜歡什麼都可以」。不幸的，這些有共識而且必須共同遵守的規範，在許多中國人看來，既麻煩又不方便。

殷海光（2006）在《思想的顏色》一書中說道：「藉邏輯推論程序，由真的前提可得真的結論。然而，藉邏輯推論程序，由假的前提也可能得到假的結論。邏輯所能為力的只有程序上的對與錯」。至於真與假的問題，邏輯是絲毫無能為力的。」

理性、邏輯、科學都是價值中立的過程，不談引導思惟的起點，當然這些理性、邏輯、科學方法也不一定能帶你到真的、善的、美的結果。宗教、文化、傳統、教育、政治，還有個人特有的主張、好惡、或價值觀念等等，都支配著我們的思惟。

中國人的思惟和思想似乎都存在著不足之處。長於形象思惟，短於邏輯思惟，導致我們欠缺理性的、科學的制度。這也反映在我們的生活各層面，間接塑造了我們的文化，形成了傳統的政治、社會型態。我們的制度竟然就是沒有制度。那麼什麼才是古人說的「止於至善」呢？

「善」出自儒家經典—四書裡大學的第一段文字：「大學之道，在明明德，在親民，在止於至善」。儒家修心養性的最高境界似乎就是「善」了。可惜，沒找到明確的「善」的定義或是範疇。大學裡除了「明明德、親民、止於至善」三大綱領之外，另外提出六個修養程序：「止、定、靜、安、慮、得」以及八個實踐條目：

「格物、致知、誠意、正心、修身、齊家、治國、平天下」。也就是說，如果能依六個修養程序和八個實踐條目勵行的話，就能邁向「明明德、親民、止於至善」。

六個修養程序以及八個實踐條目是程序，是「道」。「道」可以是多元、多樣的。得「道」後，才能談「知所止」；大學告訴我們「止於至善」。

巧的是古希臘先賢蘇格拉底和柏拉圖也都追求「善」。蘇格拉底代表古希臘哲學從自然哲學（即物理學）過渡到精神哲學（倫理學）的轉向，他重視倫理、道德的生活、要美化自己的心，追求「一」。蘇格拉底認為德和善是不可教的，柏拉圖則追求「正義」、「美」、「善」的事物。後期的柏拉圖更引進「善」是一個造物主的觀念，無形地也引導出基督徒深信的「善」、「神」一體說。

旅美華裔地理學者段義孚（1930-2022年）在2008年出版了《*Human Goodness*》一書。這裡的Goodness，似乎就是中國人常說的「善」（Tuan, 2008）。「善」這個字顯然也是「佛曰不可說」的概念。西方哲學大師維根斯坦（Ludwig Josef Johann Wittgenstein, 1889-1951）不就是說：「只要是有可能被說出的，就是有可能被清楚的說出；對於不可能說的，我們一定要保持沉默」。

他並不認為美學、倫理學以及其他所謂的生命問題本身沒有意義，只是嘗試用語言去說他們是沒意義的；這些問題只能被表現（show）。換句話說，就是只能用行為表達。這或許也就是孔夫子沒將「善」說清楚的原因吧！「大學」重在修身養性，不重考據、訓詁，「善」的概念只可意會，不可言傳，不是能用言語述說清楚的。西方分析哲學家更可能不會同意「善」是個可接受的命題。因此，段義孚教授在2008年出版了《*Human Goodness*》一書中也是採取舉例的方式說明中外「善行」，而沒有清楚的定義什麼

是「善」。

　　如果將「眞、善、美」放在一起說，那麼一般人會將「眞、善、美」說成科學的求眞、功能上的求善、藝術的求美等。眞和美都是不追求功利的，只有善是功利導向的。也就是說，有利於人的就是善的。這正符合中國自古以來儒家的人本主義、功利主義的精神。

(五)「自然之道」言象意之辨（辯證法）

　　從東方思想的論辯之中，「言、象、意」的辯論來自於「周易」、「儒」、「道」之間的論證，也構成了魏晉南北朝玄學的主題。這項議題涉及「名教與自然」、「本末」、「有無」之辨。「名教本於自然」、「名教出於自然」、「名教即自然」等是何晏、王弼，以及郭象等人在魏晉南北朝期間發展出來的思想轉折。

　　魏晉南北朝辯論的「名教」是對封建社會的政治制度和倫理道德規範的總稱。「自然」是指自然無爲的「道」。何晏主張「名教本於自然」，王弼主張「名教出於自然」，郭象主張「名教即自然」。這些攸關於名教與自然的討論，是將道家的「本體論」與儒家的「綱常名教」相互比較，以道爲本體，以名教爲現象。例如王弼的「名教出於自然」是以道爲本、爲體，而以名教爲末、爲用。除了體用、本末、有無和名教與自然，魏晉玄學還討論了語言、形象，以及涵義的關係。語言用來描繪形象，形象是涵義的外在表現。所以魏晉玄學的言、象、意之辨，廣泛的滲透到文化的各層面，對中國文化的發展起了重要作用。

　　儒家重視的「禮」，在道家看來，俗不可耐；「無中生有」的「無」，才是「本體」。可是如果沒有「有」，又怎能見到「無」呢！沒有「象」、沒有「言」，又如何能彰顯「意」呢！因此，王弼開始說明「有無」、「本末」、「言、象、意」等，其實是一個連續體，互爲表裡。「名教本於自然」、「名教出於自然」、「名

教即自然」也！儒、道之間，思想的爭辯有時代的意義。因此在消長之間，正如同太極圖中黑白的增減變化。時至今日，儒、道、佛的思想早已融入中國文化，深植於中國人的心中了。

漢初為了改善秦代嚴苛的法制社會缺失，表面上採取了無為而治的政策。到了漢武帝時代，已經不得不整理一下自由的亂象。因此獨尊儒術，改採儒家重「名」的制度。先聖先賢制作八卦，呈現了「象」，加重了「言」的表達方式，減低了「意」的無為而治。設五經博士之後，經學發達。但是到了漢末，儒家的「名教」卻淪為形式化，反成社會發展的桎梏。

魏晉玄學中，「本末之辨」與「言意之辨」是相互交叉的。本末之辨是從本體與現象的關係上說明，以「無」為「本」，以「有」為「末」，以「無」為用，以「有」顯「體」。言意之辨，也可以說是言、象、意之辨，是說「名稱」、「現象」、「本體」在聖人心中的體現（韓強，2001）。言和意的關係自先秦以來就有許多種表述，例如

言不盡意，盡意莫若象，立象盡意（八卦）

書不盡言

得意忘言，得意忘象

寄言出意，妙象盡意

大象無形《老子》

得意忘象，得意忘言《莊子》

王弼的「得意忘言」是指不拘泥於章句。詮釋者靠自己的直覺體驗來將握文化經典的思想要義，並盡可能避免以辭害意，然後在將握文化經典思想要義的基礎上進行創新。語言是表達意念的工具，得到了意念就應該忘掉語言（韓強，2001）。孫彩平、周亞文（2021）在〈追尋格局：中國文化倫理圖式敞開與德育路向〉

一文強調，「中國的格局—價值思維，並不透過數理邏輯比較價值的大小」；因此，這也是思惟的一種抽象概念，我認為這是傳統價值之中，來自於王弼的「得意忘言」不拘泥於章句的概念。

「言、象、意」最早指的是卜辭、卦象、天意（義理）。無論是天意也好，或是你我本來的意思也好，都得顯現出來才能溝通。於是先聖先賢制作了「卦象」。卦象不是每個人都看得懂的，必須靠卜辭，或是天師、道士、和尚……老師、解說員的詳細說明。他們使用文字或語言努力地說明。有時候，文字和語言不足使用，因此說也說不清楚。每一階段，每一關節，都是不完美的，都是辭不達意的，聽到的、看到的，都是殘缺不全的。那麼你看到的、聽到的，到底是什麼呢？是天的意思呢？是傳話人的意思？還是你自己的創意解釋呢？

㈥西方哲學倫理思辨（辯證法）

西方理性主義至黑格爾達到頂點，理性成了絕對精神。黑格爾高揚絕對理性，實際上已經將理性置於被罷黜的境地。十九世紀中期之後，「理性」開始出現危機，「進步」也成了懷疑的對象，人類對啟蒙思想家所持有的理性主義基本信念發生嚴重的動搖。主要原因在於哲學家對於黑格爾的批判，對於「理性觀念」進行了徹底的批判，大都投向非理性、反理性和相對主義：如現象學、存在主義。

尤其在十九世紀以來西方發生多次戰爭，尤其是兩次世界大戰，造成多少生靈塗炭，粉碎了人類社會將不斷進步的神話，絕對唯心主義哲學家深刻反思，理性不再被視為世界和人類的中心，不再是人類主體的核心和本質；相反的，情感、意志、欲望、潛意識等先前「非理性」的東西，紛紛登上哲學的中心，成為研究的對象。

此外，理性的「相對主義」盛行，客觀理性已經一去不復返，

理性只是相對概念。在實踐之上，經由對西方理性社會的批判、反省，人類對於「進步觀念」產生了懷疑，最終拋棄了烏托邦理想，走向悲觀主義和虛無主義。對此，韋伯和早期法蘭克福學派，例如霍克海默、阿多諾等解釋為「工具理性」的盲目發展及人類從無止境的物欲擴張，導致人類精神生活的貧乏，以及道德感的失落，由此產生科技統治的「非人化」傾向，人類在科技中創造的東西，反過來控制人類。因此，人類異化了。西方思想家對於人類能否能從異化之中解脫出來，多半抱持著悲觀的態度，後現代主義的學者更將「進步觀念」斥為「現代主義的無稽之談」。

　　因此，吾人思考理性主義在現代還有出路嗎？這是哈伯瑪斯（Jürgen Habermas, 1929-）所思考的問題，而他從「語言學轉向」看到走出理性困境的出路。所謂「語言學轉向」，是指二十世紀初期西方哲學從「認識論」，到「語言哲學」的轉變，標誌著哲學主題的轉向和研究方式的變革。現代西方哲學不再像傳統那樣從「主客體關係」出發，而是透過意義辨別和語言分析來解決問題。哈伯瑪斯認為要重振理性權威，就必須跳出傳統認識論即意識哲學的窠臼，著重分析語言和道德、社會的關係。因此哈伯瑪斯提出：「從語言哲學的角度，拯救一個懷疑主義，但非悲觀主義的理性概念」。

1. 傅柯（Michel Foucault, 1926-1984）

　　後現代主義認為社會不必有凌駕性的主流信念，因為信念本身沒有基礎。相信與否全是主觀的感覺。因此，理性只是一種思想方式，未必全是真理。反對理性的盲目崇拜。因此，後現代社會無定性，其思惟包括多樣性、複雜系統等多變的理論。

　　傅柯強調的是「知識考古學」。他發現歷史之中，其實有很多聽不到的聲音。我們依靠排斥他人，以建立自己。因為理性讓我們失去了其他選擇，而趨向單一化。因此，傅柯認為時間是斷裂的，不同時代有不同的論述，不可以以現代的觀念去了解過去。此外，

知識系統本身已經是一種建構過程，權威（power）塑造著知識系統，培根曾經說過，知識就是力量；笛卡兒也說，我思故我在。傅柯發現原來所有事物背後，也是經由權力去塑造和影響。

因此，傅柯的後現代研究課題，就是關心權力對於人類帶來的影響。他詮釋了權力、知識和身體的關係，指出權力控制了身體。權力對於人類的壓制，已經到了無孔不入的地步。權威（power）的力量，改變我們的知識、思想，再進而改變我們的身體、性欲。因此，每一個人的思想已經被權威所操控，這已經變成一種正面的生產力量（productive power）。

2. 哈伯瑪斯（Jürgen Habermas, 1929-）

哈伯瑪斯認為追求理性會引來不理性的後果，例如科學主義、決定論、新野蠻人主義。從笛卡兒開始的近代哲學，基本精神為理性主義。理性主義有兩個基本信念：

⑴理性觀念：相信世上有普遍、客觀的理性判準存在。

⑵進步觀念：相信人類社會是一種不斷進步的過程，理性觀念將日趨成熟，追求的烏托邦社會理想。

⑶心理學發展，強調人類心理的潛意識與非理性成分。

⑷人類學發展，逐漸傾向承認文化模式與認識系統的相對主義。

⑸各個價值領域不斷分化、獨立化，各自擁有其價值標準，進而產生價值衝突。

⑹科技進步固然是理性力量的體現，但也帶來人與人，人與自然異化的結果，科技進步呈現的不盡然是美好的一面。

哈伯瑪斯認為知識分成三類：科技（technology）、實踐（practice）、解放（emancipatory）。科技（technology）帶來生產。實踐（practice）的社會性，帶來相互了解和合作，以達成共識。解放（emancipatory）需要批判的力量，邁向未知的理想思惟。

他認為行動有兩類：策略行動（以達到目標為動力），以及

溝通行動（以達到溝通為動力，以語言為工具，以達到共識為目標）。

　　世界有三個面向：主觀、客觀，以及社會；對於同一件事，我們會有三種不同方向的解釋。社會上會有結構上的分化，各有各的相應系統。我們的社會在科技發展的同時，對應到社會實踐的能力，以及知識層面，沒有發展起來。人類將注意力集中在主體與客體關係之上，而忽視了主體與主體的關係，現代人太過注重自我，造成疏離社會的現象。他認為要靠理性的溝通去化解危機。

第二節　溝通和教學的新思惟

　　在第一節中，我們討論了倫理和道德的新思惟。傅柯和哈伯瑪斯認為人類可以利用科技改善生活環境，但是傅柯認為我們要解決困境的方法，需要建立自我，從完善自我的技藝著手，忠於自我，而且不要受到權力的控制。到了二十一世紀，什麼是忠於自我，什麼是空間上的自我覺察呢。孫彩平、周亞文（2021）強調，應該要以開放動態的格局，作為新時代德育教育的使命，弘揚中華文化的倫理認識特色，自覺培育兒童在空間直觀之中的道德思維，這是擴大格局的時代教育路徑。下面我們以溝通和教學的新思惟，進行理論上的價值建構。

一、溝通的新思惟

　　哈伯瑪斯認為社會系統對於生活過度侵蝕，必須重新喚回人類社會的整合性，以化解缺乏溝通的問體，並且提倡在公共空間—理想的演說場地之中，進行理性溝通。

　　因此，人類不可以在科技層次上過生活，否則人性就不能顯露出來，這也是托爾斯泰所稱的人生論。哈伯瑪斯嘗試以語言作為他研究理性溝通的起點，因為這是文化中最基本的東西。語言是可以分享和理解的。哈伯瑪斯《論現代性的哲學論述》之中，探討了

走出精神主體哲學的新路線。他建議客觀知識的典範，必須由能夠「言說」和「行動」之間主體，可以相互理解的典範來取代。

哈伯瑪斯批評了狹窄的主體精神哲學的本體論的架構。如果恆常的、可以調節的、具有表達力的言辭行動，就能夠有效產生連繫。哈伯瑪斯的溝通理性涉及到事實的客觀世界、規範的社會世界，以及情感的主觀世界中的合理性問題。他認為人類在進行溝通，不僅要具備語言能力，更應該具有建立「互為主體性」溝通關係的能力；亦即說話者不僅要說出合乎語言規則的句子，並能使其發言的內容符合事實，而也能使聽者相信說話者的誠意，才是一個成功的說話者。

此外，溝通行為具備三種有效要求：真理性、真誠性、正當性。這三者體現一種關聯性，稱為「可理解性」。

在溝通的過程之中，溝通雙方必然會互相提出這四項有效性聲稱，而且必須互相承認對方所提出的有效性聲稱，溝通互動才能夠順利進行。因此，雙方必須在預設理性共識是可以達到前提之下，溝通雙方進行「反覆性辯論」，使其在互相攻錯中消除歧見，重新達成一致性的意見和共識。因此，溝通需要具備了「反覆性辯論」和「真正了解對方」。

㈠有效的溝通

楊深坑（2000）指出哈伯瑪斯的「溝通行動理論」（Theory of Communicative Action）包括理性理論、溝通行動理論、社會合理化的辯證、現代性理論等，而核心主題是探討理性問題。康德信賴程序理性。但是，哈伯瑪斯卻融合了實體理性與程序理性，提出溝通能力。哈伯瑪斯劃分了事實本身和對事實的敘述。一個敘述可能涉及客觀世界中的現象，也可能涉及一群人共同參與的社會世界。前者的敘述可能為真或偽，在理論的論辯中決定其有效性；後者的敘述可能為正當的或錯，其有效性由實踐論辯來加以決定。他

連結了客觀世界與社會世界，認為有效的溝通具備可理解性、真實性、正當性、真誠性。且需以主體具有溝通能力為先決條件。哈伯瑪斯提出溝通理性是為了將理論與實踐的連結落實到生活世界來加以探討。他認為教育的任務是培養學生的溝通能力。他說的溝通理性，也就是真理愈辯愈明；是一種辯論倫理學。這也是西方世界自古即重視對話式教學、修辭學及雄辯術等，這是東方所不具備的條件（楊深坑，2000）。

(二)真正了解對方

德國社會學理論家盧曼（Niklas Luhmann, 1927-1998），繼承了結構功能論而發展出來「系統理論」，這代表了「社會學啟蒙的一個新境界」。這是一種有異於古老歐洲傳統中所標舉的理性批判，盧曼以系統／環境的差別進行觀察，然後探討社會中相對的社會系統－經濟、政治、法律、科學及宗教等，分析這些系統在實踐功能上的演化的成果。

透過系統理論的解釋，盧曼企圖呈現的是社會系統中自我宰制的機制，以及了解這種機制對於所謂的西方理性啟蒙的重要意義。對於現代社會經由自我描述然後獲得自我認識的「自我指涉」而言，系統理論的這種反省程度，的確找到了與韋伯等不同的道路。

盧曼認為溝通不是資訊的傳遞，因為告知者（他者）不會因為告知某項資訊而喪失這個資訊，理解者（自我）也不會因為受到告知這個資訊，而獲得這個資訊（這不同於送信和收信）。溝通的出現，毋寧是理解者以告知／資訊這組差異去觀察告知者；也就是說，只有當差異被自我用來觀察他者之時，溝通才會出現。因此，資訊是理解者（自我）在溝通情境之中，亦即以他者為前提所製造出來的，告知亦然。在分析上，告知、資訊，以及告知／資訊這組差異本身（亦即理解），是溝通的三個不可或缺的環節

1. 盧曼和其他社會學家較不同之處在於多數社會學家強調了社會

＞部分之合（社會大於部分之合），但盧曼卻認爲社會＜部分
之合（社會小於部分之合）。

2. 不同的系統之間不可能眞正相通，社會的個體都可看爲獨立的
心理系統。

3. 個人的心理系統是由思想、想法、想像構成的。社會系統則是
溝通產生時就會產生的。

4. 溝通不用眞正了解對方的想法，而且非得要眞正了解對方才可
以溝通，重點不在於那些念頭，而是雙方溝通的符碼。例如禮
儀、手勢、語言等。所以對盧曼來說，溝通就近乎等於是誤
解；而這也是爲什麼我們需要繼續不斷溝通下去的原因。

5. 盧曼的系統論，可以說是方法上的策略；其系統論是一組元素
相互關聯的整體。例如可以用來看家庭和兩人的關係等。

6. 可見盧曼的系統論呈現出化約性；他化約了環境的複雜度，唯
有化約了複雜度，才有呈現了相互溝通的可能性。多數人的溝
通使用的是抽象的符碼，至於那些精緻謹愼的符號在越少數人
的時候才有用。

7. 因此，盧曼認爲人我相互溝通的三個歷程爲：(1)內心資訊、(2)
外在送出的告知、(3)他者內心的了解。一旦送出資訊，或是可
以具象化理解成，將話講出來。就脫離了心理系統，而心理就
又產生新的想法了。所以溝通是建立在不斷地誤解之上，溝通
是爲了溝通而溝通，因爲無法眞正的了解。

從溝通理論中，我們了解到「反覆性辯論」和「眞正了解對
方」的重要。哈伯瑪斯認爲，傳統教育思想裡的永恆主義與精粹主
義等，藉著學生的思想教育形成了認同；哈伯瑪斯提倡的「溝通行
動理論」，是教學生在溝通學習中形成認同，是一種經驗學習。沒
有同學們的互動，哪有溝通呢？哈伯瑪斯認爲對理性的討論宜從目
的性與合理化的系統，轉而爲溝通原則的論辯。學生在溝通的過程
中，習得了以理性的方式討論問題。這不就是「群育」了嗎？哈伯

瑪斯「溝通行動理論」，形成了教學的新思惟。

二、教學的新思惟

王鑫、王曉鴻（2015）曾經論述到眞正的教育學習重點應當是「教育即生活」，教育要在「生活環境」裏，而非只在封閉的校園裏。此外，學校裡沒什麼眞實的現代生活必備的學習資源，內容是課綱限定的、抽象的、符號學習的少數內容而已，這些是不夠因應新時代社會需求的。

萬物之本的大自然和將來必須面對的是是非非、萬花筒般的眞實複雜世界，更是在學校圍牆之外。因此，國民中小學《十二年國民基本教育課程綱要總綱》中強調培養以人爲本的「終身學習者」，擬訂「自主行動」、「溝通互動」、「社會參與」等三大面向，強調了人與自己、人與社會、人與自然等三個學習層次，這是正確的教育政策。

三、戶外、校外與敎室外敎學

「走出校外、夢想起飛」是一句象徵符號，說明人都希望無拘無束，逃出牢籠，包括學校和家庭的約束。雖然教育是必須的、善意的，但確實不是符合人類本性中的那一部分野性的需要。孔子說「文質彬彬」，不就是說要保存文（修養文飾）、質（野性本質）之間的平衡嗎？我們的學習過程中充滿人造的和硬性的規矩、規範、原理、原則、線性思惟；但是，卻缺少了本質的、自然的那些部分。我們不懂得逆向思惟、發散思惟、批判思惟等，需要腦筋急轉彎的創意思惟。

在戶外教學（outdoor education）、校外教學（out of school education），以及教室外教學（learning outside the classroom）中，戶外教學是歷史最久的名詞，戶外教育的定義簡單說明如下：戶外教育是擴展課程學習目的至戶外的一個直接的、簡單的學習方法，是基於發現學習的原則並且強調直接使用感官（視、聽、嗅、

觸、味）進行觀察和知覺。

　　因此，戶外教學包括1.科學中心、2.科學博物館、3.科學與技術俱樂部、4.科學劇場、5.科學學會、6.自然中心（野外教育中心）、7.科學營、8.科學競賽、9.科學展覽、10.科學博覽會、11.研究計畫、12.實習、13.野外旅行和引導式訪問參觀（如知性之旅）；以及14.科學會議、演講會、研討會等。明顯的，戶外教學只是校外教學的一種，而且校內也可以執行戶外教學。戶外教學和校外教學是不同的概念。英國採用「教室外」一詞，也 能彰顯戶外教學的精神。英國人對「教室外的學習」的定義如下，即「利用教室以外的地方進行的教與學」。

四、環境教育的哲學思惟

　　許多哲學家和教育哲學家的論述都支持在真實的環境中教學，包括戶外和校外教學，包括了盧梭的自然教育理念；康德美學與自然教育；梭羅的探索式教學思想；席勒的美育；胡賽爾的現象學；梅洛龐蒂的知覺現象學、身體現象學、全身學習；海德格的存在主義；杜威的經驗與教育、教育即生活；馬斯洛（人本心理學之父）的高峰經驗；以及柯內爾的自然覺知（nature awareness）流水學習等十位西方學者的環境教育哲學思惟，茲列舉如下：

(一)盧梭的自然教育理念

　　法國大革命時代的思想家盧梭（Jean-Jacques Rousseau, 1712-1778年）在《愛彌兒—論教育》（Emile）（Rousseau, 1762）一書中主張自然狀態理想化。盧梭在政治主張中提倡民權。他的《民約論》對1789年爆發的法國大革命有極大的影響。他在教育界，則被認為是自然主義教育哲學的代表人。在他所著的《愛彌兒》一書中，就是以愛彌兒這個名字為例，來說明他的教育理念。盧梭反對人為，而崇尚自然。他主張使愛彌兒離開社會，在自然中去生長，

使他成為一個自然的、真正的、自由的人，將來是一個新人。新人可以建立一個合乎自然法則的社會，不會做出壞事。他所說的對愛彌兒的教育，就是啓發愛彌兒在自然中學習，不用禁止或懲罰，一切都讓他自己去體驗。（李平漚譯，1995）。

　　盧梭主張從做中學，並且鼓勵和實物接觸，以及從事觀察和探索。盧梭歌頌自然，當時學者看待的自然是一種抽象的觀念，也是一種哲學的範疇。在他看來，自然是一個活生生的實在物。盧梭主張實行實物教育，盡可能利用對事物的直接觀察，來代替書本知識。盡量尊重自然給予兒童的善良稟賦，使他們遠離成見，進而能培養一個能夠獨立判斷的人。

　　《愛彌兒》一書提出對不同年齡階段的兒童進行教育的原則、內容和方法。指出：兩歲以前應該注重體育，專注身體自然成長。二至十二歲注重感官教育，要培養孩子的品行，這些必須透過經驗習得。要注重鍛鍊強健的身體、敏銳的感覺，不必太在意明白道理。要學習忍受痛苦、跌倒了自己爬起來。他主張從玩耍中學習和寓教於樂。誠實是道德教育的開端，兒童道德教育應該簡潔明瞭。十二至十五歲的孩子，開始智能教育，教導孩子關於自然的知識，而不急著教社會、歷史、社會道德、形而下學。十五至二十歲，青年時期的學生，要充實道德教育，建構於自然教育基礎之上，希望使青年成為真正的社會人，了解並實踐社會道德是一切教育的核心。能關愛生命、自愛。這時道德教育與情感重於理智，要培養善良的感情、正確的判斷與良好的意志。他提倡行為實踐、重身教、反對說教與訓誡。二十歲以後的年輕人，要培養正確的愛情倫理觀。愛彌兒任憑自然養成，始終是按照自己的思想、依靠自己、自己進行判斷。盧梭認為以往教育中最嚴重的問題是教育者沒有認真觀察孩子，不能設身處地考慮孩子的需求，總是依據自己的想法對兒童進行教育。戶外自然教育就是要引導兒童掌握自然生存的能力。盧梭刺激了康德，促成他完成了以探討「人的自由」為核心的

三大批判。

(二)康德美學與自然教育

康德（Immanuel Kant, 1724-1804年）一生中追求的四大目標是我能夠知道什麼（討論理智及知性是什麼，是「眞」的範疇）？我應該做什麼（討論人的意志，包括道德，是「善」的範疇）？我可以希望什麼（包括感受和情感，是「美」的範疇）？以及在知情意兼顧後，面對的問題：「人是什麼？」。

1781年他提出第一批判（Critique of Pure Reason）也稱作純粹理性的批判，處理有關知識（物理界的課題）的問題（theory of knowledge），也就是「眞」的問題。在這裡，他區分現象與本體，說明我們能認識的只是現象而已，本體是不可知的。

1788提出第二批判（Critique of Practical Reason），也稱爲實踐理性的批判，處理有關道德的（人性的課題）問題（doctrine of morality, ethics），也就是「善」的問題。第二批判在先驗自由（即盧梭的人生而自由）的基礎上，論證了實踐自由。他說的實踐自由，就是人爲自己立法（規範）的自由，也就是人對自身的道德自律。他提出純粹的思惟（意志）的觀念，人的先天意志爲自己立法。他認爲只有當我們遵守道德法則時，我們才是自由的。第二批判的「實踐理性判斷」提出了人爲自己立法的實踐理性原則。

1790年，他提出第三批判（Critique of Judgment），即判斷力的批判，包括「審美的判斷力」與「目的論判斷力」（teleological judgment），處理有關人的「品味」或「欣賞」的問題，也就是「美」的問題。康德美學必須放置於他的整體哲學之中研究，康德認爲美學的根本目的，是解決人的自由問題，他認爲人的自由不應該受經驗世界的支配。

在本書第六章，論述了康德的美學觀，也就是第三批判。他提出透過審美活動（自然美），可以實現人的感性自由，從而將

自然和自由統一起來。總體來說，在無利害性的審美活動中（自然美），人們才能統一知情意和真善美。在欣賞大自然之美的時候，依據合目的性原則，大自然展現出的規律也就是我們形成道德自律規範的依據。其實，這也就是我們主張向大自然學習的道理，也就是主張自然全美的道理。應該也就是盧梭撰寫的《愛彌兒─論教育》所提倡的自然教育理念的核心價值。第三批判中的「目的論判斷力批判」連結第一與第二批判所處理的知識與信仰或現象與物自身，或實然與應然，或自然與自由，或是理論與實踐等兩個世界之間的鴻溝。康德認為審美之路跨越自然與自由之間的鴻溝。透過感性的審美活動，使道德實踐的自由概念在感性世界中成為現實。因此，自由最終是與審美觀連繫在一起的，參見本書第六章。

康德對於自然美推崇有加，他認為自然美具有藝術美所缺乏的道德內涵，因為人類在對自然的審美判斷之中，不受到任何外在的規則與功利目的之限制。自然的審美判斷之中，蘊涵著自由，促使人類回歸到道德世界的中心。人類最終能否獲取自由，就在於人類是否能超越自身自然本性的他律限制。在第三批判之中，康德將自然美與道德密切連繫起來。在自然的審美判斷中，我們的德行才透過自然美呈現出來。

自然美展示的不只是純粹的外觀形式，更重要的是道德內涵，即崇高、勇敢、坦誠、友愛、謙遜、堅強、溫柔等。自由提供了一個感性顯現的空間，於是我們的先驗自由理想在自然之中感性地顯現出來；真、善、美與知、情、意得到統合。透過審美活動實現的人的感性自由，將自然和自由統一起來。

(三)梭羅的探索式教學思想

梭羅（Henry David Thoreau, 1817-1862年）是《湖濱散記》的作者，畢業於哈佛學院（1837年）。畢業後當過短暫的教師，卻因為講求尊重學生，拒絕體罰學生，教學不夠嚴厲而被辭去職務。

接著在他和哥哥合辦的學校中，他得以自由的教學。梭羅開創了探索式教學法，他在正式課程完畢之後，常帶學生到森林裡散步，和學生們一起觀察討論、研究自然界的現象。梭羅給戶外教學的啟示包括下列四大項：1.簡樸的生活；2.擺脫俗務；3.欣賞大自然，從自然中學習；4.更生與新生。簡樸的生活融入自然的節奏，不斷的再生、不斷的超越，追求更高的規律等，都是梭羅告訴我們的大自然的啟示。

(四)席勒的美育

德國人席勒（Johann von Schiller, 1759-1805年）的詩《歡樂頌》號召人類團結友愛，充滿了英勇豪放的樂觀主義精神，促使貝多芬創作了第九交響曲。他是狂飆文學運動時期的人物，狂飆運動的精神是將生命力盡情發揮，突破舊的束縛而開展出新的世界。歌德是代表人物，他厭惡抽象系統的哲學思考，因此他的思想始終是從感性的具體東西出發。席勒卻性好沉思，他的思想大半是從抽象的概念出發。席勒認識歌德以後，更加注意現實中和文藝中感性的具體東西。簡單的說，席勒的哲學思辨較歌德更貼近生活現實。席勒的美學思想受到康德的啟發，康德提出二元論（理性認知與道德實踐），其中存在著理性與感性的分裂，將知與行分割。席勒企圖調和，將認知與道德實踐連結在一起。席勒認為認知使用的是知性，道德使用的是意志，此外還有人類的感受、情感等。席勒強調感性衝動是核心的審美機制。他認為遊戲在培養健全人格中具有著重要功能，能呼喚一種將理性與感性完美融合的理想文化形態。

康德將遊戲看作與勞動對立的觀念，席勒加上「過剩精力」的觀念。認為動物性的身體遊戲可以上升成為人所特有的想像力的遊戲。在遊戲中，理性與感性（欲望含生活所需事項）完美的融合，成為人性發展的主要方向。席勒提出的理性衝動與感性衝動之外的第三種衝動，可以用遊戲說明。他認為發揮過剩精力的遊戲可

以成為動物的本能，尤其對孩子們來說，遊戲就是目的。遊戲往往給人自由的感覺，那是因為遊戲沒有目的，因此不受拘束。遊戲又是我們製造出來的想像的世界，極富創意。例如「騎掃將」和「塗鴉畫」。遊戲本身是嚴肅的，本身就是目的，必須要有活潑的、不斷創新的可能性。後者使得僵化的形式和不斷變化的內容融合在一起。席勒認為人只有在遊戲的時候，才能擺脫種種內在的規定，也才具有真正的自由；能維護人的整體性。這時候，才是真正的人。因此，對於孩子來說，什麼時候開始會不快樂？恐怕是進學校以後吧。這是因為進學校以後，就受到形式的約束。

(五)胡賽爾的現象學

胡賽爾（Edmund Husserl, 1859-1938年）的的現象學，接替德國理性主義及唯心主義思想者叔本華（Arthur Schopenhauer, 1788-1860年）的地位，開啟了非理性主義及人本主義思想。胡賽爾認為我們的知識來自於直觀感覺，對於客體的直接認知，然後經由抽象思惟概括推論為某一種概念。因此人們在學習時，應該遵循直觀知識先於概念知識的順序。他的理論影響到後來興起的現象學。胡賽爾提出「生活世界」的概念。「生活世界」具有多樣性，人的「生活世界」不是科學家描述的那麼真實、固定，「生活世界」中充滿了動態變化、隨著時間和空間場景的變化、隨著場域裡各種影響力的變化，呈現多面向的意象。人類對於「生活世界」中一切事物的環境識覺都是這麼多樣的。胡賽爾還提出「意向性」的觀念，認為意向發自主體，指向客體。意向是意識的本質，意向使主體有意識。也就是說，你有你自己看世界的角度。

胡賽爾現象學中說的「生活世界」必須親自體驗才能學習的，絕不是在教室裡讀書和聽講能習得的。

㈥梅洛龐蒂的知覺現象學、身體現象學、全身學習

法國哲學家梅洛龐蒂（Merleau Ponte, 1908-1961年）以建立知覺現象學著稱。他認為人類透過「身體主體」來知覺世界，也就是去體驗這個大自然環境。他認為我們就在自然環境裡面，我們自身就是自然（環境）的一部分。既然人類存有的樣態與特質都是來自於生活世界與自然（環境），那麼人類與自然（環境）兩者間必然是緊密的互動關係，實是無法割離而獨自存在的。

梅洛龐蒂說，我們知覺的真實世界其實並不像在古典繪畫或攝影等平面作品中呈現的那樣規則。真正的世界是渾沌、也是精粹，既是蠻樸又是本質，既是自然又是人文，這正是「生活世界」。真實的世界與自然（環境）正是我們形成各種知覺的基礎，也是各種理性思惟、習俗、科學形成的背景。梅洛龐蒂提醒人類，應當回到我們根源—生活世界。梅洛龐蒂也指出：生命不是去理解，而是去實踐。這正是環境教育的根本目的：活出自己的生命。

㈦海德格的存在主義

海德格（Martin Heidegger，1889-1976年）指出「生活世界」才是存在的真實世界。海德格認為「人是在世存有」，他說的人類與世界都是真實的，而不是概念化的，認為只有大自然的實在表現是真實的，語言表達的大自然不真實，因此不能感動人類。我們所見的世界是被語言（抽象概念）所遮蔽，因此不見真相。我們要了解「大自然（或世界）」，就要讓「大自然（或世界）」自然的呈現。

㈧杜威的經驗與教育、教育即生活

二十世紀初的著名思想家杜威（John Dewey, 1859-1952年）在1938年以《經驗與教育》一書總結他的教育理念。他認為教育是

經驗不斷的改造或改組，「教育即生活」、「從做中學」，真正的教育都是由經驗中產生的。

杜威在主張教育是經驗的生長與重組時，並沒有完全忽略了經驗發展的指導原則（教訓或規則）；如果沒有原則加以指導，經驗的生長是盲目的；如果沒有指導經驗發展的原則，則生活經驗之發展是毫無實質意義的。經驗成長及重組的歷程有兩個基本因素，包括個人的心理因素，還有就是圍繞在個人周遭的社會因素。從個人的心理因素來說，個體是經驗生長與重組的主體，心理因素也就是能力、興趣、習慣。這些是了解與解釋個人經驗生長意義所不可缺少的。個人的興趣、能力、習慣是在形成與發展中的，是隨著經驗的活動而變動的；尤其個體天賦而具有的一些對外界事物探求的興趣。

從社會的因素來論，個體經驗發生在社會環境中。組成社會的個體相互關聯，形成一個密切互動的有機體。學校在杜威看來，並不是專門學習知識或技能的場所；學校就是社會。「學校即社會」，「教育即生活」是杜威教育哲學中的關鍵。

杜威對於「學校即社會」的認識，乃是基於「教育即生活歷程，而學校即社會生活的一種型式」而來。學校是助長兒童經驗成長的場所；是將社會經驗澄清而賦予價值觀的一個場所；是兒童現實生活經驗的地方。同時學校也是一個促進社會進步的機構。學校不僅僅維持文化傳統，而且是締造、創新文化的搖籃，更是促進社會進步的社會組織。杜威曾指出民主不僅是一種政府的形式而已，民主更是一種有關聯的生活模式，是一種共有的溝通經驗模式。民主、成長與教育三者互有關係。為了教導學生民主，學校本身就必須民主，以促成師生充分參與教育的經驗。

㈨馬斯洛（人本心理學之父）的高峰經驗

人本心理學之父馬斯洛（Abraham Harold Maslow, 1908-1970

年）融合完形心理學的整體論、精神分析論的動力論以及文化因素等塑造了他的人本主義（Humanism）人類需求層次論。他創造的重要概念包括自我實現、高峰經驗、匱乏需求與存在需求。在討論經驗教學的時候尤其應該提出他對高峰經驗的研究成果。高峰經驗使人察覺出生命和世界的存在價值，包括眞、善、美等。他的成長動機理論就主張個體應獻身於某種蘊涵存在價值的使命，這也就是自我實踐。

高峰經驗用來代表個人生命中最快樂和心醉神迷的時刻，這種經驗有助於開啓和展現個人的最佳層面，因而馬斯洛稱它爲一般人的自我實現的片刻。馬斯洛根據研究提出有不同形式的高峰經驗存有愛、開悟經驗、高潮經驗、欣賞自然的經驗、與人類汪洋一體的經驗（同舟共濟）、創造性直覺或對重要生活事件的強烈反應等等。除了一些共同的情緒反應外，還存在一些共同的認知特性。馬斯洛肯定心理高度健康者所生活的境界與一般人有天壤之別。

㈩柯內爾的自然覺知（nature awareness）流水學習

流水學習是美國人柯內爾（Joseph Bharat Cornell, 1950-）發展的戶外教育方法，尤其適合親子活動（Cornell, 2015; 2018）。他在《分享自然》等書中，設計了許多單元活動。這些活動特別能激發兒童對自然環境的覺知和敏感度，是環境教育的基礎功課，能溝通連繫學生和自然環境的心靈，兼及身心靈教育。在他的設計中，也都有簡單的活動主題介紹、適合活動的時間、適當的學生人數、學生的年紀、活動所需要的教具等。此外，他也提出適合單元活動的流暢學習（flow learning）教學模式，摘要如下：

1. 激起熱切的心：盡量喚起學生的興趣。
2. 集中注意力：使學生的注意力集中在學習活動上。
3. 直接體驗：進行直接經驗的學習。
4. 共享歡欣：使學生彼此分享學習成果與靈感。

柯內爾的自然覺知（nature awareness）流水學習

階段一　激起熱情（破冰）（Awaken Enthusiasm）

性質是遊戲性和靈活性，好處是能：

1. 建築在兒童愛玩的基礎上。
2. 營造一個熱切的氣氛。
3. 充滿活力的開始，讓每個人都說，好啊。
4. 發展全部的靈活力，克服被動的和萎縮的心態。
5. 營造參與的衝動。
6. 掌握學生的注意力（盡量減少叫人聽話的感覺）。
7. 建立學員和領導人之間和諧的關係。
8. 營造良好的團隊活力。
9. 提示活動方向和整個節目的架構。
10. 為後續更具敏感性的活動完成準備工作。

階段二　集中注意力（Focus Attention）

性質是培養接受性，好處是能：

1. 增加注意事物的範圍。
2. 藉著集中注意力而加深覺知。
3. 正面的導引在第一階段裡養成熱切的心。
4. 發展觀察技能。
5. 靜下心來，培養靜觀萬物的氣氛。

階段三　直接體驗（Direct Experience）

性質是培養吸收力，好處是能：

1. 自行發現學習是最有效的
2. 給學生直接的、經驗的和直覺的學習（了解）機會
3. 鼓勵學生的好奇、同情和愛護行為
4. 發展對生態理想的個人承諾

階段四　共享歡欣（鼓舞、心靈的提升）（Share Inspiration）

性質是概念和理想化，好處是能：

1. 澄清並加強個人的體驗。
2. 建築在升高的情緒氣氛上。
3. 引進鼓舞的模式。

4.強化效果。

5.建立團隊的向心力。

6.給領導人意見，以備改進。

7.領導人和具有接受心（receptivity）的群眾一起共享領悟。

五、邁向進步主義的教育

　　一般教育學者說的教育哲學，包括永恆主義、精粹主義、進步主義、建構主義等。永恆主義和精粹主義是中、西古代主要的教育哲學，主要強調上帝的話、先聖先賢的話、祖先的話、大人的話、老師的話、爸媽的話，這些都是大道理，要洗耳恭聽、要立正站好聽訓。永恆主義和精粹主義下的教學是否合乎當代的需求，就需要經過再評估、再詮釋，如此才能找到符合現代的題材、內容和教法。

　　但是，我們從西方學者教學方法進行歸納，可以以一種「進步主義」的教學方法角度進行分析，包括兩個步驟：設計教學法（The Project Method），以及單元教學法（Unit Teaching Method）。設計教學法重視學生的需要。透過這種教學方法可以養成學生知行合一的行為能力。設計教學法與一般傳統的教學方法不同，並不以教師為教學的中心，而是以學生為教學中心。這種教學歷程，透過學生的參與擬定自己的學習計畫及練習實際的動作或技能，以解決實際生活上的問題。事實上，設計教學法屬於杜威提出「問題解決法」（problem solving）與「做中學」（learning by doing）的具體教學方式。

　　學生在設計各種學習情境下，將能學習到控制自己及面對各種情況的能力。設計教學法主要在使學習成為學習者生活需要的經驗。讓學習者從參與、設計、合作中，既知且行、學做並重。而整個學習過程，由學生依自己的興趣和需要來設計；教師僅從旁協助。杜威曾於芝加哥設立實驗學校，並試用活動課程（activity curriculum）。他首先放棄傳統的分科課程，而以人類食衣住行等基本活動爲小學課程的中心，以兒童的興趣、需要與能力爲出發點，並以單元活動爲編製課程的方式。一般單元教學活動的目的在於提供學生一個完整的生活經驗。因此強調透過有系統、有步驟的教學活動，以有效的達到教學目的。單元教學活動的設計格式一般包括單元名稱、教學年級、教學目的、教學範圍、教學活動（準備活動、發展活動、綜合活動）等。楊國賜歸納出下列四項進步主義教育思想的教育目的：

1. 自我實踐（Self-realization）：使個人在團體中自我體察，並充分發展，進而實現個人願望，發展個人健全的人格。

2. 社會效能（Social efficiency）：一方面使個人適應當代的物質環境，一方面使個人適應他的社會環境。

3. 社會適應（Social adaptability）：發展個人良好的人際關係、鍛鍊智慧做的習慣，使個人能成功地參與及適應變動中的社會文化。

4. 社會同質（Social homogeneity）：進步主義一方面主張要適應個人的差異施教，另一方面則注重團體民主的需要，使個人成爲民主社會中的一分子，以培養共同性，並注重社會的秩序。

在進步主義教育思想的發展過程中，美國的教育學者Kneller（1971）曾歸納出下列幾項重要的主張：

1. 教育應該就是生活本身，而不是生活的準備。

2. 學習應該直接關聯到兒童的興趣。

3. 透過解決問題而進行的學習，優於教材的傳授。

4. 教師的角色並不僅在指導，更應提供學生參考意見。

5. 學校裡應該多鼓勵合作，而不是處處競爭。

6. 只有在民主與鼓勵的情況下，觀念與人格的自由交互作用才會產生真正的成長。

六、邁向建構主義的教育

進步主義的教育強調民主、合作；建構主義的學習理論認為，世界是客觀存在的，但是對於世界的理解和賦予意義，也都是由學習者自己決定的。我們是以自己的經驗為基礎來建構現實，或說是解釋現實。由於我們的經驗以及對經驗的信念不同，我們對外在世界的理解也就各不相同。皮亞傑認為，遊戲在孩童的認知發展過程中，是一個重要且必需的部分。建構主義下的教師幫助孩子從經驗中獲取知識。建構主義取向的學習理論是兒童透過「親自直接參與」的方法完成學習過程。他們由「實踐中學習」，而非依賴別人「告訴他們」會發生什麼。兒童得自環境的經驗成為建構知識的積木。兒童自己推斷、發現及下結論。教師除了觀察兒童學習外，也需要激起他們的理性思惟。

本書第一章談到法國社會學家布迪厄（Pierre Bourdieu）提出「文化再生產理論」，他認為：「社會生活應被看作是結構、性情（或稟性）和行為共同構成的交互作用。透過這一交互作用，生產出對行為具有持久影響的定向性。這些定向性反過來構成了社會結構，又引導人的思惟和行為。從理論來說，理想形式的科學傳播重視論點、問題和解決方案，將科學實踐產生影響的社會政治約束，帶入了理性意識。

Bourdieu & Wacquant（2019）認為，科學領域是一種社會微觀世界，這一種領域，更為宏觀，可以獨立於社會世界的架構。因此，社會學參與了政治領域的邏輯，因為邏輯上也許和科學領域不一致；甚至和觀察上不相容。但是這些命題，可以在其中存在，這是和純粹理性是截然不同的（Bourdieu & Wacquant, 2019）。布迪厄的想法很先進，他說人類的即興創作過程，存在文化上的定向性，亦即傳承自傳統及當今文化環境的行為模式。布迪厄認為在我們生長的「文化場域（傳統及當今的社會文化環境）」中，每個

人的日常思惟與行為，不見得是純粹理性思考的結果，而是來自於隨興（即興創作）的過程。這種被構成的、即興創作的能力，就是「習性」（陶東風譯，2006；高宣揚，2004）。簡單的說，「習性」是在個人生活的文化環境（場域）中再生產的、繁殖的，也就是建構出來的。

從建構主義的觀點來看，戶外及校外（真實的生活環境）教育正是德、智、體、群、美五育均衡發展的必須途徑。戶外教育促成左腦與右腦平行的健康的發展，是兒童成長期間正常發展的關鍵，也關係到體適能和身心靈的教育。如果德、智、體、群、美等五育不能均衡發展，那麼我們如何期望未來的公民會是負責任的公民。在真實環境中教學（戶外教學）的哲學思惟，可以幫助我們定位現階段臺灣的戶外教學，有助於研擬我國的戶外教學策略和實施步驟。並且，平行的發展戶外、校外與教室外校學。

第三節　生態旅遊與環境倫理

本章第二節談到戶外教育，談到戶外教育，就一定還要談到生態旅遊。這是國際自然保育聯盟世界保護區委員會倡導的積極自然保育行動，用來取代絕對隔離人為影響的保留區土地管理型態（王鑫，2002）。生態旅遊源自美國黃石國家公園的保護區管理方式，是將居民完全移出，以求保障野生動植物的自然生長空間。這種將人排除的保護區管理方式，明顯的忽略了原住民、當地居民等的權利，也因此遭受不同程度的排斥，使保護大自然的工作遭遇相當的困難，管理的績效也難令人滿意。保護區彷如孤島，很不自然的存在。

保育人士經過多年的深思熟慮，推出了生態旅遊的新作法。希望改採積極的保育行動，藉由精心規劃的生態旅遊，帶領遊客深度認識自然的奧祕和原住民、當地居民的文化生活，並積極地對當地

的社會、經濟、環境付出貢獻。期望這樣的作法，不僅能達到保育的原意，也能同時帶給地方適量的經濟收益。如果原住民或當地居民確實從生態旅遊的推廣中獲得合理的利潤，那麼我們就獲得了原住民、原居民對保育的支持。他們就成了保育前線的保姆。

　　不過，這種原始的想法很快就走樣了。誰去經營這種慈善事業？有利可圖嗎？旅程舒適嗎？如今，生態旅遊已經有了新的面貌，而且多變。大多數從事生態旅遊的業者，只是將觀賞的目的地改為自然現象豐富的地方。看野生動物、看植物、看地形，加強自然解說，並且在活動中稍微介紹環保觀念。欠缺的，是對當地的具體貢獻，包括環境方面的，和社會經濟的。

　　如果我們真要做好生態旅遊，那麼就必須精心規劃，設計一些有益於當地環境和社會的活動項目。

一、生態旅遊與永續旅遊發展

　　在1990年新成立的生態旅遊學會（The Ecotourism Society）與國際自然保育聯盟（IUCN）大力推動之下，提出了一種兼顧自然保育與遊憩發展的旅遊活動—生態旅遊（Ecotourism）。隨後，世界自然基金會（WWF）也在它所屬的永續發展部門成立了生態旅遊常設單位。由此可見，生態旅遊已成為當前保育和永續發展的基礎概念之一。

　　環境是觀光旅遊的資源，而生態旅遊正是在滿足長期觀光旅遊發展需求下，用心規劃，使負面影響達到最小的遊憩活動。

㈠自然取向的旅遊

　　多年來，有許多人投注了心力，提倡觀光旅遊的新形式，力求友善且尊重地對待目的地的環境與居民。這種旅遊形式可稱為「自然取向的旅遊」，最近幾年，不論在報章雜誌、廣播電視以及學術論著各方面，都廣泛採用「生態旅遊」來表示這種觀光旅遊的新潮

流，而且將它定位在高度自然取向的旅遊型式。

(二)生態旅遊

　　生態旅遊是相對於大眾旅遊（mass tourism）的一種自然取向（nature-based）的觀光旅遊概念，並被認為是一種兼顧自然保育與遊憩發展目的的活動。

　　Ceballos-Lascurain（1988）指出，生態旅遊是到相對未受干擾或未受汙染的自然區域旅行，有特定的研究主題，且欣賞或體驗其中的野生動、植物景觀，並關心該區域內所發現的文化內涵（含過去和現在）。生態旅遊含有科學、美學、哲學方面的意涵，但並不限定旅遊者一定是這方面的專家。一個人從事生態旅遊，就有機會沉浸在自然之中，擺脫日常工作、都市生活的壓力。最後，在潛移默化中，變成一個對保育議題敏感的人。

　　Kutay（1989）則認為：生態旅遊是一種旅遊發展模式。在選定的自然區域中，規劃出遊憩基地以及可供遊憩的生物資源，並標示出它與鄰近社會經濟區域的連結。另一方面，相對於一般觀光旅遊的粗放規劃，生態旅遊必須有事先精密的計畫，並且謹慎處理營利和環境衝擊的課題。它也可以引導遊客深入了解地方文化。因為精心設計的解說方案，可使旅遊重點轉移到認識地方生活智慧。

　　另外，生態旅遊學會（The Ecotourism Society）認為，生態旅遊是「一種負責任的旅行，顧及環境保育，並維護地方住民的福利。」Butler and Clark（1992）指出，生態旅遊的特性包括下列8項：

1. 促進正面的環境倫理（在參與人士中鼓吹良好的行為）。
2. 不損害資源、不造成自然環境的消耗性侵蝕作用。
3. 焦點集中在內在價值，而非外在形象。公園設施的目的是幫助遊客獲得內在的價值體驗，而不是自成吸引力；更不可傷及自然環境及景觀。

4. 背後的哲學是以「生物」為中心的，而不是以「人」為中心。遊客不應該老想改變環境、美化環境，應當接受環境的原來面目。

5. 必須有益於野生物及環境。衡量利益的方法包括社會性的、經濟性的、科學的、管理的、或是政治的。整體上，對環境的永續性以及生態完整性應有淨利益。

6. 是對自然環境的第一手經驗。這個意思乃是指電影和動物園不能提供生態旅遊的體驗。遊客中心以及解說媒體能達到體驗生態旅遊的功能，因為可以引導遊客獲得上述的體驗。

7. 具有「感激大地的期望（gratification）」。可藉由教育與欣賞來測量，不宜以恐怖感或表現體力強弱（例如攻頂活動）作為測量的項目。

8. 具有高度認知與有效體驗的成分。生態旅遊對領隊、導遊和遊客都包括高度的事前準備與知識需求。滿意度表現在情緒以及受到鼓舞的情形上。Ross and Wall（1999）特別強調「人——資源——旅遊」以及「管理單位，保護區政策與其它機構」都是共榮體。綜合上述的定義，可以說：「生態旅遊」是一種旅遊的形式，主要建基在一地的自然、歷史，以及土著文化上（含原住民的或該社區的文化）。生態旅遊者以欣賞、參與和培養敏感度來跟旅遊地區產生互動。在這裏，旅遊者扮演一個非消費者的角色，將自己融合在當地的自然環境之間，並透過勞動或付費（花錢）的方式，對當地保育和原住民做出貢獻。例如哈伯瑪斯的「溝通行動理論」（Theory of Communicative Action）在澳大利亞土實施原住民的福利計畫（Urquhart et al. 2020）。透過弭平原住民之間的關係，走向對話、尊重，以及互惠互利。從反思性的層次（例如自我、人際關係，以及集體關係），透過在交流關係（例如信任和共同決策）過程當中，以關鍵的研究行動，強化跨文化交際關係；例如內心傾聽、超

越對話，以及集體知識的關係行動，透過辨別行動動機過程，強化哈伯瑪斯的「溝通行動理論」標準內涵（Urquhart et al. 2020）。

所以，生態旅遊包括對當地自然環境及文化的欣賞和倡導重視保育議題。另外，辦理生態旅遊也包括國家及區域環境管理的意義，有責任促進地方居民的生活。在方法上，可藉由補助、立法和實施行動計畫著手，參與土地管理並促進社區發展。

生態旅遊的優點

1.最小的環境衝擊；不破壞、不損害並維護可永續發展的生態系。
2.以最小的衝擊與最大的尊重態度對待當地文化。
3.以最大的經濟利潤回饋當地。
4.給予遊客最大的遊憩滿意度。
5.建基在相對未受干擾的自然區域。
6.自身成為對自然區域利用、保護、管理的貢獻者。
7.以建立一套適宜的經營管理制度為目標。

（Valentine, 1993）

(三)環境倫理和永續旅遊發展

觀光地區的保育是旅遊業永續發展的基本條件。觀光遊憩發展對環境會造成正、負兩面的影響，在資源保護與發展間取得平衡的具體做法就是保育。由IUCN、UNEP、WWF三個國際組織合作的《世界自然保育方略》（World Conservation Strategy）中，對保育的定義為：「對人類使用生物圈加以經營管理，使其能對現今人口產生最大且持續的利益，同時保持其潛能，以滿足後代人們的需要與期望。因此，保育是積極的行為，包括對自然環境的保存、維護、永續性利用、復原及改良」。

旅遊業的永續發展有賴於謹慎管理觀光遊憩事業所依賴的自然資源，並以這些資源與旅遊活動能永續存在為發展的目標

（Stewart, 1993）。自然取向的觀光旅遊活動大多發生在特別敏感的地區，如高山、海岸、湖泊、草原等。這些地區的物種、棲息地、自然景觀和原住民被迫做某些程度的改變，以適應新的人類活動。地球資源是屬於全體人類的，沒有一個世代有資格占有。我們現今從事的觀光遊憩活動，在敏感地區造成明顯的環境變動，有時候剝奪了後代子孫應享有的權利。因此，朝永續旅遊發展的方向──生態旅遊──邁進就是當務之急了。

　　觀光、旅遊與休閒已成為人們生活的一部分。以往的遊憩活動多集中在已開發的風景遊憩區。當地的環境敏感度低於自然區域，但因使用頻率高，經營管理態度、場地開發方式與遊客行為都形成環境的壓力，因此遊憩環境往往有超出承載量的現象。提倡將環境意識融入遊憩行為的生態旅遊，可達成寓教於樂的目的，應該是國內環境保育與旅遊發展的重要發展方向。

　　其實，最重要的還在於民眾對保護環境的使命感和環境倫理觀。觀光客必須深刻了解環境遺產的價值，以及每個人對後代子孫的責任，我們並無權預支上天賦予世世代代子孫的觀光遊憩寶藏。唯有堅持前面所提的生態旅遊定義和原則，觀光旅遊活動才能真正永續的發展下去。

第四節　邁向永續發展的世紀

　　永續發展已成為國際潮流，如何同時兼顧開發行為與生態保育理念，已經成為世界各國努力不懈的目標。環境倫理與永續發展是環境教育的兩個核心支柱：「環境倫理是釐清人與環境之間的相互關係，而永續發展則是探究人與環境共同演化的未來發展。」以人類的需求為主，而忽略自然環境的承載限制，就是工業革命以後環境汙染的原因。環境教育緣起於環境汙染和生態破壞的危機。

一、呼籲科學革命之後的社會

一九六〇年代，科學革命的影響已經顯著。社會形態由工業社會進入了後工業社會。全球性的技術擴張，已經造成全球性的經濟侵略和文化滲透。人類由以工業生產為主的現代社會向以服務為主的後工業、後現代社會過渡，資訊在經濟發展和生產競爭中占據舉足輕重的地位。工具理性當道，產生生態危機。

進入二十一世紀，西方資本主義主導下的工業化和商業化，包括機械製造業和生產線制度，造成環境危機。都市化更加劇了環境危機。我們感染了後現代的特色，獨斷性的自由、膨脹的個人自主意識，自戀的價值觀，影響個人的態度。態度直接影響行為，我們忙著追逐西方生活型態。

海德格（Martin Heidegger, 1889-1976年）說：「由於技術掛帥的意志，一切東西都不可阻擋地變成貫徹於生產的物質。地球及其環境變成原料，人類變成物質化的人力，被用在預定的目的」。「自然」成為現代技術和工業的唯一巨大的加油站和能源。經過大量生產之後，最終導致了人類生存根基的危機。

本章探討了法蘭克福學派從文化的角度重新審視科學理性的本質，認為科學理性都不過是心智得以掌握存在，以及解釋存在的諸多形式之一。其他還有語言、神話、宗教、藝術等。因此，邏輯和科學認識的本質，無非在於是人類將特殊事務提高到普遍法則的一種手段。

霍克海默（Horkheimer, 1895-1973年）和阿多諾（Theodor Ludwig Wiesengrund Adorno, 1903-1969年）認為啟蒙思想的本質為「支配」或「統治」權力的主人；因此，他們在1940年所寫的《啟蒙的神話》（又稱為《啟蒙辯證法》（*Dialektik der Aufklarung: Philosophische Fragmente*））一書中論述了啟蒙理性早已蛻變為工具理性。啟蒙主義的特性是對科學與技術的盲目信仰與崇拜。阿多諾認為現代性的不公平和虛無主義的總根源，正是啟

蒙理性將概念從其所描述的對象中獨立出來的抽象特徵。啓蒙理性的二元論，導致控制自然的心態以及破壞自然的行爲。

當然，科學試圖用意義獨立的概念來描述事物，將主體剔除，所獲得的只是事物再造性假像，而不是事物本身。

第二代法蘭克福學派的社會批判，明確提出在當代社會中晚期資本主義「科學技術已成爲第一生產力」。當前的主要社會問題是意識形態對於人類本性的奴役和壓制。科學與技術的壓倒性影響力，不容置疑，但是確實已經被人性的貪婪拐騙而迷失方向了。我們如何掙脫老牢籠因應當前的環境問題，需要降低對能源的依賴、緩和氣候變遷，以及戒除浪費。

二、重建永續發展「大學問」保育策略

永續發展是全世界的主流思惟，永續發展目標（Sustainable Development Goals, SDGs）更是最近火紅的話題，我們追求的是均富世界，不過國家發展似乎已經完全受到西方經濟理論的支配，愈來愈遠離大同世界的理想。我們已經遭受資本主義的深切影響，社會結構也步上資本家優勢的領導，社會價值觀也以拜金主義最爲盛行，因此現行的國家發展政策也以西方經濟理論爲前導的「經濟成長」、「國家競爭力」爲高懸的目標。目前我們的經濟成長呈現了衰退，不是我們不再努力，而是我們成長的資本愈來愈少了。生態環境的敗壞不僅代表再生性資源（農、林、漁、牧）的生產力急速降低；更代表不可再生性資源（如礦產資源與土地資源）的日趨衰竭。環境和經濟的危機已經日見迫切。

因此，國家發展策略應當涵括下列六個大方向：經濟成長；社會發展；政治參與；發揚固有文化；維護生態環境；以及自力更生。這些策略應當反映在社會上的生產結構、消費結構、科技結構上，同時也可以從環境品質的改變看出來。永續發展的目的之一是提供國民選擇的機會，留下一些還可選擇的餘地。如果我們的土地

資源全部開發了，森林砍光了，河川全部汙染了，野生物全部絕滅了，那麼我們也就沒有選擇了。

到那時，不僅沒有公權力可言，社會上將會充斥著無力感與無望感。王陽明談到「大學問」中的保育觀念，我們需要自己的「道」：

> 大人者，以天地萬物為一體者也。……大人之能以天地萬物為一體也，非意之也，其心之仁本若是……是故見孺子之入井，而必有怵惕惻隱之心焉……。見鳥獸之哀鳴觳觫，而必有不忍之心，是其仁之與鳥獸而為一體也。……見草木之摧折而必有憫恤之心焉，是其仁之與草木而為一體也。見瓦石之毀壞而必有顧惜之心焉，是其仁之與瓦石而為一體也。

三、邁向「未來地球」（Future Earth）

地球高峰會議Rio+20提出未來地球（Future Earth）之前，國際科學聯合會統的大型全球環境變遷計畫包括Diversitas, IGBP, IHDP, WCRP and ESSP等，在成功基礎上，未來地球企圖發展更強和更廣的研究社群（Larigauderie et al. 2012; Loveland & Belward, 1997; Uhrqvist & Lövbrand 2014）。

「未來地球」（Future Earth）是一個以十年為期的國際研究倡議，企圖發展有效因應全球環境變遷風險和機會的知識；以及在未來十年能支持邁向全球永續性（global sustainability）轉型的知識；「未來地球」動員數千位科學家並且強化與制定政策者與權益關係單位之間的夥伴關係，在Rio+20之後，一起提供「持續性」的替代方案與解決方案（options and solutions），未來地球將成為一個全球平臺（van der Hel, 2016）：

1. 面向解決方案的研究永續性，連接環境變化和發展挑戰滿足人類對食物、水、能量、健康。
2. 有效的跨學科合作橫跨自然科學和社會科學，人文、經濟和技術發展，尋找最好的科學多方面問題的解決方案。
3. 決策者的及時資訊透過產生將支持現有的和新的全球和區域綜合評估。
4. 政策制定者、資助者的參與，學術界、商業界和工業界，以及民間社會的其他部門共同設計和共同生產研究議程和知識。
5. 加強科學能力建設，技術和創新，特別是在發展中國家和一個參與新一代科學家「未來地球」計畫主要策略集中在八項「永續問題」：提供全人類飲用水、能源與糧食；社經體系去碳化；保護陸地、淡水及海洋資產；打造健全、堅韌和具生產力的城市；推廣永續的鄉村未來；改善人類健康；鼓勵永續消費和生產模式；提升社會對未來危機的應變能力。

  2014年，第六屆國際自然保育聯盟世界公園（自然保護區）大會（2014 IUCN World Parks Congress）提出「自然解方」（Nature-based Solutions）因應全球變遷的未來地球是一個新的國際研究，有效應對風險的知識和全球環境變革和支持轉型，邁向未來的全球永續發展的機會，且為人類社會永續發展尋求轉型途徑，全球永續發展聯盟擬定新階段全球永續發展科學計畫，作為各國永續發展目標（SDGs）建立與運用的基礎。

小結

  本章論述環境教育應該要在真實的環境中教學，包括戶外和校外教學，包括了盧梭的自然教育理念；康德美學與自然教育；梭羅的探索式教學思想；席勒的美育；胡賽爾的現象學；梅洛龐蒂的知覺現象學、身體現象學、全身學習；海德格的存在主義；杜威

的經驗與教育、教育即生活；馬斯洛（人本心理學之父）的高峰經驗；以及柯內爾的自然覺知（nature awareness）流水學習等環境教育哲學思惟。洪如玉（2010）在《邁向生態智慧的教育哲思：從人類非中心論思考自然與人的關係與教育》一書中，說明自然生態環境危機的重要因素之一是人類與自然之間關係的斷裂，即自然與生命意義二分了。探討現代科技加深人與自然關係的斷裂；以及如何重新連結被撕裂的人與自然的關係，藉由討論「生活世界」（lifeworld）以及「身體主體」（body-subject），揭露人文世界與自然世界、人類存有與自然存有，在知識論與存有論面向上不可分離的關聯，說明人與自然在存有、認知與表達等面向互為表裡，人並不優先於自然，因此理解世界不應以人類自身為中心。

本書主張「人類非中心論」，可以避免人類中心思想，也可避免以自身為自然的想像。真誠面對人與自然之間相互依存的連繫，才能發展具有生態智慧的生活實踐。

永續發展是中譯的Sustainable Development，這是一個有誤導性的名詞，讓許多人以為我們要追求永續的發展，要追求國家競爭力永續的提升。但是，憑什麼？當今全力追求發展下，呈現的現象是一直在加沒加班費的班。老闆說，你做完了就可以走；只是永遠有做不完的事。為了提升國家競爭力，我們只有人力資源和環境可以做為永續發展的資本了。我們的永續發展就是「永續消耗環境資源和人力資源」。中華祖先一直告誡我們要「節儉持家」、「知足不辱」、「知止不殆」，可惜的很，這些傳統美德在西方科技文明、物質文明、資本主義、市場經濟之下，早被淹沒了。對個人而言，講求發展的時候，要想到老莊，想到「罪莫大於多欲，禍莫大於不知足，咎莫大於欲得」。生活上，莫忘「朱子治家格言」。國家社會的問題方面，包括環境正義和社會正義，儒家說的多了，「禮運同大篇」的理想，依然是一盞明燈。也是我們的下一步，可以用來檢視我們的發展成績。許一個美好的未來、親近自然、喜愛

自然，向自然學習，學習愛護自然，環境倫理就能向下扎根。

關鍵字詞

活動課程（activity curriculum）

人類世（Anthropocene）

身體主體（body-subject）

判斷力的批判（Critique of Judgment）

實踐理性的批判（Critique of Practical Reason）

純粹理性的批判（Critique of Pure Reason）

決定論的（deterministic）

解放（emancipatory）

未來地球（Future Earth）

做中學（learning by doing）

教室外教學（learning outside the classroom）

生活世界（lifeworld）

大眾旅遊（mass tourism）

自然覺知（nature awareness）

自然取向（nature-based）

自然解方（Nature-based Solutions）

實踐（practice）

問題解決法（problem solving）

自我實踐（self-realization）

社會適應（social adaptability）

社會效能（social efficiency）

社會同質（social homogeneity）

語意（semantics）

標準（standard）

永續發展目標（Sustainable Development Goals, SDGs）

科技（technology）

溝通行動理論（Theory of Communicative Action）

設計教學法（the project method）

目的論判斷力（teleological judgment）

公共財的悲劇（tragedy of commons）

校外教學（out of school education）

戶外教學（outdoor education）

單元教學法（unit teaching method）

整體（whole）

出版跋　王鑫教授的思想溫度

2023年1月1日在淡水河畔，冷冽冬風不斷的吹拂著一切似真似幻的情境。吹面不寒楊柳風。唯獨在元月一日下午，聽到王鑫老師離我們遠去。這聽起來不像是真的，我突然想起王鑫老師是臺灣第一位在美國念「衛星測量」回來的博士。

三十年前大概也只有王鑫老師叫我「小弟」。認識老師也超過三十年了。

老師，一切好走。即使前方冬風冷冽。我們依舊勇往直前，跟隨您的腳步。

「小弟，你不來教書，太可惜了。」

1997年，我在全國環境教育研討會報告完「全國小小環境規劃師」的成果。王鑫老師在臺下，告訴我這一句話。

這一句話，我記了一輩子。王老師是我的「一句之師」。

2022年，王鑫老師想在五南圖書出版公司出書。我約老師，老師寫email給我說：「要再見面需一週後」。因為2022年11月10日老師要在馬偕醫院開刀。2022年10月19日，在環教所的聚餐中，我說：「老師，臺大二活的曉鹿鳴樓前的階梯不平，我攙扶您下樓梯」。我看到王老師拄著拐杖。因為王鑫老師懇辭「環境倫理」這一門課的兼任教職，我們要向老師，表示謝意。我想到「功在環教」，我實在想不到更好的詞句了。真的，王老師是我們的榜樣，「終身成就」的榜樣。當天周儒老師還幫我們拍了頒贈獎座的照片，周儒老師也在2022年2月1號退休。

這幾年，王老師的身體一直不好。他最後堅持到環教所，一定要交給我一個USB，這是一本書《環境倫理——古今環境思想與自然之道》的書稿，當然，這已經好幾個月前的事了。我目送王老師離開環教所。

在北方冷冽的寒風之下，2023年1月1日下午知道噩耗。這是臺北基督學院吳忠宏校長用簡訊告訴我的！

王老師2023年1月1日下午一點半走了。

我夾雜著複雜的情緒，在下午強忍情緒，到了晚上，完成了五十二公里的騎車，從關渡到淡海，再從淡海騎回關渡，和三位十、十一歲小朋友，我不知是寒風，還是雨，還是淚水，反正是銜著冷冷的風，夾帶著鹹鹹的海雨，我在雨中狂飆。在黑暗的夜中：「我差點要在狂風中吶喊！」

我一直無法專心騎車。王鑫老師我認識三十年。如果說四十年前，我就看他在1980年渡假出版社寫的《臺灣的地形景觀》，我也算他的學生了。王鑫是我們師長輩的老師，當年我在環保署工作，他擔任中華民國環境教育學會理事長，就叫我做環境教育學會的祕書。當然，這個祕書是掛名的。他當上教育部環保小組執行祕書，屬於司長級。他很喜歡我，都不稱我的名字，直接叫我「小弟」，其他的教育部同事，例如許韻珣，都稱為「小方」，我也很高興跟王鑫老師學習。

1997年，我創了「小小環境規劃師」的報告，全臺灣1174所小學，五年級學生228名學生全部來做，並且選了十大環保小署長。當年的五年級小學生，都要在自己的周遭，選一個環境題目，不管用任何方式，要做規劃，要做記錄，要做研究。研究的成果，我們還選派國語日報和兒童日報記者去當地，看看這些小孩子，有沒有大人代做的報告。當時我在環境教育學會年會報告的時候，王鑫老師讚不絕口，最後只說了一句話：「小弟，你不來教書真的是太可惜了。」

我記了這句話一輩子。

十年之後，我離開環保署，進入教職。很多申請教職的推薦信，都是王鑫老師幫我推薦。我還記得我到國立臺灣大學去找王鑫老師，王鑫老師跟我談了很多。這是2011年的事了。2012年我進

到國立臺灣師範大學環境教育研究所教書，也已經超過11年了。最近幾年，老師的身體一直不好，我在國立臺灣師範大學理學院每次開院教評會，我還是力請學校聘任老師教「環境倫理」這堂課，直到2022年。

王鑫老師在環教所的迴廊告訴我：「我的身體真的不好。」他說我的身體真的不好，我含著眼淚，最後目送他離開臺師大環教所。他寫了最後一本書稿，交代給我，全部的書討論《環境倫理》，這是一本討論中國式的環境倫理，結合了西方環境倫理的比較。這一本書在海峽兩岸都是相同的敘事和評論。

我常常到王鑫老師家中，看老師。聽著老師說故事。王鑫老師，1945年生，山西省人，美國哥倫比亞大學博士，當年在美國研究衛星遙感，臺灣成長的山西籍學者。王老師，一路好走，小弟送您。

國立臺灣大學地理學系追思發表會

2023年2月15日，國立臺灣大學地理學系辦了王鑫老師的追思研討會。

王鑫老師對高師大地理系何立德主任的話是：「你攻讀博士學位的潛力十足。」、「彷徨是每個人共同的問題。它是關；也是障，端看你自己怎麼解決問題。」

王鑫老師的幽默是：

「少年仔！沒有那麼嚴重啦！」

2023年2月15日碰到王鑫老師的助理許玲玉博士、農委會林業處林耀源簡任技正，我好像回到三十年前。王鑫老師的巨蟹座「暖男」風格，還有對學生非常大方，自己非常廉潔的風格，身教影響了我們這一代。

林耀源問我說：「目前環境文學，是否有開課？」我想了一下，說：「好像沒有」；我想到王鑫老師引用張豐緒部長曾經提到

奧地利的保育者的「跪地聞花香」，這是一種情境。一種當代的接地氣的藝術和文學思惟。「天地旅人」，那是天地逆旅中，一種過客絡繹在歸鄉的路途，人人都在回家中的旅程中。

王鑫在環教所教授「環境倫理」，就是活生生的「稷下學宮」

我到了五南圖書出版公司，仰望董事長楊榮川先生辦公室的字。「五蘊皆空觀自在；南能所得本來無。」這是一幅臺靜農教授寫的字。

在和五南圖書出版公司黃惠娟副總編輯多次討論出版王鑫老師的這一本《環境倫理》遺著，也和曉鴻教授，玲玉博士多次的研究商討出版事宜。

我來到楊榮川董事長辦公室，看到這一幅字，想到了佛家的思維，結合了《金剛經》和《心經》的學說，王鑫老師在書中，多次引用了陳鼓應（1935年-）的思想理論。

我坐了下來，在董事長辦公室，聽陳鼓應教授講「稷下學宮」的道家思想。因為「稷下學宮」一直是我有興趣的話題。當年在齊國，所有道家學者，甚至包括各種不同流派的學者，如陰陽家談論學術的地方。

如果在《環境倫理》中，王鑫老師引用了老子、孔子、莊子學說。孔子在西元前五五一年出生，老子又比孔子年長二十歲，他們是同時代的人。陳鼓應教授對我講：「再來的孟子跟莊子，應該是比孔子和老子又晚了將近二百年。」

當年，最大的國家屬於齊國、秦國跟楚國。老子學說，從楚國進入到《國語書》中的《越語》，可能范蠡有帶到齊國。范蠡拋棄了所有榮華富貴，到齊國去了。我從小看《越絕書》，喜歡文種，不喜歡范蠡，因為我在年幼時，偏儒家思想。文種近「儒」；范蠡偏「道」。到了現在，才覺得世事難以預料，思考到「道家」還是比較順應了「不可能性」。

我開始仔細聆聽陳鼓應的學說，以及和王鑫老師這一本書討論的內容。

再來，陳教授談到齊國中最有名的稷下學宮，討論道家學術，最早是齊桓公所創。

我聽到陳鼓應教授講這一段，不免心嚮往之。因為我知道「稷下」在齊國臨淄，位於現在山東省淄博市，齊國是大國，足以讓各國人士，齊聚一堂。官方興學，但是由私人講學，各種學派交互辯證。

「稷下」成為學術的中心。所以管仲的《管子》學說，其實交互駁雜了許多老子學術。「老、莊、管」，從「黃老治術」以來，三種最大的流派。

我在五南圖書出版公司，學習到大師的學說。我要好好看陳鼓應教授寫的書籍。因為我對道家學說，一直很感興趣。《管子》四篇中，談到心。如果心為主，道家都是擇其大，而放棄小。「治大國如烹小鮮」。陳鼓應教授談到了在北京大學跟杜維明、湯一介、樂黛雲，論及學術。我記得我在北京大學「哈佛燕京學社」的會議，也跟著諸位大師有所討論。這也是在《環境倫理》中，王鑫老師多次引用的學者群。

我心想，「環教所，還有可能是稷下學宮嗎？」從楊冠政、汪靜明、周儒、王順美、蔡慧敏等多位教授，陸陸續續在環教所退休，我心中有很深的傷感。我發誓，一定要將王鑫老師的這一本時代鉅著，協助在環教所成立三十年之後的2023年的秋天，正式出版。

從環境教育，到永續管理

國立臺灣師範大學環境教育研究所從1993年成立，就是全臺灣研究環境教育的主要學術機構，也是全球少數以環境教育及永續發展趨勢為研究重點的學術單位。環境教育研究所每年針對環境教

育和永續發展所主辦的專題講座，以及出版的專書，都能充分反映永續發展的國際趨勢及最新的學術研究成果。

教育部在2022年8月核定所名調整為「永續管理與環境教育研究所」，簡稱為「永續所」。英文名稱Graduate Institute of Sustainability Management and Environmental Education。英文簡稱為GISMEE，「集思蜜」。「集中大家的思考過程」，如「蜜蜂釀蜜」。

國立臺灣師範大學環境教育研究所，所名調整為國立臺灣師範大學永續管理與環境教育研究所，2023年8月1日正式掛牌。「環教所」所名調整為「永續所」。

所名調整，不是和「其他系所」「合併更名」，而是「擴大頻寬」，一個所扛兩個任務。一個任務就是扛「永續管理」；一個任務就是扛「環境教育」。中華民國第一所環境教育研究所，成立三十年之後，進行所名調整，「環教2.0版」的「永續」。

「永續為體，環教為用」，基本上是要擴大與全世界永續接軌的頻寬。所以「擴大頻寬」的意思，就是說從永續的觀點來講，就是以「環境教育」為基本款，深入探討永續發展的本質。如果是從永續的觀念來講，我們要將「環境經濟、環境社會、環境心理、環境倫理」，全部架構在永續這個概念之中，將「永續管理」進行更深入的探討。在永續管理層面，我們用了國際上比較新穎的字眼Sustainability Management，意思不是「永續的管理」（Sustainable Management），這是要從事物本質中探討「永續性的管理」，其中包括社會的經濟韌性、生態韌性，以及生態價值，與整個氣候變遷到永續發展，探討「循環型的經濟社會與環境」。

比如說，過去強調教學方法，如何教導與學習。我們閱讀了《環境倫理──古今環境思想與自然之道》，強調的是我們研究「社會─經濟─環境」軸線核心，現代「主流社會」，為什麼不能符合「永續」的議題，其研究精髓，在於如何深入了解國家治理，

如何減少氣候所帶來的威脅，進行氣候變遷減緩與調適，強化社會的韌性，增加生物多樣性，以及創造更適宜人居的城市環境。也就是說，當環境保護喊到震天價響，為什麼還是很多人不會去推動環境保護，因為要認識這個世界，必須要從這個世界的精髓進行體認，也就是環境永續「人的概念」和「物的概念」這個雙主軸，進行「互生互惠」。如何「互生互惠」，就是永續所在進行研究和教學的內容。

所以「永續管理」有其應用的本質，和「永續教育」一樣，都是談「如何用」、「怎麼用」。討論的內容都是「接地氣」。

其實質的內涵，從本書《環境倫理——古今環境思想與自然之道》引述深層的「環境倫理」的角度，就是談人類與環境的「共融互惠」。

所有的「環境概念」，就是將自然科學的研究出來的「生物地質化學原理」（biogeochemistry），透過人性化管理層面的思考，未來更要拓展永續發展所謂的2.0「後人類主義」（posthumanism）的研究。在「人性化管理層面」的思考，所謂「人類永續」就是以「人類為中心的思考模式」，基於對經濟跟社會的理解，從現存的人類居住在地球上的本體中，需要更加了解人類環境的「環境依附心理」和「冒險創新心理」，以「環境和資源經濟仰賴為主」的永續發展。

五南圖書出版公司出版的王鑫老師的時代鉅著《環境倫理——古今環境思想與自然之道》，充滿了王鑫老師的思想溫度、人格高度，以及對於時代脈動的種種人生體會。這其中的酸甜苦辣，就像是王鑫老師早期師從徐鐵良、林朝棨兩位教授的地形學進行學習，之後獲得哥倫比亞大學博士。1975年投入國立臺灣大學地理學系授業行列，2022年正式離開了環境教育研究所授業行列，任教大學超過四十七年。這一本教科書，正是他教授「自然與環境思想」、「人與環境」、「景觀研究」、「風景地學」、「地理學通

論」、「環境倫理學」的菁華，王鑫老師一生清廉、溫厚，自奉儉樸，待人溫暖，但是在學術上接上時代地氣和脈絡。這是我們這一輩學者，以及下一個世代的學者，最為推崇的榜樣。

在環教所經歷楊冠政所長創所，度過了三十年的生命歲月，環教所、環教學會曾經共同推動了中華民國《環境教育法》的制定；環教所從1993年邁向了2023年，邁向了「三十而立」。永續所、環教學會在2023年協助王鑫老師出版了《環境倫理——古今環境思想與自然之道》，象徵了我們邁向了時代里程碑的開端，同時也是見證了「永續所」時代的來臨。「環教所」就是「永續所」；「永續所」就是「環教所」。

謝謝王鑫老師，帶領我們進入環境教育，以及永續發展之門，一窺堂奧。

國立臺灣師範大學理學院副院長、
永續管理與環境教育研究所優聘教授、所長

方偉達 謹識
2023年5月24日

參考文獻

一、中文參考文獻

1. 丁原植，2002。楚簡儒家性情說研究。萬卷樓。
2. 三浦展，吳忠恩譯。2006年。下流社會：新社會階級的出現。高寶。
3. 中國科學院自然科學史研究所，2016。中國古代建築技術史（上、下）。中國建築工業出版社。
4. 王立群，2008。中國古代山水遊記研究。中國社會科學出版社。
5. 王加豐、宋嚴萍譯。2014。三種文化：21世紀的自然科學、社會科學和人文學科三種文化：21世紀的自然科學、社會科學和人文學科。漢語大詞典出版社（Kegan, J. 2009. The Three Cultures: Natural Sciences, Social Sciences, and the Humanities in the 21st Century. Cambridge University Press）。
6. 王弘五譯，1973。哲學講話（四版）。鵝湖月刊雜誌社（Bochenski, J. M. 1963. Philosophy: An Introduction. D. Reidel Press）。
7. 王松齡，2011。柳宗元詩文選譯（修訂版）。鳳凰出版社。
8. 王秀雄，1998。觀賞、認知、解釋和評價—美術鑑賞教育的學理與實務。第二篇：美術作品的意義與內涵的解釋原理探釋。臺灣國立歷史博物館。
9. 王建疆，2009。自然的空靈——中國詩歌意境的生成和流變。光明日報出版社。
10. 王峰，2020。後人類生態主義：生態主義的新變。河南大學學報：社會科學版60(3):39-45。
11. 王國瓔，1992。中國山水詩研究。聯經出版。
12. 王渝生等，2019。插圖本極簡中國科技史，上海科學技術文獻出版社。
13. 王瑞香譯，1994。環境倫理學—對自然界的義務與自然界的價值。國立編譯館。
14. 王德有，2000。魏晉玄學：談有論無。萬卷樓出版社。
15. 王毅，2004。中國園林文化史。上海人民出版社。
16. 王毅，2014。中國園林文化史。上海人民出版社。
17. 王曉華，2020。人工智能與後人類美學的成長。首都師範大學學報：社會科學版(3):85-93。
18. 王鑫，2002。發展永續旅遊的途徑之一：生態旅遊。應用倫理研究通訊 24:28-44。

19. 鑫，2009。地理學中的人與自然：自然的思維。科學發展440:6-13。

20. 王鑫、王曉鴻，2012a。古代園林蘊涵的自然思想。科學發展476:42-47。

21. 王鑫、王曉鴻，2012b。中國古代園林中的自然，科學發展477:48-55。

22. 王鑫、王曉鴻，2015。在真實環境中教學的哲學思維。臺灣博物季刊34(2):6-15。

23. 王鑫、許玲玉、王曉鴻，2017。中華環境倫理溯源：傳統思想中的一些概念，2017第八屆兩岸四地可持續發展教育論壇，香港。港澳兒童教育國際協會及香港教育大學。頁42。

24. 王鑫、劉禹詩、劉昌武、許玲玉，2011。環境教育——中國人自然環境思想之研究，研究成果報告（精簡版）。行政院國家科學委員會專題研究計畫成果報告。中國文化大學、行政院國家科學委員會。

25. 左克厚主編，2007。中國美學。同濟大學出版社。

26. 史作檉，2012。純粹詩境：自然之中，美學之外。典藏藝術家庭。

27. 池田知久，1993。中國思想史中「自然」概念—作為判斷既存的人倫價值的「自然」。中國人的價值觀—人文學觀點。桂冠出版社。頁77-111。

28. 安懷起，2006。中國園林藝術。同濟大學出版社。

29. 安懷起、王志英，1987。中國園林藝術。丹青。

30. 任俊華、劉曉華，2004。環境倫理的文化闡釋：中國古代生態智慧探考。湖南師範大學出版社。

31. 任繼愈著，李申、李勁編，2010。天人之際：任繼愈學術思想今精粹。人民日報出版社。

32. 朱惠榮，2009。徐霞客游記。中華書局。

33. 朱耀廷主編，鞏濱編著，2007。中國古代山水遊記研究。中國社會科學出版社。

34. 江曉原，2011。天學真原。譯林出版社。

35. 何星亮，2008。中國自然崇拜。江蘇人民出版社。

36. 沈清松，2000。中西自然觀的哲學省思--兼論科技所需的人文精神。利氏學社。

37. 沈家莊，2005。宋詞的文化定位。湖南人民出版社。

38. 李中華，2008。讖緯與神秘文化。中央編譯出版社。

39. 李平漚譯，盧梭（J. J. Rousseau）著，2012。愛彌兒。五南。

40. 李申，2002。中國古代哲學和自然科學。上海人民出版社。

41. 李幼蒸譯，2008。羅蘭巴爾特文集：符號學原理。中國人民大學出版社。

環境倫理──古今環境思想與自然之道

42. 李辛，2020。經典中醫精要：傳承自黃帝內經的天人合一養生觀。橡實文化。

43. 李建中，2009。中國文學批評史。北京大學出版社。

44. 李彥譯，李約瑟著，1999。中國古代科學。中文大學出版社。

45. 李剛，2018。浮世的小園：中國士人的園林生活。江蘇大學出版社。

46. 李韶堯，2007。黃帝內經氣化宇宙觀的全息思維。陳福濱主編，2007。中國哲學天論專題。哲學與文化 401:161-178。

47. 李零，2003。《恆先》釋文注釋，載馬承源主編：《上海博物館藏戰國楚竹書（三）》。上海古籍出版社。

48. 佘正榮，2002。中國生態倫理傳統的詮釋與重建。人民出版社。

49. 余英時，2003。中國思想傳統的現代詮釋。江蘇人民出版社。

50. 余英時，2014。歷史與思想（二版）。聯經出版公司。

51. 余國瑞，2004。中國文化歷程。東南大學出版社。

52. 余國瑞，2019。中國文化歷程（第二版）。東南大學出版社。

53. 杜維明，1999。郭店楚簡與先秦儒道思想的重新定位，郭店楚簡研究。中國哲學20:1-6。遼寧教育出版社。

54. 居閱時、高福進，2010。中國象徵文化圖志。山東畫報出版社。

55. 林可濟，2010。天人合一與主客二分—中西哲學比較的重要視角。社會科學文獻出版社。

56. 林和譯，1991。混沌：不測風雲的背後。天下文化（Gleick, J., 1987. Chaos: Making a new Science. Penguins Books）。

57. 林語堂，2005。吾國吾民。遠景出版社。

58. 吳瓊、劉學義，2006。黑格爾哲學思想詮釋。人民出版社。

59. 邵琦，2005。中國畫的文脈。上海書畫出版社。

60. 邵琦，2019。水墨山水技法有問必答。上海書畫出版社。

61. 周先慎，2003。中國文學十五講。北京大學出版社。頁26-27。

62. 周勛初，2007。中國文學批評小史。復旦大學出版社。

63. 孟馳北，2006。佔有論：歷史新視角。華東師範大學出版社。

64. 吳思，2010。潛規則：中國歷史上的進退遊戲。究竟出版社。

65. 易中天，2007a。閒話中國人。馥林文化。

66. 易中天，2007b。破門而入—易中天講美學。復旦大學出版社。

67. 姚春鵬，2008。黃帝內經—氣觀念下的天人醫學。中華書局。

68. 段江麗，2002。奇人奇書：《徐霞客遊記》。雲南人民出版社。

69. 段義孚原著、周尚意、張春梅翻譯。2021。逃避主義：從恐懼到創造。立緒（Tuan, Y.-F. 2000. Escapism. Johns Hopkins Uni-

versity Press）。

70. 段義孚原著、趙世玲翻譯。2018。浪漫主義地理學：探尋崇高卓越的景觀。立緒（Tuan, Y.-F. 2014. Romantic Geography: In Search of the Sublime Landscape. University of Wisconsin Press）。

71. 計成著，胡天壽譯注，2016。園冶：破解中國園林設計密碼（彩繪圖本）（三版）。華滋出版。

72. 計成著，李世葵、劉金鵬編著，2011。園冶。中華書局。

73. 洪如玉，2010。邁向生態智慧的教育哲思：從人類非中心論思考自然與人的關係與教育。國立編譯館。

74. 洪蘭譯，2012。快思與慢想。天下文化（Kahneman, D.,2011. Thinking, Fast and Slow. Brockman, Inc.）。

75. 柏楊，1985。醜陋的中國人。林白出版社。

76. 胡守仁譯，2004。連結：混沌、複雜之後，最具開創性的「小世界」理論。天下文化（Buchanan, M. 2003. Nexus: Small Worlds and the Groundbreaking Science of Network. W. W. Norton & Company）。

77. 胡偉希，2005。天人之際。雲南人民出版社。

78. 孫彩平、周亞文。2021。追尋格局：中國文化倫理圖式敞開與德育路向。教育研究499:69-77。

79. 殷海光，2006。思想的顏色。香港商務印書館。

80. 高益榮，2005。元雜劇的文化精神闡釋。中國社會科學出版社。

81. 高宣揚，2004。布迪厄的社會理論。同濟大學出版社。

82. 席澤宗，2003。氣的思想對中國早期天文學的影響。科學史十論。復旦大學出版社。

83. 徐日輝，2008。中國旅遊文化史。黑龍江人民出版社。

84. 徐弘祖，2020。徐霞客遊記：中國最偉大的自助旅行者，窮極半生、踏遍四方的旅遊紀實。好優文化。

85. 徐建融，2007。中國畫的傳統與二十一世紀。天津人民美術出版社。

86. 徐建融，2018。中國古典建築5：園林、府邸。楓樹林出版社。

87. 郭齊勇，1990。熊十力與中國傳統文化。遠流出版社。

88. 陶東風譯，2006。文化與權力：布爾迪厄的社會學。上海譯文出版社（Swartz, D., 1997. Culture and Power: The Sociology of Pierre Bourdieu. The University of Chicago Press）。

89. 張大松主編，2008。科學思維的藝術：科學思維的方法導論。科學出版社。

90. 張海花、Geoff Baker，2010。像中國人一樣思考。中華工商聯

合出版社。

91. 張程、唐琳娜譯，2010。中國人本色。大眾文藝出版社（Hol-combe, C.1895.The Real Chinaman. Dodd, Mead & Company）。

92. 張夢陽、王麗娟譯，2010。中國人的氣質。河北大學出版社（Smith, A. H., 1894. Chinese Characteristics. Camphor Press）。

93. 張漢良，2010。符號學與詮釋學：導論。行政院文化建設委員會。

94. 康德原著、鄧曉芒譯，2004。判斷力批判：康德三大批判之三。聯經出版公司。

95. 曹余章主編，1995。文明的歷程：科技篇。浙江教育出版社。

96. 常立、黎亮，2004。讀水。山東畫報出版社。

97. 常立、黎亮，2004。看山。山東畫報出版社。

98. 馮志偉，2008。概念的邏輯關係和本體論關係。中國科技術語2:29-34。

99. 陳永明，1993。陶淵明的自然論。中國人的價值觀—人文學觀點。桂冠出版社。頁59-75。

100. 陳伯海，1980。嚴羽和滄浪詩話。國文天地。

101. 陳祺、任得元、藺林田，2016。山水園林：動態家園環境養生景觀圖解。化學工業出版社。

102. 陳傳席，1997。中國繪畫理論史。東大圖書公司。

103. 陳傳席，2013。中國繪畫理論史（增訂三版）。三民書局。

104. 陳福濱主編，2007。中國哲學天論專題。哲學與文化401期，哲學與文化月刊雜誌社。

105. 陳銘，2001。意與境：中國古典詩詞美學三昧。浙江大學出版社。

106. 陳鼓應，2006。黃帝四經今註今譯。臺灣商務印書館。

107. 陳鼓應，2016。黃帝四經今注今譯（再版）。臺灣商務印書館。北京中華書局。

108. 陳鼓應，2019。黃帝四經今註今譯：馬王堆漢墓出土帛書（二版）。臺灣商務。

109. 陳慧、廖明春、李銳，2014。天、人、性：讀郭店楚簡與上博竹簡。上海古籍出版社。

110. 鹿樸，2008。中國文化十一講。中華書局。

111. 常寧生譯，2005。理解視覺文化的方法。商務印書館（Bardnar, M,.2001. Approaches to Understanding Visual Culture. Palgrave）。

112. 黃永武，1979。中國詩學‧思想篇。巨流圖書公司。

113. 黃永武，2008。中國詩學—鑑賞篇。巨流圖書公司。

114. 黃藿譯，1984。價值是什麼—價值學導論，聯經出版事業公司（Frondizi, R. 1971. What is Value? An Introduction to Axiology. Open Court Publishing）。

115. 黃藿譯，2002。哲學入門，學富文化。（Wolff, R. P. 2000. About Philosophy. Prentice Hall）。

116. 曾振宇，2004。論氣，哲學研究7(2004):53-58。

117. 湯一介，2014。湯一介集（全十卷），中國人民大學出版社。

118. 傅佩榮，2010。儒道天論發微。聯經出版社。

119. 劉世南譯，2007。思維的疆域，東方人與西方人的思考方式為何不同？聯經出版（Nisbett, R.E., 2004. The Geography of Thought: How Asians and Westerners Think Differently and Why? Free Press）

120. 張大松主編，2008。科學思維方法論導論。科學出版社。

121. 張源譯，桑塔亞納（George Santayana）作。2008。社會中的理性。北京大學出版社。

122. 張乾元，2006。象外之義。中國書店。

123. 馮友蘭著、涂又光譯，2010。中國哲學簡史。北京大學出版社。

124. 楊通進譯，2000。環境倫理學—大自然的價值以及人對大自然的義務。中國社會科學出版社。

125. 楊深坑，2000。溝通理性、生命情懷與教育過程。師大書苑發行。

126. 楊冠政，2011。環境倫理學概論。大開。

127. 楊金長，2007。中國古代科學技術史。人民軍醫出版社。

128. 楊儒賓、祝平次，2005。儒學的氣論與工夫論。臺灣大學出版中心。

129. 腦科學與教育應用研究中心譯，2005。腦的學習與記憶。北京師範大學認知神經科學與學習國家重點實驗室，中國輕工業出版社（Sprenger, M. 1999. Learning & Memory, The Brain in Action. Assn for Supervision & Curriculum. P. 66）

130. 葉郎、費振剛、王天有，2007。中國文化導讀。三聯書店家。

131. 葉朗，1996。中國美學史。文津出版社。

132. 熊十力著、周宏編，2008。境由心生：熊十力選集。陝西師範大學出版社。

133. 齊若蘭譯，2003。複雜：走在秩序與混沌邊緣。天下文化（Waldrop, M. 1992. Complexity-The Emerging Science at the Edge of Order and Chaos. Simon & Schuster）。

134. 樓宇烈，2007。中國的品格。當代中國出版社。

135. 魯迅，2007。吾土吾民。團結出版社。

136. 賴賢宗，2003。意境美學與詮釋學。臺灣國立歷史博物館。

137. 潛明茲，1997。中國古代神話與傳説。臺灣商務印書館。

138. 蔣勳，2011。黃公望富春山居圖卷導讀。信誼基金出版社。

139. 蔣勳，2017。説文學之美：感覺宋詞。有鹿文化。

140. 韓強，2001。王弼與中國文化。貴州人民出版社。

141. 錢發平，2005。儒家簡史。華齡出版社。頁14-15。

142. 歐用生、林瑞欽等譯，1990。價值與教學（第三版）。復文。

143. 龐樸，1988。中國文化的人文主義精神。中國傳統文化的再估計。上海人民出版社。

144. 譚寶剛，2004。《太一生水》文化意蘊新解。周口師範學院學報哲學社會科學版4:73-75。

145. 聶珍釗，2020。從人類中心主義到人類主體：生態危機解困之路。外國文學研究 42(1):22-33。

146. 顧易生，1979。柳宗元。國文天地。

147. 顧敏，2022。千年視野：中華文化與世界文明。城邦。

二、英文參考文獻

1. Barthes, R. 1985. The Responsibility of Forms: Critical Essays on Music, Art, and Representation. Basil Blackwell.

2. Bebbington, J., and A. Rubin, A. 2022. Accounting in the Anthropocene: A roadmap for stewardship. Accounting and Business Research 52(5):582-596.

3. Bourdieu, P. and L. J. Wacquant (2019). Epilogue: on the possibility of a field of world sociology. In Social Theory for a Changing Society (pp. 373-387). Routledge

4. Butler, R., and G. Clark. 1992. Tourism in rural areas: Canada and the United Kingdom. Tourism in rural areas: Canada and the United Kingdom. 166-183.

5. Carlson, A. 2009. Nature and Landscape: An Introduction to EnvironmentalAesthetics. New York, NY: Columbia University Press.

6. Carlson, and A. Berleant (Eds.), The Aesthetics of Natural Environments (pp. 44-62). Broadview Press.

7. Carney, A. 2021. Value(s): Building a Better World for All. PublicAffairs.

8. Ceballos-Lascurain, H. 1989. Tourism, ecotourism, and protected areas. Ecotourism and Resources Conservation: A Collection of Papers. 1st International Symposium: Ecotourism, April 17-19, 1989, Merida, Mexico and 2nd International Symposium : Ecotourism and Resource Conservation, November 27-December 2,

1990, Miami Beach, Florida.

9. Cornell, J. 2015. Sharing Nature®: Nature Awareness Activities for All Ages. Crystal Clarity Publishers.

10. Cornell, J. B. 2018. Deep Nature Play: A Guide to Wholeness, Aliveness, Creativity, and Inspired Learning. Crystal Clarity Publishers.

11. Elias, M. J. 2003. Academic and Social-emotional Learning (Vol. 11). International Academy of Education.

12. Elton, C. S. 1926. Animal Ecology.University of Chicago Press.

13. Fang, W.-T., H.-W. Hu, and C.-S. Lee. 2016. Atayal's identification of sustainability: traditional ecological knowledge and indigenous science of a hunting culture. Sustainability Science 11:33-43.

14. Flader, S. L., and J. B. Callicott(eds.) 1991. The River of the Mother of God and Other Essays by Aldo Leopold. University of Wisconsin Press.

15. Gold, J. R. 1980. An Introduction to Behavioral Geography. Oxford University Press.

16. Hepburn, R. 2004. Contemporary Aesthetics and the Neglect of Natural Beauty. In Carlson, A. and A. Berleant (Eds.), The Aesthetics of Natural Environments (pp. 44-62). Broadview Press.

17. Hines, J. 1985. An Analysis and Synthesis of Research on Responsible Environmental Behavior: A Meta-Analysis. Ph.D Thesis. Southern Illinois University

18. Hines, J., H. R. Hungerford, H. R., and A. N. Tomera (1986/1987). An analysis and synthesis of research on responsible environmental behavior: A meta-analysis. The Journal of Environmental Education 18(2):1-8.

19. Hungerford, H. R., and R. B. Peyton. 1977. A Paradigm of Environmental Action. (ERICDocument) Reproduction Services No. ED137116.

20. Hungerford, H. R., and T. L. Volk. 1990. Changing learner behavior through environmental education. Journal of Environmental Education 21(3): 8-21.

21. Huang, K.-H., and W.-T. Fang. 2013. Developing concentric logical concepts of environmental impact assessment systems: Feng Shui concerns and beyond. Journal of Architectural and Planning Research 30(1):39-55.

22. Kneller, G. F. 1971. Foundations of Education. John Wiley & Sons.

23. Kutay, K. 1989. Ecotourism and adventure travel. Tourism and Ecology: The Impact of Travel on a Fragile Earth 2(1):3-7.

24. Larigauderie, A., A. H. Prieur-Richard, G. M. Mace, M. Lonsdale, H. A. Mooney, L. Brussaard, ... & T. Yahara. 2012. Biodiversity and ecosystem services science for a sustainable planet: the DIVERSITAS vision for 2012–20. Current Opinion in Environmental Sustainability 4(1):101-105.

25. Leopold, A. 1966. A Sand County Almanac. Oxford University Press.

26. Loveland, T. R., and A. S. Belward. 1997. The IGBP-DIS global 1km land cover data set, DISCover: First results. International Journal of Remote Sensing 18(15):3289-3295.

27. Miller, J. P. 2022. Taoism, Teaching, and Learning: A Nature-Based Approach to Education. University of Toronto Press.

28. Reid, L., and K. Ellsworth-Krebs. 2019. Nudge(ography) and practice theories: Contemporary sites of behavioural science and post-structuralist approaches in geography? Progress in Human Geography 43(2):295–313.

29. Rolston, H., 1988. Environmental Ethics: Duties to and Values in The Natural World. Temple University Press.

30. Ross, S., and G. Wall 1999. Ecotourism: towards congruence between theory and practice. Tourism Management 20(1):123-132.

31. Rousseau, J. J. 1762. Du contract social, ou, Principes du droit politique (Vol. 3). Chez Marc Michel Rey.

32. Sauer, C. O. 1963. Land and Life: A Selection from the Writings of Carl Ortwin Sauer. University of California Press.

33. Snow, C. P. 1965. The Two Cultures and the Scientific Revolution. Cambridge University Press.

34. Stewart, M. C. 1993. Sustainable tourism development and marine conservation regimes. Ocean & Coastal Management 20(3):201-217.

35. Tuan, Y.-F. 2008. Human Goodness. University of Wisconsin Press.

36. Uhrqvist, O., E. Lövbrand. 2014. Rendering global change problematic: the constitutive effects of Earth System research in the IGBP and the IHDP. Environmental Politics 23(2):339-356.

37. Urquhart, L., Brown, L., Duncanson, K., Roberts, K., & Fisher, K. 2020. A dialogical approach to understand perspectives of an aboriginal wellbeing program: An extension of Habermas' theory of communicative action. International Journal of Qualitative Meth-

ods, 19, 1609406920957495.

38. Valentine, P. S. 1993. Ecotourism and nature conservation: A definition with some recent developments in Micronesia. Tourism Management 14(2):107-115.

39. van der Hel, S. 2016. New science for global sustainability? The institutionalisation of knowledge co-production in Future Earth. Environmental Science and Policy 61:165-175.

40. Wamberg, J., and M. R. Thomsen. 2017. The posthuman in the Anthropocene: A look through the aesthetic field. European Review 25(1):150-165.

Note

Note

Note

Note

Note

國家圖書館出版品預行編目(CIP)資料

環境倫理：古今環境思想與自然之道／王鑫
著. -- 初版. -- 臺北市：五南圖書出版股
份有限公司, 2023.12
面； 公分
ISBN 978-626-366-349-7(平裝)

1.環境倫理學

197.5　　　　　　　　　　112011682

1LB2

環境倫理
古今環境思想與自然之道

作　　者—王　鑫

文字整理—方偉達

發 行 人—楊榮川

總 經 理—楊士清

總 編 輯—楊秀麗

副總編輯—黃惠娟

責任編輯—魯曉玟

封面設計—姚孝慈

出 版 者—五南圖書出版股份有限公司

地　　址：106台北市大安區和平東路二段339號4樓

電　　話：(02)2705-5066　　傳　　真：(02)2706-6100

網　　址：https://www.wunan.com.tw

電子郵件：wunan@wunan.com.tw

劃撥帳號：01068953

戶　　名：五南圖書出版股份有限公司

法律顧問　林勝安律師

出版日期　2023年12月初版一刷

定　　價　新臺幣550元

經典永恆・名著常在

五十週年的獻禮──經典名著文庫

五南，五十年了，半個世紀，人生旅程的一大半，走過來了。

思索著，邁向百年的未來歷程，能為知識界、文化學術界作些什麼？

在速食文化的生態下，有什麼值得讓人雋永品味的？

歷代經典・當今名著，經過時間的洗禮，千錘百鍊，流傳至今，光芒耀人；

不僅使我們能領悟前人的智慧，同時也增深加廣我們思考的深度與視野。

我們決心投入巨資，有計畫的系統梳選，成立「經典名著文庫」，

希望收入古今中外思想性的、充滿睿智與獨見的經典、名著。

這是一項理想性的、永續性的巨大出版工程。

不在意讀者的眾寡，只考慮它的學術價值，力求完整展現先哲思想的軌跡；

為知識界開啟一片智慧之窗，營造一座百花綻放的世界文明公園，

任君遨遊、取菁吸蜜、嘉惠學子！